Sabine Hafner | Andreas Laube – Praxishandbuch Turnen

Erfolgreiche Stundenbilder
für Schule und Verein

Sabine Hafner | Andreas Laube

Praxishandbuch Turnen

Limpert Verlag Wiebelsheim

Die Angaben in diesem Buch sind von den Autoren und dem Verlag sorgfältig erwogen und geprüft, dennoch kann keine Garantie übernommen werden. Eine Haftung der Autoren bzw. des Verlages und seiner Beauftragten für Personen-, Sach- und Vermögensschäden ist ausgeschlossen. Stets sind weibliche Adressaten gleichermaßen und gleichberechtigt gemeint, auch wenn der Text aus Gründen der Kürze und Lesbarkeit nur die männliche Form anführt

Bibliografische Information Der Deutschen Nationalbibliothek
Die Deutsche Nationalbibliothek verzeichnet diese Publikation in der Deutschen Nationalbibliografie; detaillierte bibliografische Daten sind im Internet unter http://dnb.d-ndb.de abrufbar.

www.limpert.de

Fotos: Sabine Hafner, Andreas Laube
Druck und Verarbeitung: Schleunungdruck GmbH, Marktheidenfeld
Grafiken: Limpert Verlag

Printed in Germany/Imprimé en Allemagne
ISBN 978-3-7853-1963-5

Inhaltsverzeichnis

Einführung ... **6**
Turnen in der Sekundarstufe in Unterrichtsvorhaben mehrperspektivisch unterrichten ... 6
Turnen in der Sekundarstufe in Unterrichtsvorhaben mehrperspektivisch bewerten ... 8

Unterrichtsvorhaben für die Klassenstufe 5 und 6 ... **16**
Durch Turnen die Wahrnehmungsfähigkeit verbessern und Turnerfahrungen erweitern ... 16
Fachdidaktische Hinweise ... 16
Praktische Tipps ... 17
Auf einen Blick ... 19
Stundenbild 1: Turngeräte-Checker ... 20
Stundenbild 2: Outdoor-Gymnasts: Upside down – right side up ... 25
Stundenbild 3: In-The-Air-Gymnasts ... 30
Stundenbild 4: Indoor-Outdoor-Allrounder ... 34
Bewertungsmatrix ... 38

Unterrichtsvorhaben für die Klassenstufe 7 und 8 ... **39**
Turnleistungen erfahren, verstehen und einschätzen ... 39
Fachdidaktische Hinweise ... 39
Praktische Tipps ... 40
Auf einen Blick ... 42
Stundenbild 1: Kooperativer und selbsttätiger Start in die Artistenausbildung ... 43
Stundenbild 2: Harte Turnschule ... 50
Stundenbild 3: Überschlagen wie die Bodenturner ... 55
Stundenbild 4: Überschlagen wie die Trampolinturner ... 63
Bewertungsmatrix ... 76

Unterrichtsvorhaben für die Klassenstufe 9 und 10 ... **77**
Sich im Turnen verständigen, beim Turnen kooperieren und wettkämpfen ... 77
Fachdidaktische Hinweise ... 77
Praktische Tipps ... 79
Auf einen Blick ... 80
Stundenbild 1: Einer für Alle – Alle für einen ... 81
Stundenbild 2: Trainingscamp für Mannschaftsturner ... 88
Stundenbild 3: Turnspiele ... 95
Stundenbild 4: Turnwettbewerbe ... 100
Bewertungsmatrix ... 108

Unterrichtsvorhaben für die Oberstufe ... **109**
Sich durch Turnen ausdrücken und Turnen in Gruppen gestalten ... 109
Fachdidaktische Hinweise ... 109
Praktische Tipps ... 112
Auf einen Blick ... 114
Stundenbild 1: Turnarchitekten ... 115
Stundenbild 2: Turnstreber ... 124
Stundenbild 3: Turnästheten ... 138
Stundenbild 4: Turnchoreografen ... 146
Stundenbild 5: Turnartisten ... 150
Bewertungsmatrix ... 153

Musiktipps ... **154**
Autoren ... **155**

Einführung

Turnen in der Sekundarstufe in Unterrichtsvorhaben mehrperspektivisch unterrichten

Turnen in der Sekundarstufe ist eine viel diskutierte, von Sportlehrkräften oft als schwierig wahrgenommene Unterrichtspraxis des Faches Sport. Das problematische Verhältnis, das sich zwischen turnenden Schülern[1], inszenierenden Lehrpersonen und Turnsachen nur all zu leicht zu einem selbst verstärkenden Problemzirkel entwickeln kann, entsteht aus der Fixierung des Turnens auf das traditionelle Gerätturnen. Für viele Lehrpersonen ist Turnen eng mit der pädagogischen Aufgabe verbunden, turnerische Leistungen erfahren, verstehen und einschätzen zu können. Dieses Verständnis wird der Normdisziplin Gerätturnen als klassische Individualsportart gerecht. Doch ein solcher Turnunterricht, der meist dem Vorbild des Vereinssports folgt, ist für den schulischen Sportunterricht angesichts personeller wie struktureller Bremswirkungen zu überdenken. Ein solches fertigkeitsgeleitetes Gerätturnen überfordert Schüler und Sportlehrkräfte und kann nur allzu leicht dazu führen, dass das Turnen aus dem Kanon der im Sportunterricht zu thematisierenden Bewegungsfeldern buchstäblich herauspurzelt. Wird das Bewegungsfeld *Bewegen an Geräten* nur im engen begrifflichen Zusammenhang als Gerätturnen verstanden, kann es nur noch von denjenigen Schülern, aber auch Sportlehrern, gewinnend erobert werden, die über eine Vereinsqualifizierung verfügen und diese in das Schulturnen übernehmen möchten. Aus schulpraktischer Erfahrung ist von daher ungewiss, ob das Turnen über ein exklusives Fertigkeitskonzept gelingen kann.

Weil positiv turnsozialisierte Lehrpersonen weniger auf unterrichtpraktische Hilfen angewiesen sind, möchten wir vor allem die Skeptiker mit diesem Praxisband überzeugen. Wir wollen den (Wieder-)Einstieg in ein freudvolles Turnen in der Schule ermöglichen, indem wir, neben den Klassikern, Turnunterricht auch mit Kreativitäts- und Originalitätscharakter beleben. In unserem Turnunterricht ist das Erlernen spezifischer Fertigkeiten an Wettkampfturngeräten nur einer von vielen optionalen Strängen innerhalb eines mehrperspektivischen Turnunterrichts. Dieser greift im Dialog mit der aktuellen Fachdidaktik und deren Verankerung in den Bildungsplänen auf den sogenannten Erziehenden Sportunterricht zurück und spezifiziert den diesbezüglich weitgefassten inhaltlichen Auftrag der Länder für die Bewegungsfelder „Bewegen an Geräten“ und „Bewegungskünste“.

Mehrperspektivisches Turnen lässt infolgedessen verschiedene Sichtweisen auf ein Bewegen an Geräten zu. Idealtypische und differente Zugänge werden ermöglicht. In einem multidimensionalen Turnunterricht erfassen Schüler die Turnwelt als komplex, und sie lernen, besser entscheiden zu können, in welcher sie ihr Können und Wissen erweitern wollen.

Der mehrperspektivische Erlebnisraum ist in diesem Unterrichtsband zum Turnen in der Sekundarstufe an den in den Bildungsplänen der Länder ausgewiesenen und für das Bewegungsfeld Bewegen an Geräten passenden pädagogischen Perspektiven orientiert und wie folgt strukturiert:

In den Klassenstufen 5 und 6 sollen Schüler durch Turnen ihre Wahrnehmungsfähigkeit verbessern und ihre in der Grundschulzeit erworbenen Turnerfahrungen erweitern.

In den Klassenstufen 7 und 8 lernen Schüler ihre Turnleistungen zu erfahren, zu verstehen und ihr Können einzuschätzen.

In den Klassenstufen 9 und 10 lernen die Schüler, wie sie sich im Turnen verständigen, beim Turnen kooperieren und wettkämpfen und wie sie ihre Fitness fördern und ein Gesundheitsbewusstsein entwickeln können.

Und in der Oberstufe sollen sich die Schüler durch Turnen ausdrücken können und lernen können, wie Turnbewegungen in Gruppen gestaltet werden.

In einem an vielen unterschiedlichen Ansprüchen geordneten mehrperspektivischen Turnunterricht befassen sich Schüler mit zahlreichen Kompetenzansprüchen. Diese betreffen:

- Das individuelle Können, sowie das Turnkönnen mit Partner und in der Gruppe,
- synchrones und gruppenvariantes nachgestalten können von Turnfolgen,
- eigenständiges umgestalten- und ausgestalten können von Turnkombinationen,
- Gerätearrangements bauen können, sich an und mit Geräten, an und mit Partner/n darstellen können,
- Hindernisse in der Sporthalle, aber auch in der freien Natur überwinden und vielfältig bewältigen können und
- Techniken aus Akrobatik, Bewegungskünsten, Parkour, B-Girling/B-Boying, Tricking oder Hip-Hop einbeziehen können.

Im vielgestaltigen Turnunterricht, wie in jedem anderen mehrperspektivischen Sportunterricht, gelingen Lernentwicklungen, wenn Inhalte und Methoden systematisch und in passender Abstimmung angelegt sind und Raum und Zeit einer Schülerheterogenität angemessen zur Verfügung stehen.

---

1 Insofern wir nicht ein Geschlecht ausdrücklich hervorheben, ist in jeder männlichen Personenbezeichnung die weibliche wertschätzend mit angesprochen.

Zur Umsetzung solcher ehrgeizigen Zuständigkeiten des Turnens in der Schule und der durch Turnen zu erwerbenden Kompetenz-Agglomerationen raten wir von Einzelstunden ab. Wir planen unseren Turnunterricht in Unterrichtsvorhaben.

Jedes Unterrichtsvorhaben enthält unterschiedlich viele Stundenbilder, die, je nach Anspruch der im Vorhaben formulierten Entwicklungsaufgaben, einer methodischen Themenhierarchie nachkommen.

Unterrichts-vorhaben	Stundenbild 1	Stundenbild 2	Stundenbild 3	Stundenbild 4	Stundenbild ...
	Kennenlernen	**Ausarbeiten**	**Vertiefen**	**Anwenden**	...
THEMEN	Einsteigen Explorieren Erkunden Entdecken Experimentieren Erinnern Ausprobieren	Erarbeiten Einüben Lernen	Üben Entwickeln Variieren Gestalten	Demonstrieren Präsentieren Wettkämpfen Spielen	

Abb. 1: Abstrahiertes idealtypisches Unterrichtsvorhaben

Turnen in der Sekundarstufe in Unterrichtsvorhaben mehrperspektivisch bewerten

Für das Aus- und Bewerten eines von vielseitigen Ansprüchen begleiteten Turnvorhabens sind Teaching-To-The-Test-Verfahren mit exklusiver Bewertung des Endprodukts, meist der Bewegungstechnik, als geeignete Prüfungsmaßnahme auszuschließen. Zwar stehen in jedem Unterrichtsvorhaben die passenden sachlichen Lernergebnisse nach wie vor im Vordergrund, werden aber von personalen und sozialen ergänzt. Den Schülern wird mehr Lernzeit zugesprochen, um entweder selbsttätig zu werden oder die Aufgaben mit Hilfe von Lehrenden respektive Lernpartnern anzupacken, sodass auch zur Bewertung Etappen des Lernprozesses und das Lernprodukt zusammenkommen.

Nicht jedes Unterrichtsvorhaben im Turnen betont die gleichen Entwicklungsziele. Dem Grundsatz folgend, nur das bei Schülern zu bewerten und zur Unterrichtsreflexion auszuwerten, was Gegenstand des Unterrichtsvorhabens ist, sind unsere Bewertungskriterien an spezifisch ausgewählte Turnaufgaben gebunden. Turnen verfolgt als Individualdisziplin körperbildende Absichten, die sich im schulischen Sportunterricht immer auch gruppenbezogen äußern können. Deshalb haben wir für die Lernprozesse und für die Lernprodukte individuell körperbildende und gruppenbezogene Kriterien angelegt. Durch das Spektrum an Lerngelegenheiten im Turnunterricht können Schüler, bei Bereitschaft, neue Turnbefähigungen gewinnen, alte Kompetenzen auffrischen und erweitern, angelegte Turnbewegungsmuster festigen oder Turnen neu erlernen und in Gestaltungssituationen auch neu erschaffen.

Die Bewertungsmatrizen berücksichtigen Prozessentwicklungen sowie Produktpräsentationen und differenzieren zwischen turnsachlichen und persönlichkeitsbildenden Herausforderungen. Je Unterrichtsvorhaben sind so verschiedene Bewertungskriterien in bis zu vier Kategorien angelegt:

- Lernprozess: Turnkörperbildende Kriterien
- Lernprozess: Turngruppenbezogene Kriterien
- Lernprodukt: Turnkörperbildende Kriterien
- Lernprodukt: Turngruppenbezogene Kriterien

Jede Kategorie kann im Laufe des Unterrichtsvorhabens getrennt voneinander mit einer Schulnote bewertet werden. Je nach Anzahl der Kategorien errechnet sich aus dem entsprechenden Anzahl-Teiler die Endnote. Auch eine unterschiedliche Gewichtung einzelner Kategorien im Unterrichtsvorhaben ist denkbar. Dies ermöglicht es, Schwerpunkte zu setzen und bei der Bewertung zu berücksichtigen. Zudem eignet sich die Matrix, anstelle einer klassischen Notengebung, auch für ein Entwicklungsgespräch in verbalisierter Form oder aber zur Reflexion der Lehr- und Lernentwicklung.

Bewertungsmatrix für die turnprozess- und turnproduktbezogene Lernentwicklung

Endnote:_______

Lernprozess: Turnkörperbildende Kriterien	Schüler-Namen	Note 1–6
1. Klassenstufe 5 und 6 Turnaufgaben annehmen, selbsttätig organisieren und aktiv bewältigen Turntätigkeiten erlernen, einüben, variieren und zeigen Turnbewegungen kombinieren Turnrepertoire erweitern Vielfältige Bewegungslösungen suchen, finden und aufzeigen **2. Klassenstufe 7 und 8** Turntechniken strukturell richtig entwickeln und optimieren Individuelle Turnfähigkeiten erkennen, selbsttätig anwenden und weiterentwickeln Turnkombinationen formal richtig aufbauen Turnspezifische Bewegungsqualität (Form) verbessern und zeigen Turnaufgaben ambitioniert und motiviert ausarbeiten **3. Klassenstufe 9 und 10** Turnräume erschließen und Turnzeiten individuell nutzen Geräte, Materialien und Medien sachgerecht auswählen und nutzen **4. Oberstufe** Gerätearrangements variantenreich zusammenstellen, erproben, kombinieren und entwickeln Kreative Bewegungslösungen suchen, finden und aufzeigen		
Lernprozess: Turngruppenbezogene Kriterien		
1. Klassenstufe 5 und 6 Auf-, Um- und Abbau von Geräten gemeinsam verantwortungsvoll, sachgerecht und funktionsfähig organisieren Turnbewegungen partnerschaftlich erweitern Gruppen, Partner- und Individualbezüge turnspezifisch anpassen Turnbewegungen variantenreich in Abstimmung an Partner und Turngeräte auffinden und kombinieren **2. Klassenstufe 7 und 8** Individuelle Fähigkeiten erkennen und gruppenbezogen nutzen Trampolinturngeräte verantwortungsvoll und sachgerecht in der Gruppe auf- und abbauen **3. Klassenstufe 9 und 10** Helfen und Sichern und sich helfen lassen Turnwettbewerbsrollen verstehen Turnspiele inszenieren und spielen **4. Oberstufe** Gruppenarrangements nach-, um- und neugestalten Gerätearrangements in der Gruppe einfallsreich deuten Turnaufgaben und Turnprobleme gemeinsam organisieren und gemeinsam in turnspezifische Bewegungsprozesse überführen		
Lernprodukt: Turnkörperbildende Kriterien		

2. Klassenstufe 7 und 8 Turnelemente und Turnelement-Verbindungen strukturell richtig ausführen und demonstrieren Turnspezifische Ausführungsqualität und Ausdrucksqualität zeigen Turnspezifische Bewegungsgröße zeigen Turnbewegungen im Bewegungsfluss kombinieren Aufbau einer Turnübung verstehen und nachvollziehen **4. Oberstufe** Turnbewegungen rhythmisch-musikalisch angepasst demonstrieren		
Lernprodukt: Turngruppenbezogene Kriterien		
2. Klassenstufe 7 und 8 Turnspezifische Bewegungsweite vergrößern Geräte- und Partnerhilfen sachgerecht und funktionsfähig nutzen **3. Klassenstufe 9 und 10** Sich in Turnspielen und Turnwettkämpfen mit Partnern abstimmen Bedeutung von spezifischen Angriffs- und Verteidigungsaufgaben in Turnspielen und Turnwettbewerben verstehen und spielsituativ handeln In Turnspielen und Turnwettbewerben die Turnrollen situativ erkennen, anpassen und erfolgreich nutzen **4. Oberstufe** Zu Partnern, Raum, Zeit und Dynamik optimal abgestimmt turnen Turnkombinationen an und mit Partner/n zeigen Ausdruck, Präsenz & Ausstrahlung angepasst an Partner zeigen Gruppenübung stimmig in Anpassung an die Partner zeigen Aufforderungscharakter der Gerätearrangements, Bewegungsthemen und/oder Partnerverhalten stimmig zeigen Turnelemente und Partner- wie Gruppenakrobatik strukturell richtig ausführen, verbinden und aneinander anpassen Bewegungsweite, Bewegungsrhythmus und Bewegungsdynamik aneinander anpassen Bewegungsfolge an Grundschlag, Charakter und Struktur der ausgewählten Musik, ohne Blickkontakt zu Gruppenmitgliedern, binden		

Abb. 2: Bewertungs- und Auswertungskatalog für alle Turn-Unterrichtsvorhaben im Überblick

- Die mit **1.** gekennzeichneten Entwicklungsaufgaben sind die Wegweiser für das Unterrichtsvorhaben „durch Turnen die Wahrnehmungsfähigkeit verbessern und Turnerfahrungen erweitern“ in den Klassenstufen 5 und 6.
- Im Unterrichtsvorhaben „Turnleistungen erfahren, verstehen und einschätzen“ werden die in der Tabelle unter **2.** aufgeführten Aufgaben zur Entwicklung in den Klassenstufen 7 und 8 herangezogen.
- Für das Unterrichtsvorhaben „sich im Turnen verständigen, beim Turnen kooperieren und wettkämpfen“ sind die Entwicklungsaufgaben für die Klassenstufen 9 und 10 unter **3.** eingeordnet.
- Und die Aufgaben im Unterrichtsvorhaben „sich durch Turnen ausdrücken und Turnen in Gruppen gestalten“ sind für die Oberstufe mit **4.** gekennzeichnet.

Für jedes Unterrichtsvorhaben haben wir die entsprechend zu entwickelnden Objekt- und Subjektkriterien aus dem umfassenden Katalog ausgewählt und zu einer eigenen Matrix für die themenbezogene Prozess- und/oder Produktbewertung zusammengefasst. So sind die Zuweisungen aus dem gesamten Möglichkeitsspektrum eines schulischen Turnunterrichts (Abbildung 2) für die jeweilige Turnthematik passend ausgewählt und am Ende jedes Unterrichtsvorhabens aufgeführt.

Wir haben uns für dieses Auswertungsverfahren entschieden, weil sich Lehrkräfte gemäß der aktuellen Kompetenzdebatte damit auseinandersetzen sollen, passende Aufgaben für verschiedene Kompetenzentwicklungen, vom fachlich korrekten Turnen bis zum (Mit)Organisieren von Turnunterricht (Auf- und Abbau, Gerätekunde, Helfen und Sichern), anzulegen.

Wir verfolgen mit der Kompetenzmatrix unterschiedliche Auswertungsanliegen. Die Matrix des entsprechenden Unterrichtsvorhabens zeigt einerseits an, welche Turnentwicklung aus Sicht der Schüler erfolgreich angebahnt werden soll und andererseits wie Qualität des Turnunterrichts aus Sicht der Lehrer gesichert werden kann. Die von Schülern zu entwickelnden Kompetenzen werden durch die Matrix sichtbar und sind in Abhängigkeit von den Lehr- und Lernbemühungen und Lehr- und Lernumständen zu sehen.

Einer Kompetenzfeststellung nach formalisierter Vorgehensweise, bei der die Lehrkraft in jeder Stunde auf das Ausfüllen der Matrix angewiesen ist, obendrein dominierend prüft anstatt lehrt, stehen wir kritisch gegenüber, da dieses Vorgehen keiner natürlichen Unterrichtsrealität entspricht. Unsere Kompetenzmatrixen dienen der Sicherung fachdidaktischer Gegebenheiten, denen sich Lehrkräfte im jeweiligen Unterrichtsvorhaben bewusst werden sollen, indem sie die Turnaufgaben und erwerbbaren spezifizierten Kompetenzen kennen und zur Bewertung bei passenden Gelegenheiten in Erinnerung rufen. Die ausgewählten Kompetenzen geben den entsprechenden Unterrichtsvorhaben ein individuelles Profil und wurden für die turnunterrichtliche Alltagspraxis auf das Wesentliche reduziert.

Aufbau der Unterrichtsvorhaben und Stundenbilder

Alle Unterrichtsvorhaben folgen einem ähnlichen Aufbau und sind bestimmten Klassenstufen zugeordnet. Mit der Jahrgangsstufe 5/6 der Sekundarstufe I beginnend, folgen Stundenbilder in je unterschiedlicher Anzahl für die Klassenstufen 7/8 und 9/10. Die Stundenbilder für die Oberstufe schließen die Reihe ab.

Je nach Schwierigkeit und/oder Komplexität eines Stundenbildes sind zur Aufgabenbewältigung unterschiedliche Zeitangaben, meist über mehrere Doppelstunden, vorgeschlagen.

Um den jeweiligen Entwicklungsaufgaben gerecht werden zu können, empfehlen wir die Durchführung eines gesamten Unterrichtsvorhabens in der entsprechenden Altersklasse. In Abstimmung mit den strukturellen und personellen schulsportlichen Gegebenheiten können allerdings auch einzelne Stundenbilder getrennt voneinander umgesetzt werden oder auch bei der Anwendung in anderen Altersklassen Turnentwicklung garantieren.

Für Turnunterricht ist die Sporthalle ein üblicher Ort, der durch etwa „Turnen im Freien“ aufgebrochen werden kann.

Nach Hinweisen aus der zweckdienlichen Fachdidaktik und praktischen Tipps für die Unterrichtsvorhaben skizzieren wir die zugehörigen Stundenbilder in einem Überblick tabellarisch. Die Tabelle bietet Einblick in den methodischen Aufbau des Unterrichtsvorhabens und die gestufte Struktur der darin passend eingefügten Stundenbilder.

Das einzelne Stundenbild ist in Einstieg, Hauptteil und Schlussteil unterteilt. Je nach Voraussetzungen der Lerngruppe und angewiesener Stunden-Rhythmisierung stehen zahlreiche Aufgabenangebote für die Ausarbeitung eines Stundenbildes zur Verfügung. Mit unterschiedlichen Aufgaben können gleiche Wirkungen erreicht werden.

In einer Extraspalte sind die Stundenbilder von organisatorischen Hinweisen zum Geräte- und Materialbedarf, rechts neben den Beschreibungen, begleitet. Fotos und Abbildungen visualisieren und unterstützen die Bewegungsanlässe an den dafür notwendigen Abschnitten.

Am Ende jedes Unterrichtsvorhabens sind die Kriterien für die Entwicklung und Bewertung in der Bewertungsmatrix zusammengefasst, die die Turnprozesse und die Turnprodukte in Form unseres Systems darstellen.

Übersicht zum Unterrichtsvorhaben für die Klassenstufe 5 und 6:

Durch Turnen die Wahrnehmungsfähigkeit verbessern und Turnerfahrungen erweitern
Stundenbild 1: Turngeräte-Checker
Stundenbild 2: Outdoor-Gymnasts: Upside down – right side up
Stundenbild 3: In-The-Air-Gymnasts
Stundenbild 4: Outdoor-Indoor-Allrounder
Bewertungsmatrix

Übersicht zum Unterrichtsvorhaben für die Klassenstufe 7 und 8:

Turnleistungen erfahren, verstehen und einschätzen
Stundenbild 1: Kooperativer und selbsttätiger Start in die Artistenausbildung
Stundenbild 2: Harte Turnschule
Stundenbild 3: Überschlagen wie die Bodenturner
Stundenbild 4: Überschlagen wie die Trampolinturner
Bewertungsmatrix

Übersicht zum Unterrichtsvorhaben für die Klassenstufe 9 und 10:

Sich im Turnen verständigen, beim Turnen kooperieren und wettkämpfen
Stundenbild 1: Einer für Alle – Alle für Einen
Stundenbild 2: Trainingscamp für Turner
Stundenbild 3: Turnspiele I
Stundenbild 4: Turnspiele II
Bewertungsmatrix

Übersicht zum Unterrichtsvorhaben für die Oberstufe:

Sich durch Turnen ausdrücken und Turnen in Gruppen gestalten
Stundenbild 1: Turnarchitekten
Stundenbild 2: Turnstreber
Stundenbild 3: Turnästheten
Stundenbild 4: Turnchoreografen
Stundenbild 5: Turnartisten
Bewertungsmatrix

Sobald ein Buch erscheint, sind nur noch die Autoren als Urheber von Inhalt und Form sichtbar. Das gibt die faktischen Verhältnisse nicht präzise wieder, denn das Endprodukt wurde von vielen Mithelfern durch sowohl inhaltliche Anregungen als auch formale Beihilfen beschenkt:

- Von Mitarbeitern des Limpert Verlages und Christian Becker für Redaktion und Lektorat.
- Von Schülern der Geschwister-Scholl-Schule in St. Ilgen und Sportstudierenden der Pädagogischen Hochschule Heidelberg, namentlich vertreten durch die Turntutoren Anton Häusler und Marius Strohschneider sowie die Praktikanten Stefanie Adelmann und Timo Weber.
- Benjamin Bohn ist für alle Fotos, die nicht von Autorenhand geschossen wurden, verantwortlich.

Ohne diese uns zugewandten Kompetenzgeber blieben die nur sperrig beschreibbaren Turndynamiken oft im Okkulten. Ihnen ist unser Dank zugeeignet!

Auch konnte es uns nicht gelingen, alle Ursprungsquellen der aus langjähriger Turnunterrichtserfahrung etablierten Spiel- und Übungsformen auszumachen. Zwischen überlieferter Routinehandlung und Eigenkreativität war nicht immer zu unterscheiden.

Wir hoffen, dass Sie mit unserem Buch Lust auf Turnen bekommen und diese auf Schüler in Real-, Haupt-, Gemeinschafts- oder Gesamtschulen und Gymnasien freudvoll übertragen. Bildungsvorgänge beginnen mit der Begeisterung des Lehrers, der das Turnen zum Leben erweckt.

Dr. Sabine Hafner und Andreas Laube
Heidelberg, im Januar 2019

Glossar

Körperlängsachse
Sinnbildliche Achse, die sich als Gerade durch den Körper zwischen Kopfmittelpunkt und Mittelpunkt zwischen den Füßen darstellt, sowie alle Geraden, die zu dieser parallel verlaufen. Turnende drehen um diese Achse bei Schraubenbewegungen oder Strecksprüngen mit Drehung/en.

Körperbreitenachse
Sinnbildliche Achse, die sich als Gerade durch den Körper zwischen rechter und linker Hüfte darstellt, sowie alle Geraden, die zu dieser parallel verlaufen. Turnende drehen um diese Achse bei Überschlagbewegungen vorwärts oder rückwärts, mit oder ohne Handstütz.

Körpertiefenachse
Sinnbildliche Achse, die sich als Gerade durch den Körper zwischen Körpervorderseite und Körperrückseite darstellt, sowie alle Geraden, die zu dieser parallel verlaufen. Turnende drehen um diese Achse vornehmlich bei Radbewegungen.

Vorlings
Bei diesem Bewegungsverhalten ist der Körper des Turnenden mit der Körpervorderseite dem Gerät/Boden zugewandt.

Rücklings
Bei diesem Bewegungsverhalten ist der Körper des Turnenden mit der Körperrückseite dem Gerät/Boden zugewandt.

Seitlings
Bei diesem Bewegungsverhalten ist der Körper des Turnenden mit der Körperseite/Flanke dem Gerät/Boden zugewandt.

Vorwärts
Die Bewegungsrichtung/Fortbewegung des Turnenden findet vorwärts statt.

Rückwärts
Die Bewegungsrichtung/Fortbewegung des Turnenden findet rückwärts statt.

Seitwärts
Die Bewegungsrichtung/Fortbewegung des Turnenden findet seitwärts statt.

Doppelarmgriff
Zwei Personen umgreifen mit ihren Händen die Unterarme/Handgelenke des jeweilig anderen Partners.

Unterrichtsvorhaben für die Klassenstufe 5 und 6

Durch Turnen die Wahrnehmungsfähigkeit verbessern und Turnerfahrungen erweitern

Fachdidaktische Hinweise

Die nachfolgenden Stundenbilder zeigen Möglichkeiten auf, wie man Schüler in die „Welt des Turnens" entführen und dabei die bereits vorhandenen Erfahrungen mit dem Turnen erweitern kann. Damit legt unser erstes Unterrichtsvorhaben seine pädagogischen Aufgaben nicht vordergründig auf das sachlich korrekte Erwerben, Verbessern und Erweitern von Turnfertigkeiten, sondern schafft aus vorhandenen Schülerinteressen, ihrer Lernfreude und ihrer Selbstständigkeit grundlegende Voraussetzungen und legt eine Basis für die spätere Entwicklung normierter turnerischer Ausführungsqualitäten.

Es ist von der von Schülern nicht immer direkt bemerkbaren Spurensuche nach angenehmen Turnereignissen geleitet, die motorische Startvoraussetzungen sowie Motivation zum Turnen hervorrufen möchte. Die Vielfalt des Turnens muss erkennbar bleiben, gleichzeitig sollen sich die Schüler als Turner wahrnehmen und ihre Wahrnehmungsfähigkeit zum Turnen erweitern können.

Ein Turnen, das solche Wahrnehmungsanlässe der Schüler fokussiert, möchte spontane Informationsaufnahmen über die Sinne aufrufen und kann von daher nicht die festgelegten Normen der Fertigkeitsschulung im Blick haben. Unsere Stundenbilder starten im Unterrichtsvorhaben zur Klassenstufe 5 und 6 mit dem Ausloten der Bandbreite des Bewegungsfeldes und wollen bewirken, dass die Schüler typische Grundtätigkeiten des Turnens vielfältig an Geräten und an Geräteverbindungen üben, anwenden und erweitern: Balancieren, Fliegen, Drehen, Gewicht auf Händen tragen, Schaukeln, Klettern, Schwingen, Rollen, Springen, kopfüber Hängen, Stützen, Stützeln, Hängen, Hangeln und Auf- und Abschwingen kommen zur vielfältigen, Form ungebundenen Anwendung.

Die Aufgaben wechseln zwischen von Sicherheitsvorkehrungen eingeengten, direkten Anweisungen und ergebnisoffenen Bewegungsaufgaben, indem die Schüler nicht nur lernen und üben, sondern auch explorieren, experimentieren, adaptieren, interpretieren, kombinieren und ihre Prozesse im *Freien Turnen* selbsttätig steuern.

Dieses Unterrichtsvorhaben steht in der Pflicht, Bewegungssicherheit zu schulen und Bewegungsbereitschaft sowie Bewegungslust mit dem Ziel zu fördern, Bewegungsentscheidungen beim Turnen rasch treffen zu können.

Das Stundenbild *Turngeräte-Checker* zeigt anhand von Turnmatten und Turnkästen exemplarisch auf, wie sich der richtige Umgang mit Turngeräten spielerisch anwenden und weiter vertiefen lässt. Einige der hier beschriebenen Aufgaben lassen sich auch auf andere Turngeräte übertragen. Die einzelnen Übungen und Aufgaben fügen sich gut in Einzelstunden ein und können in nahezu beliebiger Reihenfolge stattfinden.

Bei Staffeln zur Schulung des handwerklichen Umgangs mit Turngeräten stehen nicht nur der schnelle und sichere Auf- und Abbau von Geräten und Einzelteilen von Geräten im Fokus, es werden zudem von den Schülern Teamarbeit und Kreativität eingefordert.

Auch muss Turnen nicht zwangsläufig in der Sporthalle stattfinden. Bei geeignetem Wetter können, überwiegend im Sommer, zahlreiche Orte draußen gefunden werden, die sich auch turnerisch explorieren lassen. Spiel- und Sportplätze, Rasenflächen oder ein Trimm-Dich-Pfad sind Räume, die unter neuen Aufgabenstellungen und mit veränderten Perspektiven vielfältig genutzt werden können.

Bei den *Outdoor-Gymnasts* werden Schüler mit Aufgaben konfrontiert, Turngeräte im Wald, etwa auf dem Trimm-Dich-Pfad, mit der aus turnerischer Perspektive *richtigen Seite* nach oben – also mit dem Kopf nach unten – zu beturnen und auch Kreativität fördernde selbsttätige Turnlösungen zu finden. Hier finden außerdem Kräftigungsübungen, Koordinationsübungen und Ausdauerschulung statt.

Damit baut dieses Unterrichtsvorhaben eine perspektivische Brücke von den pädagogischen Aufgaben, die bei Schülern durch Turnen die Wahrnehmungsfähigkeit verbessern und Turnerfahrungen erweitern möchten, zu den Aufgaben, die ihre Fitness fördern und ein Gesundheitsbewusstsein entwickeln wollen.

Bei den *In-The-Air-Gymnasts* wird der wahrscheinlich attraktivste Aspekt des Turnens, das Erobern der dritten Raumdimension, bedacht. Das hoch hinaus Turnen und Springen oder das durch die Luft Fliegen thematisiert einen besonderen Turn(t)raum, der in keinem weiteren Bewegungsfeld schulsportunterrichtlichen Handelns so umfassend fokussiert wird und aus diesem Grund als Spezifikum turnunterrichtlicher Ausgestaltung angesehen werden kann.

Den Abschluss dieses Unterrichtsvorhabens stellt das Abwurfspiel *Takeshi's Castle* dar, das die meisten der zuvor behandelten Turnentwicklungen aufgreift und in einem spannenden Spiel vereint. Dieses Spiel lässt sich in der Sporthalle wie im Bewegungspark spielen, Beispiele hierfür sind alternierend für drinnen und draußen aufgeführt.

Praktische Tipps

Jedes Turnvorhaben muss potentielle Risiken im Blick haben und davon abgeleitete Sicherheitsaspekte sowohl beim Aufbau, Umbau und Abbau als auch bei der Auswahl der Aufgaben berücksichtigen. Schüler der Jahrgangsstufe 5 und 6 können in der Regel noch keine turnadäquate Sicherheits- bzw. Hilfestellung leisten. Das Sichern und Helfen obliegt somit ausschließlich dem Lehrer.

Sicherheit muss vor allem durch ein für das Alters- und Leistungsniveau der Schüler passendes Gerätearrangement und einer umfassenden und richtigen Absicherung durch Matten gewährleistet werden. Der sachgerechte Transport, die Lagerung von und der Umgang mit Sportgeräten muss den Schülern bekannt sein und in einzelnen Phase der Stunde angewendet werden können. Dazu müssen die Phasen des Auf-, Um- und Abbaus schon bei der Planung der Stunde einen gewichtigen Stellenwert erhalten.

In der Sekundarstufe kann zwar davon ausgegangen werden, dass Schüler mit den üblicherweise in der Grundschule bereits thematisierten Aufgaben für einen sicheren Auf- und Abbau von Basisturngeräten (Langbank, kleiner und großer Turnkasten, Weichbodenmatte, Turnmatte) vertraut sind. Dennoch lohnt es sich, solche Anforderungen in Klasse 5, wenn zum ersten Mal das Turnen aufgerufen wird, zu wiederholen.

Internethinweis:
Wie Kinder im Grundschulalter zum Aufbauen, zum Abbauen, zum Turnunterricht Mitorganisieren und zum gegenseitigen Helfen und Sichern befähigt werden können, kann unter https://www.unfallkasse-nrw.de/fileadmin/server/download/praevention_in_nrw/praevention_nrw_39.pdf in Erinnerung gerufen werden.

Das Bewegen an Turngeräten kann reibungslos funktionieren, wenn die Schüler mit den Geräten vertraut sind und konkrete Aufgaben verteilt wurden.

Jeder Schüler muss wissen,

- wie seine Auf- und Abbauaufgaben aussehen,
- wo sich die Geräte befinden,
- wie die jeweiligen Geräte zu transportieren sind,
- wer was, mit wem und wo genau aufstellen soll,
- mit welchen handwerklichen Techniken die Geräte aufgebaut werden und
- welche an den Auf- oder Abbau folgende Aufgabe zu tätigen ist.

Diese Überlegungen sind unverzichtbarer Bestandteil organisatorischer Planungen der Lehrperson, die im Vorfeld getroffen werden müssen.

Außerdem ist es hilfreich, wenn Schüler die folgenden Regeln befolgen können:

- Kein Schüler betritt den Geräteraum ohne den Lehrer!
- Kein Auf- und Abbau findet unter Zeitdruck statt!
- Der Turnunterricht startet erst, wenn alle Mattenwagen und Transportrollen in die Geräteräume zurückgebracht und die Geräteraumtore geschlossen wurden.

Ein besonders wichtiger Aspekt ist das Absichern durch Matten. Hier gilt,

- dass Weichbodenmatten nur dort eingesetzt werden, wo es zu keiner Punktlandung auf den Füßen oder Händen kommt.
- Durch den Einsatz von Niedersprungmatten oder Weichbodenmatten, die mit einem Bodenläufer abgedeckt sind, wird das Umknicken bei der Landung vermieden und insgesamt mehr Sicherheit gewährleistet.
- Turnmatten, teilweise auch doppelt übereinander gelegt, sichern zusätzlich den Abgangs- und Sturzbereich.

Grundvoraussetzung für einen gemeinschaftlichen Turnunterricht ist, dass die Schüler mit verschiedenen Turngeräten, deren Auf- und Abbau sowie dem Transport vertraut wurden. Eine ökonomisch gehaltene Organisation spart Zeit, die der turnspezifischen Bewegungslernzeit zu Gute kommen kann. Ist der arbeitsökonomische Nachteil des Bewegungsfelds *Bewegen an Geräten* gegenüber etwa dem Bewegungsfeld *Spielen/Spiel* erst einmal überwunden, kann Turnen von den Schülern freier, selbstgestalteter und selbsttätiger ausgestaltet werden.

Es zahlt sich weiter aus, wenn man alle Geräte zu Beginn einer jeden Einheit im Unterrichtsvorhaben terminologisch korrekt benennt, deren Handhabung erklärt, den Transport sowie den Auf- und Abbau übt und dies in verschiedenen Aufgabenstellungen immer wieder wiederholt. In Klasse 5 und 6 darf dies noch spielerisch ablaufen, etwa indem man die Schüler metaphorisch, nach den jeweils besonderen Einweisungen, mit den Turngeräten ein Haus, eine Festung o.Ä. bauen lässt. Hilfreich für einen schnell und gut gelingenden Aufbau sind gezeichnete und laminierte Gerätesymbole, die auf einer Turnmatte (gibt die Halle/einen Hallenteil zweidimensional wieder) am Aufbauort ausgelegt werden können. Die Schüler sollen dadurch nachvollziehen, welche Geräte an welcher Stelle aufzubauen sind und die Lehrperson muss nur noch die entsprechenden Personen für den Auf- bzw. Abbau der Geräte benennen.

Folgende ergänzende Hinweise gelten für den Gerätetransport, den Geräteaufbau sowie für den Abbau der wichtigsten Geräte in diesem Unterrichtsvorhaben:

- Geräte dürfen die Schüler bezüglich Gewicht und Größe nicht überfordern!
- Weichbodenmatten werden mindestens zu viert und nicht über Kopf getragen!
- Auf dem Mattenwagen, dem Turnkasten und dem Barren wird nicht mitgefahren!
- Turnkasten und Barren werden von 2 Schülern (einer schiebt, einer lenkt) transportiert!
- Ein Turnkasten wird am Zielort sorgfältig abgesenkt!
- Ein kleiner Turnkasten wird von 2 Schülern transportiert!
- Mindestens 2 Schüler tragen eine Langbank, niemand sitzt darauf!

Auf einen Blick

Unterrichtsvorhaben	**Stundenbild 1** Turngeräte-Checker	**Stundenbild 2** Outdoor-Gymnasts: Upside down – right side up	**Stundenbild 3** In-The-Air-Gymnasts	**Stundenbild 4** Indoor-Outdoor-Allrounder
T H E M E N	**Spielerisches Wiederholen und Einüben der Handhabung und des sicheren Auf- und Abbaus von Turngeräten** Umgang mit Turngeräten spielerisch vertiefen Schulung des handwerklichen Umgangs mit Turngeräten Schneller und sicherer Auf- und Abbau von Geräten und Einzelteilen von Geräten gewährleisten Teamarbeit und Kreativität fördern	**Anwenden und Erweitern von turnspezifischen Grundtätigkeiten** Grundtätigkeiten des Turnens an Turngeräten im Wald, etwa auf dem Trimm-Dich-Pfad anwenden Kreativität fördernde selbsttätige Turnlösungen finden Laufen und Ausdauer schulen	**Turnbezogenes Sammeln vielfältiger Flugerfahrungen mit dem Minitrampolin** Erobern der dritten Raumdimension Umfangreiche Erfahrungen mit dem Fliegen und sicheren Landen machen Techniken der Minitrampolinbewältigung erlernen	**Anwenden aller im Unterrichtsvorhaben erlernten Turnbewegungen im Spiel** Aufgreifen, anwenden und weiterentwickeln aller zuvor im Unterrichtsvorhaben behandelten Turnkenntnisse in einem spannenden Spiel

Stundenbild 1: Turngeräte-Checker

Ort: Sporthalle
Zeit: 2 Doppelstunden

Phasen	Fotos, Abbildungen, Geräte- und Materialbedarf
Einstieg (3 Minuten Aufbau + 7 Minuten Erwärmung)	
Voraufbau Zusammen mit den Schülern, die sich schnell umziehen und zuerst in der Sporthalle sind, holt der Lehrer die großen Turnkästen, kleinen Turnkästen, Langbänke, Turn- und Weichbodenmatten und lässt sie an einer beliebigen Stellen in der Halle (Depot) aufstellen. **Voraufbau** Der Lehrer wartet, bis alle Schüler vom Umziehen in der Sporthalle erscheinen. Die Schüler holen die großen Turnkästen (je 2 Schüler), kleinen Turnkästen (je 2 Schüler), Langbänke (je 2 Schüler), Turnmatten (je 2 Schüler) und Weichbodenmatten (je 4 Schüler) und lässt sie an einer beliebigen Stelle in der Halle (Depot) aufstellen. Dabei kontrolliert er den Aufbau und korrigiert gegebenenfalls die Aufbautechnik. **Erwärmung: The floor is lava** Die Schüler laufen zu einer Musik im Laufmetrum durcheinander durch die Sporthalle. An den Geräten darf zunächst nicht geturnt werden, sie dürfen nur umlaufen bzw. übersprungen werden. Der Lehrer oder ein Schüler stoppt die Musik und ruft: *The floor is lava.* Die Schüler haben anschließend 5 Sekunden Zeit, ein Turngerät zu erklimmen, um sich in Sicherheit zu bringen, während der Lehrer laut von 5 herunter zählt. Gelingt es den Schülern nicht, in der vorgegebenen Zeit auf ein Gerät zu steigen, oder fallen Schüler vom Gerät, sind die *Zuspätturner* aufgefordert, 3 Liegestützen, Kniebeugen, Hampelmänner etc. auszuführen. Anschließend wird ein weiterer Durchgang gestartet. Variationen: – In Anpassung an die Musik verschiedene Laufvarianten ausführen: rückwärts, seitwärts, im Hopserlauf, mit Armkreisen etc. – Beim Befehl *The floor is lava* verschiedene Gerätebewältigungstechniken ansagen: Nur auf einem Bein stehen, auf dem Po sitzen, auf dem Bauch liegen, etc.	Musikanlage, Turnkästen (klein und groß), 4 Langbänke, Turnmatten, 2 Weichbodenmatten, Pylonen 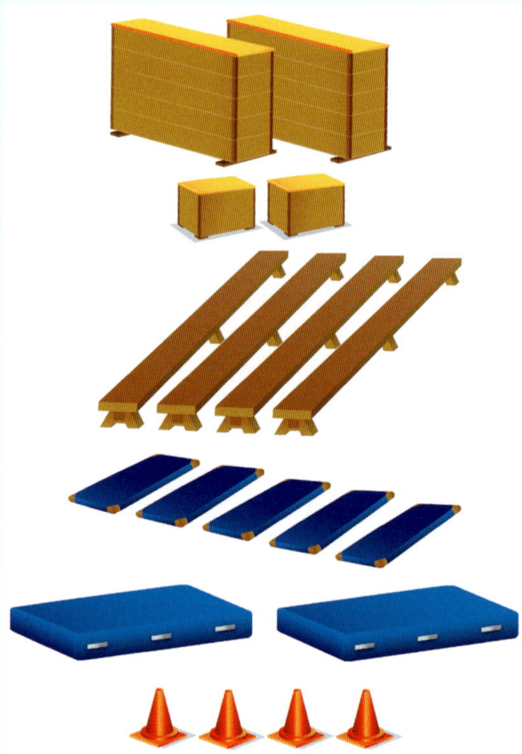 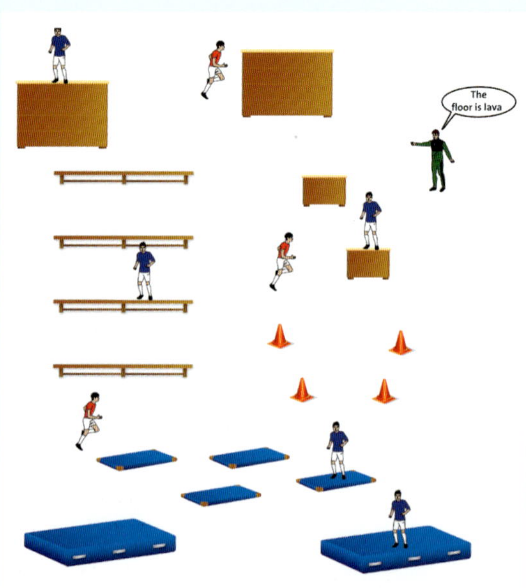 Die Spieler in rot haben es nicht rechtzeitig geschafft und müssen eine Zusatzübung durchführen.

- Fangspiel: Stoppt die Musik, muss so schnell wie möglich ein Turngerät bestiegen werden. Wer nicht rechtzeitig auf einem Turngerät ist, kann vom Fänger/den Fängern abgeschlagen werden und wird anschließend selbst zum Fänger. Indem man vorgibt, welche Geräte bestiegen werden dürfen, wird die Dynamik des Fangspiels erhöht. Auch hier können noch verschiedene Laufvarianten eingebaut werden.

Hauptteil (60 Minuten)

Umbau
Die Schüler räumen, bis auf 4 Langbänke, alle Geräte an eine Hallenseite/-ecke (neues Gerätedepot).
Lehrer lässt die Schüler anschließend je eine Karte ziehen, um 4 Zufallsgruppen (Karo-, Herz-, Pik- und Kreuz-Gruppe) zu ermitteln.
Jede Gruppe bekommt eine Langbank zugeteilt.

Gruppeneinteilung nach Zufall, durch das Ziehen von Karten:

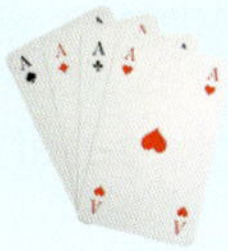

Sortier-Maschine
Schüler mit gleicher Kartenfarbe stellen sich hintereinander auf ihre Langbank und ordnen sich durch Balanciertätigkeit der Größe nach. Dabei darf die Langbank nicht verlassen werden. Es werden mehrere Versuche gestartet.

Steigerungsvariante:
- Platzwechselspiel auf Zeit mit Ermittlung einer Siegermannschaft.
- Weitere Sortieraufgaben nach Monaten, Geburtstag, Farbe der T-Shirts, Jungen und Mädchen im Wechsel, etc.

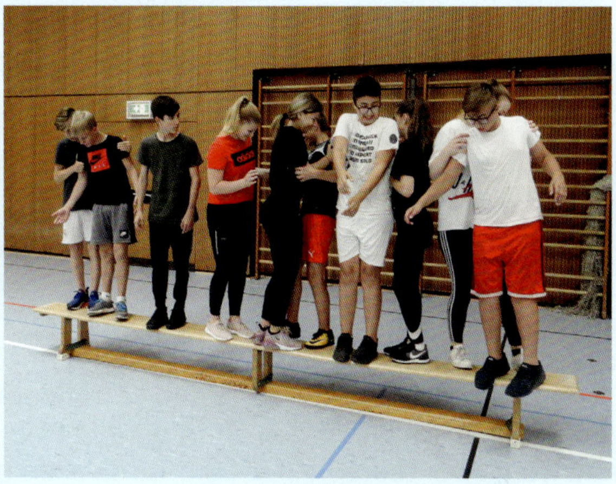

Baumstamm-Träger
Schüler bleiben der Größe nach geordnet seitlich (rechte Flanke zeigt zur Langbank) neben der Langbank stehen und nehmen diese auf das gemeinsame Kommando „uuund hepp" über Kopf. Dazu muss die linke Hand auf die rechte Seite der Langbank übergreifen, die rechte Hand umfasst die linke Seite der Langbank (diese Erklärung ist notwendig, damit die Schüler die Langbank gleichzeitig auf das Kommando über Kopf hochheben können).
Schüler transportieren die Langbank mit gestreckten und je nach Körpergröße auch teilweise gestreckten Armen durch die Halle.
Schüler stoppen auf ein Lehrersignal und führen verschiedene Aufgaben aus:
- Langbank leicht nach vorne und hinten schaukeln
- Langbank über Kopf anheben und wieder absenken
- Langbank seitlich vom Körper wegführen und halten
- Im Wechsel die Langbank von der rechten Seite nach über Kopf und zur linken Seite führen
- Langbank absetzen und erneut hochheben

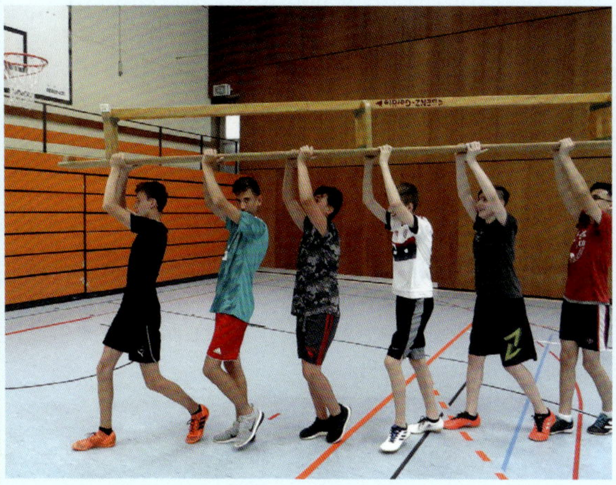

Langbank-Run
Die 4 Gruppen transportieren ihre Langbank über Kopf zu einer mit Pylonen markierten Stelle in der Hallenmitte und setzen ihre Langbank so ab, dass eine Kreuzform entsteht.
Die Schüler setzen sich auf ihre jeweilige Langbank und zählen von 1 bis 5/6/7 (je nach Gruppengröße) durch.
Wessen Zahl gerufen wird, muss eine Runde im Uhrzeigersinn um alle Bänke absolvieren. Wer zuerst wieder sitzt, darf die nächste Zahl rufen.

Steigerungsvariante:
- Zwei 3-teilige Turnkästen zwischen die Langbänke des Bänke-Kreuzes positionieren. Diese beim Umrunden der Bänke zusätzlich überwinden.

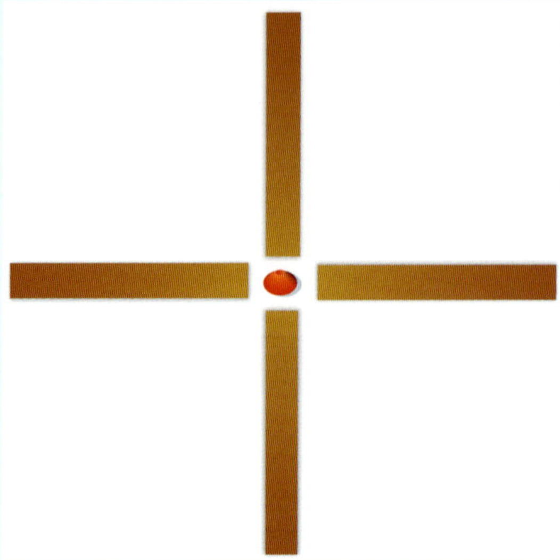

Turnkastenstaffel
Turnkasten so schnell wie möglich abbauen, einzelne Kastenteile transportieren und den Turnkasten wieder zusammenbauen:
3–4 Turnkästen an der Längsseite der Halle und Pylonen, hinter denen die Gruppenmitglieder in ca.15 m Entfernung hintereinander stehen, platzieren.
Teams erhalten zur Teambesprechung eine Minute Zeit, um Absprachen zu einer geeigneten Reihenfolge für folgende Aufgabe zu überlegen: Zwei Schüler eines Teams starten gleichzeitig, laufen zu ihrem Turnkasten, nehmen zunächst den Kastendeckel ab und transportieren ihn zum Start vor die Pylone. Die nächsten zwei Läufer laufen zum Turnkasten und holen im Staffelprinzip nacheinander die weiteren Kastenelemente. Die Mannschaft, die zuerst alle Kastenteile abgebaut und zum Start transportiert hat, ist die Siegermannschaft.

Varianten:
- Beim zweiten Durchgang geht es darum, den Turnkasten so schnell wie möglich aufzubauen. Dazu startet der Staffellauf am gegenüberliegenden Ort.
- Alle Teammitglieder starten gleichzeitig.
- Turnkasten gemeinsam ab- und wieder zusammenbauen

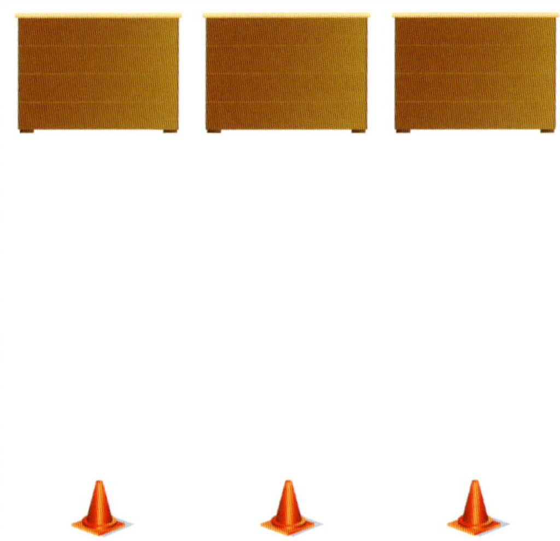

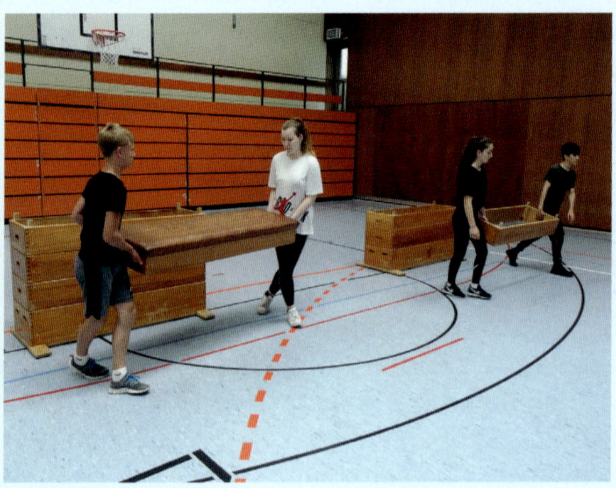

Schlussteil (10 Minuten + 5 Minuten Abbau)

Umbau
Teams räumen die Turnkästen zum Gerätedepot und statten sich mit jeweils einer Weichbodenmatte aus.

Mattensänfte und Mattenrutschen
Einstimmung
Lehrer baut eine Geschichte um einen König, der früher auf einer Sänfte (Weichbodenmatte) durch die Stadt getragen wurde. Ein Schüler setzt sich auf die Weichbodenmatte und wird vom *Volk* vorsichtig und verantwortungsvoll auf der *Sänfte*, durch die Sporthalle getragen.

Variante:
- Weichbodenmatte hoch über Kopf transportieren, Königinnen und Könige mehrfach austauschen

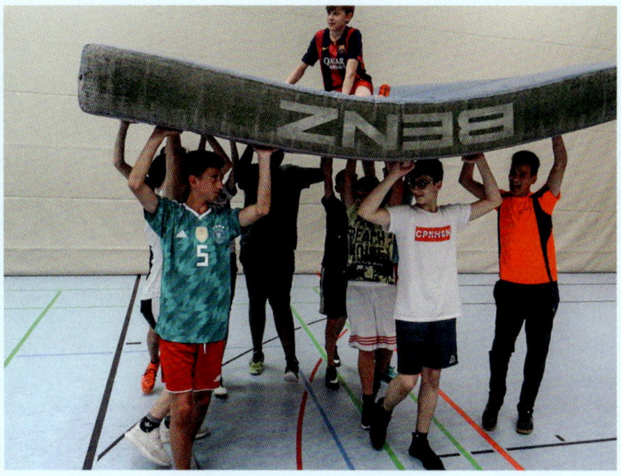

Hinweise: Die Weichbodenmatten dürfen niemals auf den Boden fallen und die Teams tragen für ihren König Verantwortung. Angeleiteten Probelauf durchführen.

Mattenrutschen
Die Weichbodenmatte an der Längsseite der Sporthalle ablegen.
4–6 Schüler eines Teams stehen hinter der auf der Querseite aufgestellten Weichbodenmatte, strecken ihre Arme nach oben und umgreifen die Mattenhöhe. Die Schüler lassen sich gleichzeitig mit der Matte umfallen.
Die Matte rutscht durch das Umfallen ein paar Meter weiter nach vorne. Die Schüler laufen zu den anderen Teammitgliedern zurück und durch Handabklatschen läuft die zweite Gruppe zur Weichbodenmatte, stellt die Weichbodenmatte auf, umgreift die Mattenhöhe und lässt sich gemeinsam mit der Weichbodenmatte umfallen.
So wird die Weichbodenmatte nach und nach auf die andere Hallenseite bis hinter eine Markierung transportiert.
Die Mannschaft, die zuerst die Ziellinie mit der Weichbodenmatte berührt, ist Siegermannschaft.

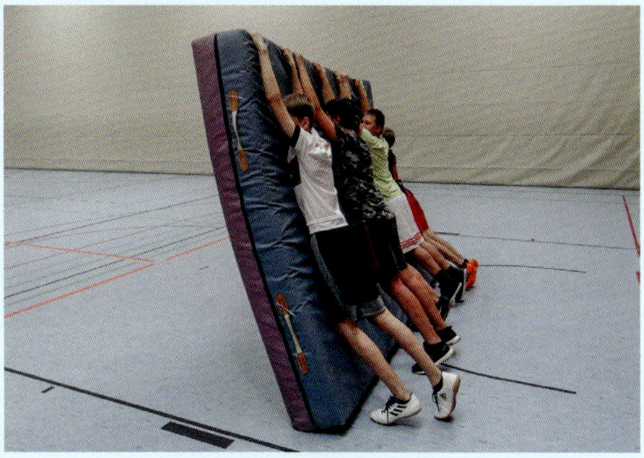

Hinweis: Ein Schüler gibt das Kommando zum Umfallen der Matte.

Steigerungsvarianten:
- Nur 4 Schüler/2 Schüler schlagen die Matte nacheinander um.
- Pendelstaffel: Die gleiche Anzahl an Schülern eines Teams stehen sich gegenüber.
- Start des Mattenrutschens an einer Seite, die andere Teamhälfte wartet, bis die Weichbodenmatte zu ihnen gerutscht ist, und umschlägt die Weichbodenmatte zum Start zurück.
- Siegermannschaft ist diejenige Mannschaft, die zuerst mit der Matte durchs Ziel gerutscht ist.

Abbau Für den Abbau aller verwendeten Turngeräte werden insgesamt 4 Gruppen eingeteilt: – Gruppe 1, bestehend aus kräftigen Jungen, ist für die Weichbodenmatten zuständig – Gruppe 2 räumt alle Turnmatten und die Pylonen ab – Gruppe 3 transportiert die Bänke und – Gruppe 4 räumt alle Turnkästen an ihren Platz im Geräteraum. Wer seine Aufgaben beendet hat, hilft den anderen Gruppen beim Bewältigen ihrer Aufgaben.	

Stundenbild 2: Outdoor-Gymnasts: Upside down – right side up

Ort: Trimm-Dich-Pfad
Zeit: 3 Doppelstunden

<table>
<tr><th>Phasen</th><th>Fotos, Abbildungen, Geräte- und Materialbedarf</th></tr>
<tr><td colspan="2">Einstieg (20 Minuten)</td></tr>
<tr><td>Warm-Up
Lockerer Lauf zum Trimm-Dich-Pfad

Ich gehe über die Grenze und nehme ... mit
Der Lehrer denkt sich ein beliebiges Geheimnis, in diesem Fall Typisch Frankreich, aus.
Ziel des Spiels ist es, dass die Schüler das Geheimnis während des Laufs erraten. Dieses wird erst am Ende des gemeinsamen und langsamen Laufs im Pulk gelüftet.
– Lehrer startet etwa mit dem Satz: Ich gehe über die Grenze und nehme ein Croissant mit.
– Beliebiger Schüler 1: Ich gehe über die Grenze und nehme einen Apfel mit.
– Lehrer: Du kommst nicht rüber.
– Beliebiger Schüler 2: Ich gehe über die Grenze und nehme ein Brötchen mit.
– Lehrer: Du kommst nicht rüber.
– Beliebiger Schüler 3: Ich gehe über die Grenze und nehme ein Stück Kuchen mit.
– Lehrer: Du kommst nicht rüber.
– Beliebiger Schüler 4: Ich gehe über die Grenze und nehme ein Baguette mit.
– Lehrer: Du kommst rüber.
– Beliebiger Schüler 5: Ich gehe über die Grenze und nehme den Eiffelturm mit.
– Lehrer: Du kommst rüber.

Ist der Gegenstand typisch für Frankreich, kommen die Schüler hinüber, d.h. das Geheimnis ist gelüftet und das Spiel beendet. Passt der Begriff nicht zum Geheimnis, muss weiter geraten werden, bis der Code für den Grenzübertritt erraten wurde. Bleibt das Geheimnis den Schülern bis zum Streckenende verschlossen, wird es zum Ende des gemeinsamen Laufs aufgeklärt.</td><td>Frisbees,
Softbälle</td></tr>
</table>

Varianten

- Lösen einfacher Kopfrechenaufgaben, die sich die Schüler gegenseitig stellen.
- In einem Geografie-Quiz lösen von Länderrätsel, denen sich die Schüler durch nachfragen annähern.
- Zuspielen/Zuwerfen eines Softballs/eines Frisbees
- Lockeres Zurückfallen/Überholen in der Laufschlange: Schüler, der Schlangenkopf/Schlangenende darstellt, wechselt ständig
- Bei bekannter Laufstrecke: Aufteilen des Klassenverbands in 2–3 homogene Laufgruppen mit Laufstart im Abstand von je einer Minute. Lehrer läuft mit der schwächsten Gruppe als erstes los oder mit der stärksten Gruppe zum Schluss. So können die stärkeren Gruppen auf die schwächeren Läufer auflaufen, sodass alle Gruppen mehr oder weniger gleichzeitig das anvisierte Ziel erreichen.

Hauptteil (240 Minuten)

Dehnen der bereits beanspruchten Bein-, Arm- und Rumpfmuskulatur
Schüler formieren sich zu einem Innenstirnkreis, Lehrer macht Übungen vor und korrigiert die Ausführungen der Schüler, wenn nötig.

Trimm-Dich-Pfad kennenlernen
Beim ersten Besuch eines Trimm-Dich-Pfads geht es um das Kennenlernen der Strecke und der ausgewiesenen Übungen.
Gemeinsam läuft die gesamte Klasse von Station zu Station und gewinnt so einen Überblick über die installierten Geräte und die verschiedenen über Tafeln vorgegebenen Übungen. Dabei führen die Schüler beim ersten Durchgang nur die vorgegebenen Übungen aus.

Kreative Turn-Abläufe auf dem Trimm-Dich-Pfad
Trimm-Dich-Pfade sind zwischen zwei und drei Kilometer lang und es sollen insgesamt 20 verschiedene Stationen mit verschiedenen Übungen, überwiegend zum Kräftigen, aber auch zum Mobilisieren der Muskulatur bewältigt werden.
Die Stationen sind in einem Abstand von ca. 200 m angelegt, die Streckenabschnitte zwischen den Stationen dienen der Ausdauerschulung und können gehend, locker oder schnell laufend zurückgelegt werden.

- Schüler interpretieren die Trimm-Dich-Pfad-Stationen turnerisch, indem sie die Grundtätigkeiten Klettern, Balancieren, Hängen, Hangeln, Stützen, Stützeln anwenden und ihr Körpergewicht auf Händen tragen. Dafür eignen sich nicht alle Stationen eines Trimm-Dich-Pfads und die Stationen mit vorgegebenen Übungen zum Mobilisieren der Muskulatur können ausgelassen werden. Beim Kennenlern-Durchgang bekommen die Schüler vom Lehrer den Hinweis, dass sie versuchen sollen, Übungen zu finden, bei denen sich die Beine hoch in der Luft befinden und der Kopf tiefer als die Beine gelagert ist. Bis auf die Einhaltung des Sicherheitsaspekts, sollen die Schüler frei experimentieren und möglichst viele verschiedene, an die jeweilige Station angepasste, Lösungen finden und diese möglichst auch untereinander austauschen.
- In weiteren Durchläufen ist der Fokus auf einige ausgewählte und für das Turnen im Freien passende Stationen ausgelegt.

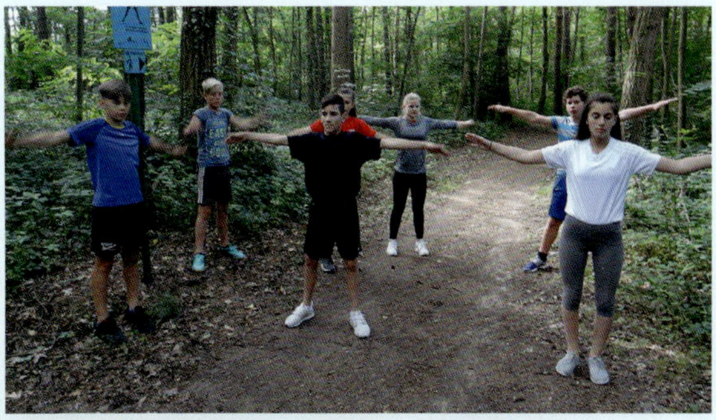

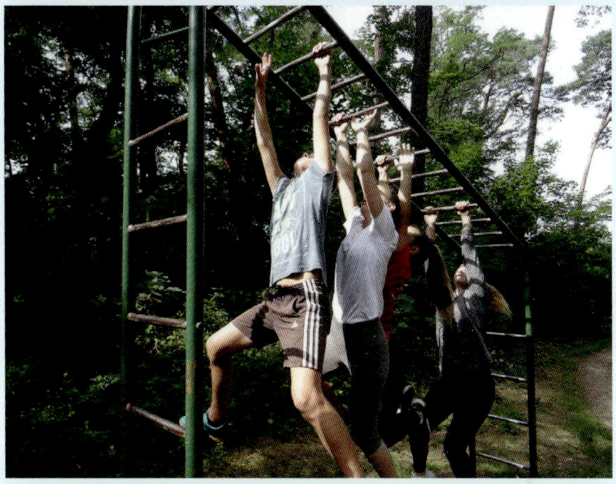

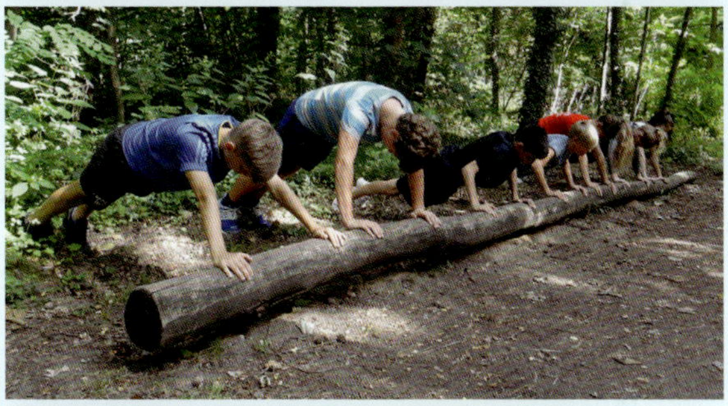

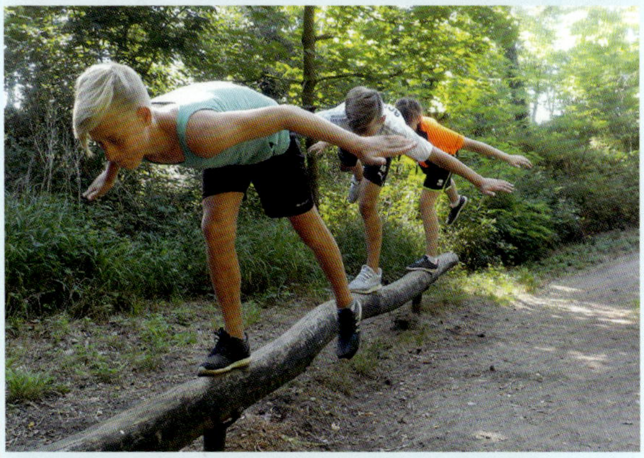

Spezifische Turn-Abläufe auf dem Trimm-Dich-Pfad
In nachfolgenden Stunden auf dem Trimm-Dich-Pfad werden vom Lehrer durch weitere Aufgabenstellungen immer wieder neue Impulse und turnnormierte Aufgaben platziert und der Schwierigkeitsgrad der Turnübungen gesteigert.

- Wer kann im Kniehang an den Ringen im Handstand stehen?
- Wer schafft es, an den Ringen oder am Reck mit dem Kopf nach unten zu schaukeln?
- Wer schafft Hockwenden über die gesamte Steigung des Balkens?

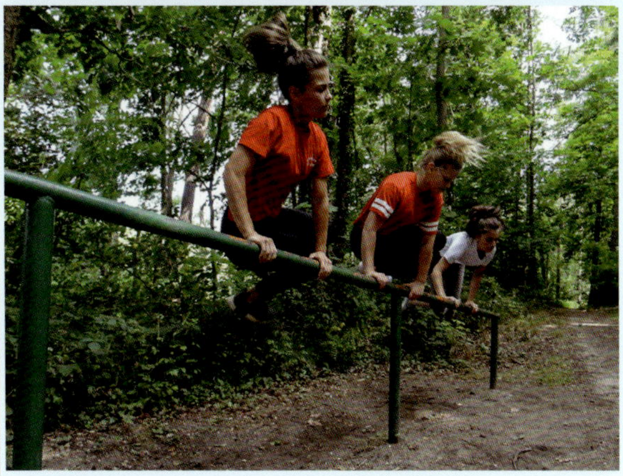

- Wer kann auf dem Baumstamm in den Zappelhandstand aufschwingen?
- Wer kann auf dem Baumstamm auf einer Hand in den Zappelhandstand aufschwingen?
- Wer schafft es, sich im Kniehang am Klettergerüst mit dem Kopf nach unten einzuhängen?
- Wer schafft einen Hüftaufschwung, einen Hüftumschwung, etc. am Reck?
- Wer kann eine Standwaage auf dem Balancierbalken ausführen?

Variante

- Einige Gruppen starten den Parcours in der vorgegebenen Richtung, andere in umgekehrter Richtung.

Lehrer begleitet immer die schwächste Gruppe, damit er bei den anspruchsvolleren Übungen Hilfestellung leisten kann.

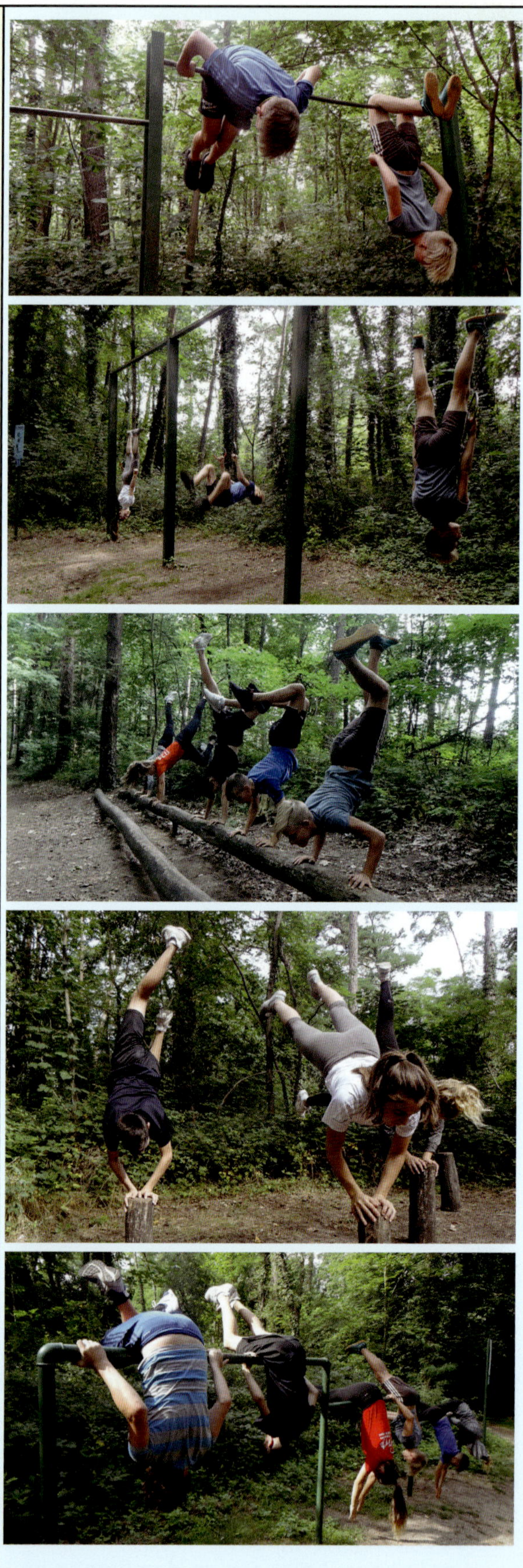

Hinweise

Damit an den einzelnen Stationen keine Wartezeiten entstehen, starten die Schüler in Gruppen und im Abstand von einer Minute nacheinander in den Parcours.

Schlussteil (10 Minuten)	
Rückweg Den Rückweg im Walkingtempo zurücklegen. Hier sollen das Erlebte und die einzelnen Übungen im lockeren Gespräch aufgearbeitet und reflektiert werden.	

Stundenbild 3: In-The-Air-Gymnasts

Ort: Sporthalle
Zeit: 2 Doppelstunden

Phasen	Fotos, Abbildungen, Geräte- und Materialbedarf
Einstieg (10 Minuten Aufbau + 20 Minuten Erwärmung)	
Aufbau Der Lehrer trägt zusammen mit den Schülern, die nach dem Umziehen schnell in der Halle sind, die benötigten Turngeräte aus dem Geräteraum und lässt diese anhand des Aufbauplans in der Halle aufbauen. **Warm-Up** **Feuer, Wasser, Sturm & Eis** Die Schüler laufen zunächst im Metrum der Musik kreuz und quer durch die Sporthalle. Bis auf die umgedrehten Mini-Trampoline dürfen alle Geräte überlaufen oder übersprungen werden. Der Lehrer gibt verschiedene Laufstile und Bewegungsaufgaben vor: – Rückwärts laufen – Laufen im Hopserlauf – Laufen im Seitgalopp – Hindernisse überspringen – Mit dem Po auf alle Niedersprungmatten setzen – Mit der Nase einmal alle Turnmatten berühren – Auf einem Bein hüpfen – Sprinten – Mit Armkreisen vorwärts/rückwärts laufen Vereinzelte Bewegungsstopps durch folgende Befehle veranlassen: – Feuer: Schüler legen sich schützend vor der Feuerwalze flach auf den Boden – Wasser: Schüler retten sich vor der Flut auf ein aufgebautes Turngerät oder andere fest in der Halle installierte Geräte (etwa Sprossenwand) – Sturm: Schüler müssen sich ohne Hallenbodenberührung vor dem Davonfliegen festhalten – Eis: Alle Schüler erstarren in ihrer Bewegung zu einer *Eissäule*, die sich nicht mehr bewegt. Der Befehl *Eis* wird zum Schluss des Spiels aufgerufen. So kann der Lehrer anschließend alle Schüler zusammenrufen, den Um- bzw. weiteren Aufbau erklären und die Abläufe des Hauptteils besprechen.	2–3 Niedersprungmatten, 2–3 Mini-Trampoline, Pylonen, Turnmatten, Musikanlage, Kreide, 2–3 Softbälle, 2–3 Mini-Basketbälle, 2 Langbänke, Weichbodenmatten Hinweis: Die Mini-Trampoline nach dem Aufbau auf die Sprungfläche drehen, damit an diesem Gerät nicht ohne Einführung und Sicherheitsbelehrungen gesprungen wird. Der Aufforderungscharakter und das Verletzungsrisiko sind hier gleichermaßen hoch. 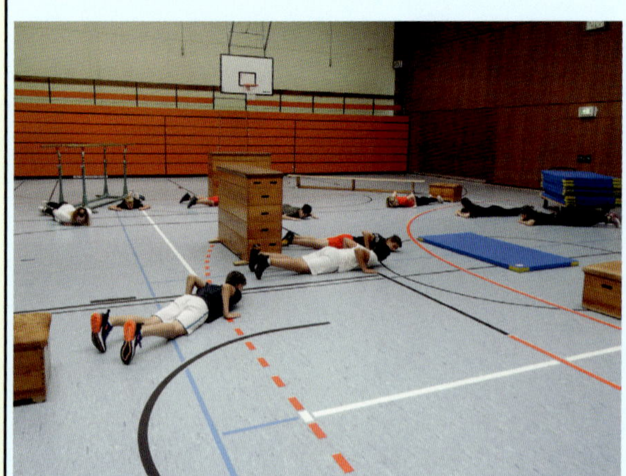

Hauptteil (110 Minuten)

Um- und Aufbau
Schüler räumen die Langbänke und die erst später benötigten Weichbodenmatten zur Seite.

Gruppenaufteilung:
Einteilung in 3 etwa gleichgroße, leistungshomogene Gruppen

Achtung
- Aus Gründen der Sicherheit sind keine Überschläge oder Saltos erlaubt.
- Lehrer steht mit schwächster Gruppe an Trampolinstation 1, um alle Stationen zu überblicken.

Beidbeiniger Absprung vom Minitrampolin mit Varianten in ansteigendem Schwierigkeitsgrad
- Optimale Lehrer- oder Schüler-Demonstration
- Basis-Strecksprung
- Strecksprung und dabei am höchsten Punkt (Kulminationspunkt) in die Hände klatschen
- Strecksprung und dabei seitlich anfersen (Snowboardsprung)
- Strecksprung mit halber Drehung
- Strecksprung mit ganzer Drehung
- Hocksprung
- Grätschsprung
- Grätschwinkelsprung
- Hoch springen und anschließend in der Luft Fahrrad fahren
- Hoch springen und dabei einen imaginären Fußball weg kicken
- Eine auf die Niedersprungmatte quergestellte Turnmatte überspringen
- Freestyle-Sprünge auf Musik erfinden
- Ausgewählte Sprünge an 2 Mini-Trampolinen synchron ausführen

Aufbauplan (s. Anlage 1)
3 Mini-Trampoline mit Niedersprungmatten dahinter
3 Pylonen als Anlaufmarkierung für die 3 Riegen

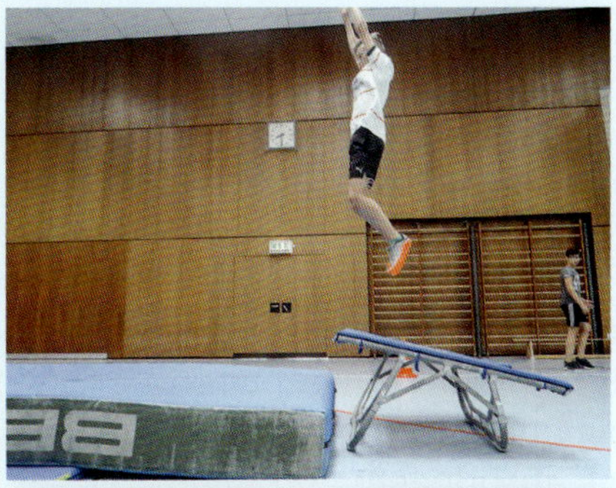

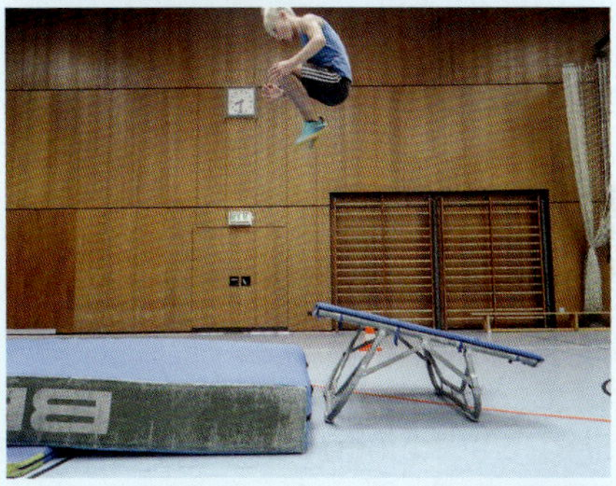

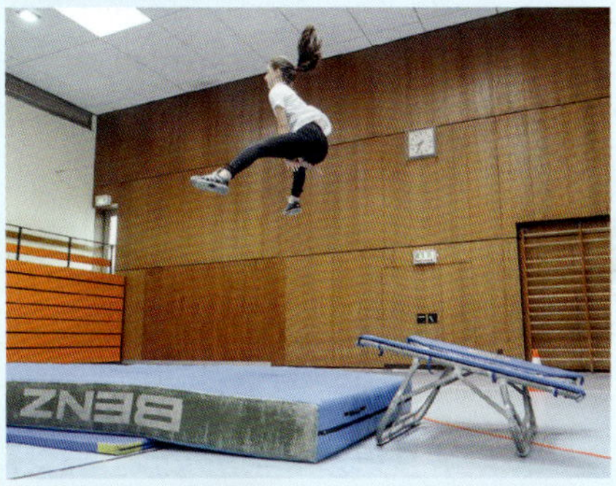

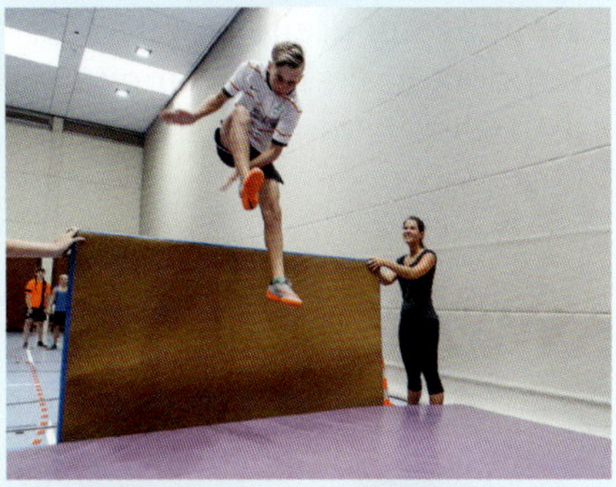

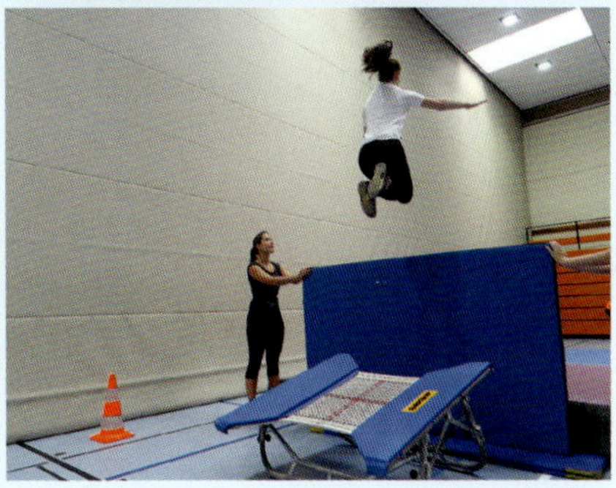

Schlussteil (30 Minuten + 10 Minuten Abbau)

B-Ball-Tramp-Dunk
Ziel aller folgenden Übungen ist das Stopfen eines Balls – erst Softball, dann Basketball – in den Basketballkorb durch einen Absprung über das Mini-Trampolin.
Um bei der Landung Unfälle zu vermeiden, werden erst Softbälle verwendet. Auch lassen sich diese im Gegensatz zu Basketbällen gut mit einer Hand transportieren.
Sind Absprung und Landung automatisiert, wird ein Basketball verwendet.

Sprungablauf
- Kurzer, dynamischer Anlauf über die Langbank
- Beidbeinig und fest in das Trampolin einspringen
- Beidbeinig abspringen
- Arme beim Herauskatapultieren zum Wurf heben
- Ball am höchsten Punkt in den Basketballkorb stopfen

Varianten
- Fotoshooting beim Trampolin-Dunk in zwei Riegen an zwei Körben gleichzeitig.
- Der Lehrer steht zum Fotografieren neben dem Basketballkorb auf einen Turnkasten. So sieht man auf den Fotos die *In-The-Air-Gymnasts* bei ihrem Dunk. Das Mini-Trampolin, die unter dem Korb liegenden Matten und das Langbank-Arrangement sind unsichtbar.

Organisationsablauf
- Schüler laufen bei den ersten Versuchen ohne Ball an und berühren nur den Ring des Basketballkorbs.
- Absprung mit dem Softball, der sich leicht eindrücken und somit besser greifen lässt.
- Absprung mit dem Basketball, der eine authentischere Basketballsituation repräsentiert.

2 Langbänke stehen nebeneinander vor dem Mini-Trampolin.
Niedersprungmatte liegt unter dem Basketballkorb.
An der Hallenwand lehnt bei Bedarf eine Weichbodenmatte.

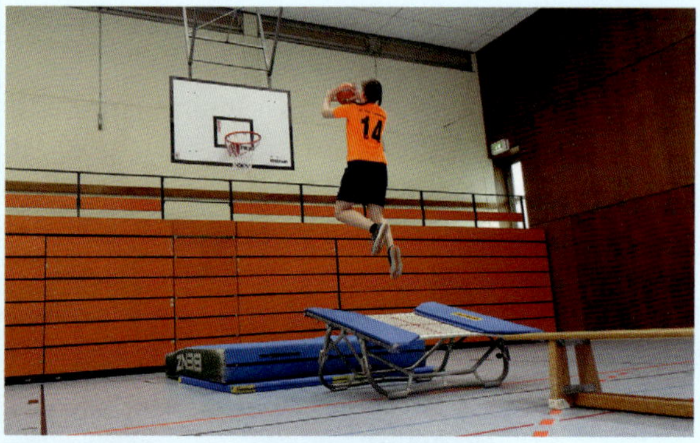

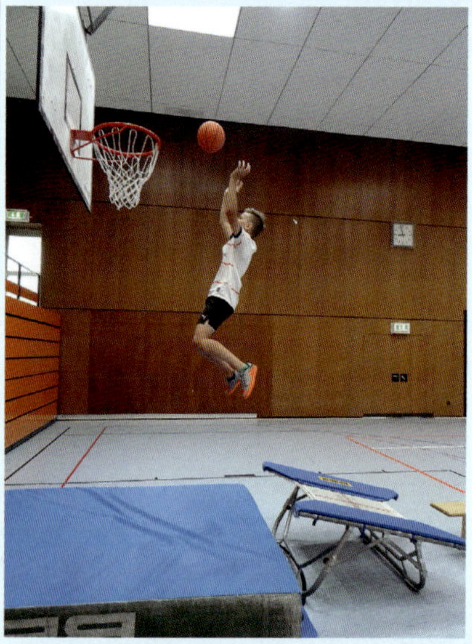

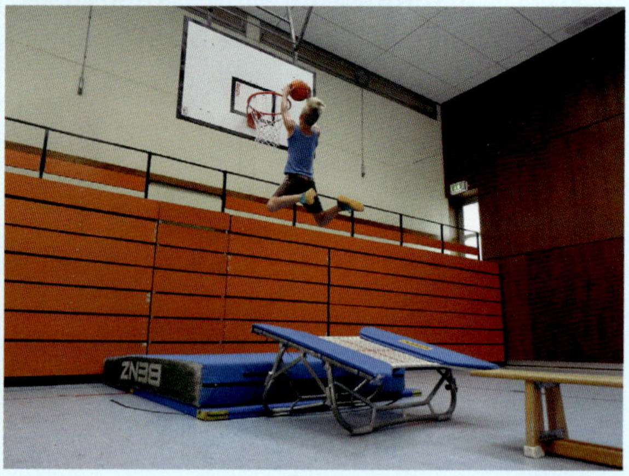

Hinweise:
Damit keine unnötigen Störungen aufkommen und die springenden Schüler abgelenkt werden, sind nur drei Softbälle/Basketbälle im Einsatz, die nach jedem Sprung an die ersten in einer Reihe wartenden Schüler weitergegeben werden.

Anlage 1: Aufbauplan für In-The-Air-Gymnasts

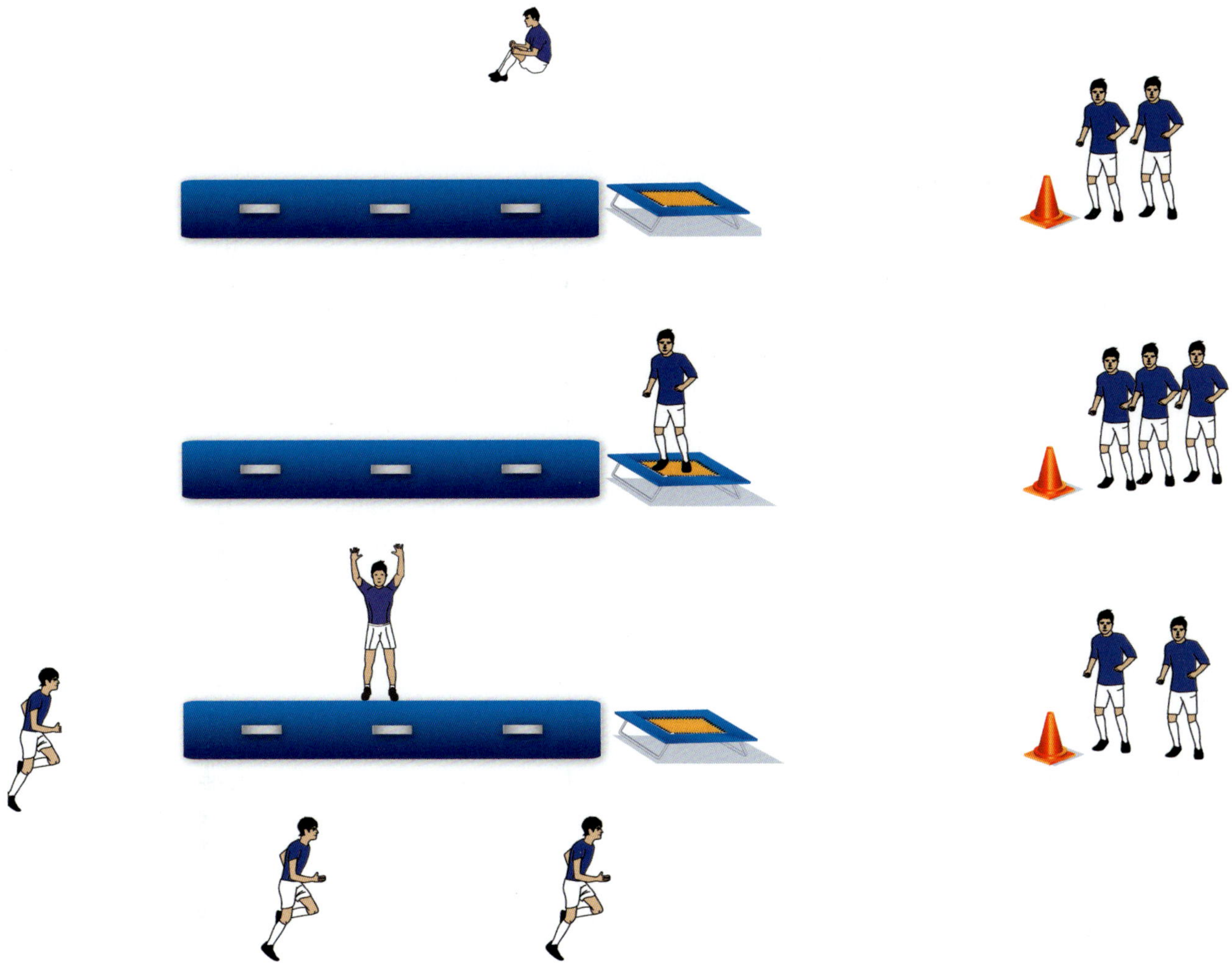

Stundenbild 4: Indoor-Outdoor-Allrounder

Ort: Sporthalle und/oder Abenteuer-, Bewegungsparcours oder Spielplatz
Zeit: 2 Doppelstunden

<table>
<tr><th>Phasen</th><th>Fotos, Abbildungen, Geräte- und Materialbedarf</th></tr>
<tr><td colspan="2">Einstieg (10 Minuten Aufbau + 20 Minuten Erwärmung)</td></tr>
<tr><td>Hinweis:
Die beiden Doppelstunden können in der Sporthalle und/oder auf Abenteuer-, Bewegungsparcours oder Spielplätzen stattfinden

Aufbau bei Sporthallennutzung
So gelingt ein aufwändiger Aufbau von Turngeräten in 10 Minuten:
– Lehrer trägt zusammen mit den Schülern, die nach dem Umziehen schnell in der Halle sind, die benötigten Turngeräte aus dem Geräteraum und lässt diese anhand des Aufbauplans in der Halle aufbauen.
– Turnkästen und Barren direkt an die im Aufbauplan aufgeführten und in der Sporthalle mit einer Pylone gekennzeichnete Stelle räumen
– Sämtliche Matten sowie kleine Turnkästen mit Abstand zur Hallenwand beliebig in der Halle verteilen
– Immer wenn neue Schüler die Halle betreten, bekommen sie eine Aufbauaufgabe (schriftlich auf Karteikarte oder mündlich durch Lehrer) mit dem Hinweis, wie viele Schüler für den Transport des jeweiligen Turngeräts benötigt werden.</td><td>Geräteliste für einen alternativen Aufbau in der Halle

2 Niedersprungmatten,
2 Weichbodenmatte,
1 Barren,
Turnmatten,
3 Turnkästen,
7 kleine Turnkästen,
4–5 Langbänke,
ca. 30 Softbälle,
Bierdeckel,
Pylonen</td></tr>
<tr><td>Erwärmung und Gewöhnung an das Überwinden von Hindernissen
Kommando Pimperle
Beim Laufen durch die Halle dürfen sämtliche Geräte übersprungen bzw. überlaufen werden.
Folgende Kommandos für das Reaktionsspiel einführen:
– Kommando Pimperle = kreuz und quer durch die Sporthalle laufen
– Kommando Flach = in Bauchlage flach auf den Boden legen
– Kommando Bock = Vierfüßerstand
– Kommando Doppelflach = zwei Schüler legen sich in Bauchlage flach übereinander auf den Boden
– Kommando Doppelbock = zwei Schüler nehmen nebeneinander den Vierfüßerstand ein
– Kommando Pferd = zwei Schüler nehmen sich Huckepack und bewegen sich in der Sporthalle fort
– Kommando Kartoffelsalat = alle Schüler versammeln sich schnell um den Lehrer</td><td>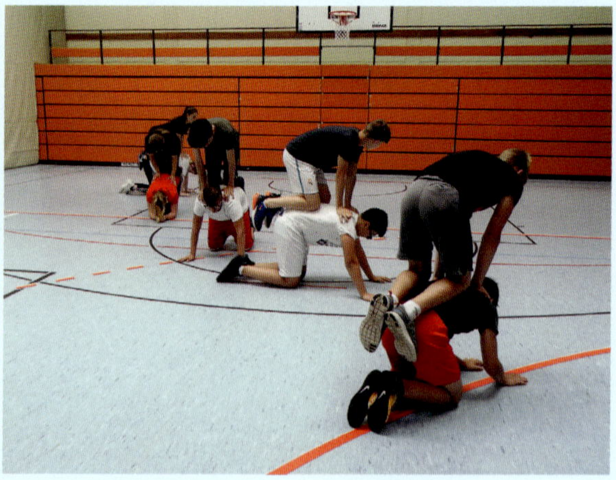</td></tr>
</table>

<table>
<tr><td>Variante:
– Weglassen von Kommando im Befehl bedeutet, es darf der ausgesprochene Bewegungshinweis nicht ausgeführt werden. Wer dies dennoch tut, soll Zusatzbefehle, etwa eine schnelle Runde laufen, 5 Liegestütze, 5 Kniebeugen etc., ausführen

Erwärmung und Gewöhnung an Abwurf-Reaktionen
Zombieball
Gespielt wird ein Abwurf-Fangspiel, bei dem die bereits aufgebauten Geräte vor dem Abwurf schützen. Gespielt wird mit maximal 3 Softbällen.
Die Werfer (Schüler mit Softball) versuchen, beliebigen anderen Schülern nachzulaufen und diese mit dem Softball unterhalb der Schulterachse zu treffen. Getroffene werden zu Werfern, Werfer, die treffen, werden zu Läufern.

Varianten
– Werfer dürfen sich nur fortbewegen, wenn sie ihren Softball prellen.
– Getroffene tauschen nicht mit den Werfern die Rolle, sondern laufen Strafrunden um das mit Pylonen abgesteckte Feld und spielen anschließend wieder mit.
– 2 Mannschaften spielen gegeneinander.</td><td></td></tr>
<tr><td colspan="2">Hauptteil (130 Minuten)</td></tr>
<tr><td>Umbau
Der Umbau wird anhand des Aufbauplans im Mittelkreis besprochen.
Turnkästen und Barren stehen bereits an der richtigen Stelle im Parcours, dies dient den Schüler als Orientierung.
Der Lehrer unterteilt den Takeshi-Parcours in 3–4 Segmente. Für jedes Segment ist eine feste Gruppe zuständig und baut diesen Teil komplett auf. Eine Gruppe baut z.B. den Barren-Tunnel auf, eine andere Gruppe ist für Bänke-Reihe zuständig, etc.
Die Schüler holen die in der Halle verteilten Bänke, Matten und kleinen Turnkästen und stellen den Parcours fertig. Schüler versammeln sich bei den Bänken, das Spiel wird erklärt und zwei Mannschaften werden gebildet.

Mannschaftsbildung
– Lehrer teilt die Klasse in zwei gleichstarke Mannschaften ein.
– Schüler stehen nebeneinander und zählen auf 1, 2 ab.
– Schüler spielen nach Geburtsmonaten (Januar – Juni vs. Juli – Dezember) gegeneinander.
– Schüler ziehen markierte (A oder B) Bierdeckel.</td><td>Beispiel für einen Takeshi's Castle Parcours (s. Anlage 1)

Das Spiel Takeshi's Castle stammt ursprünglich aus einer Spieleshow aus dem japanischen Fernsehen. Die Kandidaten aus zwei Mannschaften treten gegeneinander an und versuchen jeweils einen Parcours, bestehend aus vielen verschiedenen Hindernissen, möglichst unbeschadet zu überqueren. Oft werden die Spieler dabei von Bällen abgeschossen und scheiden dadurch aus. Ziel des Spiels ist es, die Burg (= letztes Hindernis) von Fürst Takeshi zu erobern.</td></tr>
</table>

Takeshi's Castle

Spielbeschreibung für den Sportunterricht

Ziel des Spiels ist es, dass Team A einen Hindernisparcours komplett durchläuft und dabei eine Reihe von Hindernissen überwindet, ohne von der Werfermannschaft (Team B) mit Softbällen getroffen zu werden. Wer es schafft, alle Hindernisse zu überqueren ohne von einem Ball getroffen worden zu sein, erhält am Ende des Parcours einen Bierdeckel, den er in ein Depot seiner Mannschaft legt.
So sammelt ein Schüler für seinen erfolgreich durchlaufenen Parcours einen Punkt für seine Mannschaft.
Die Werfer aus Team B stehen gut verteilt hinter umgedrehten Langbänken und versuchen, die Läufer aus Team A abzuwerfen. Dazu nehmen sie die Softbälle aus dem Bälle-Depot (= umgedrehter Turnkastendeckel). Die Langbänke sind etwa 5–7 m vom Parcours entfernt positioniert. Die Werfermannschaft wählt 3–4 Schüler aus, die sich auf der gegenüberliegenden Seite des Parcours aufstellen, um die geworfenen Bälle wieder zu den Werfern zurückwerfen. Das ist eine taktisch wichtige Aufgabe, denn geht den Werfern die *Munition* aus, kann das Team A ohne Gefahr den Parcours überwinden und leicht Punkte sammeln.
Läufer aus Team A laufen nach dem Einzel- bzw. Doppelstart nacheinander los.
Wer getroffen wird, begibt sich aus dem Parcours, läuft hinter den Bänken direkt zum Start zurück und versucht einen Neustart.
Gespielt wird auf Spielzeit: 5–7 Minuten pro Durchgang sind bei diesem sehr bewegungsintensiven Spiel angemessen.
Nach Durchgangsende wird der nächste Durchgang gestartet, indem das vorherige Werferteam nun Läuferteam und das Läuferteam zum Werferteam wird.

Achtung:

- Den Bewegungsparcours vor einer Hallenwand aufbauen, da die Bälle ansonsten zu weit weg fliegen und der Rücktransport zu den Werfern zu lange dauert.
- Der Parcours sollte Schutzzonen enthalten, hinter denen man sich verstecken und ausruhen kann. Diese Geräte (hier der Barren-Tunnel und der Turnkasten) müssen nicht überquert bzw. übersprungen werden, sondern dienen lediglich zum Schutz
- Der vorliegende Plan stellt nur eine von vielen Möglichkeiten dar, wie ein Takeshi's Castle Parcours aussehen kann. Je nach Alter und Sportlichkeit der Klassenmitglieder lässt sich der Hindernis-Parcours noch anspruchsvoller, aber auch deutlich kürzer und einfacher gestalten.
- Takeshi's Castle kann als attraktives Spiel auch gut im Freien gespielt werden. Auf vielen Pausenhöfen befinden sich Klettergerüste oder größere Kletteranlagen, die sich für einen Parcours eignen.

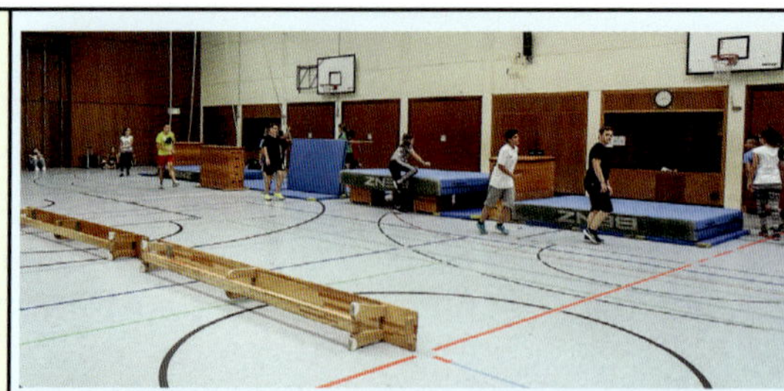

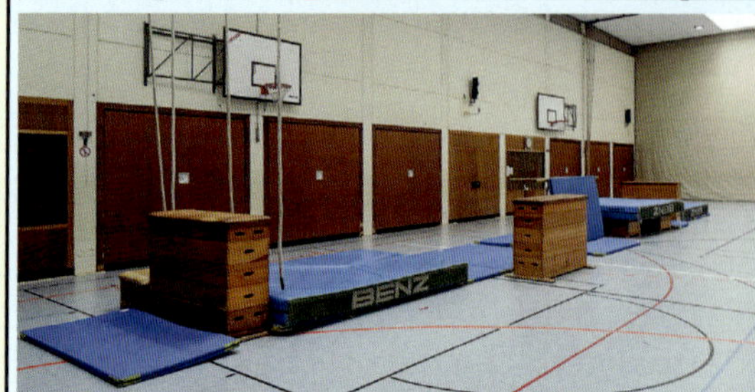

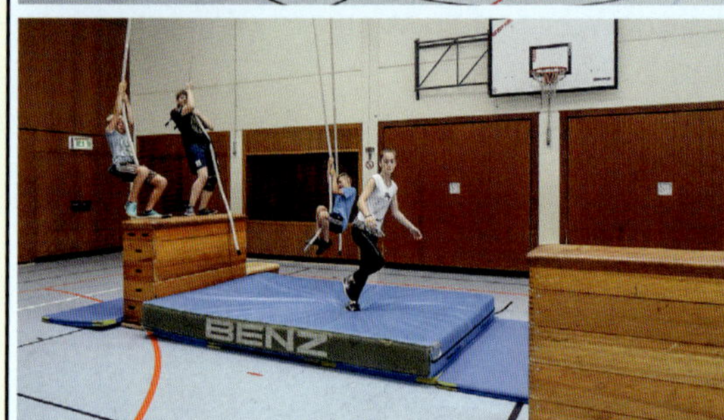

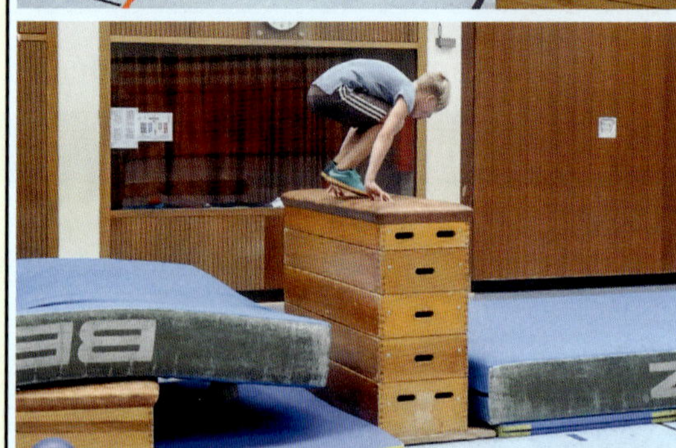

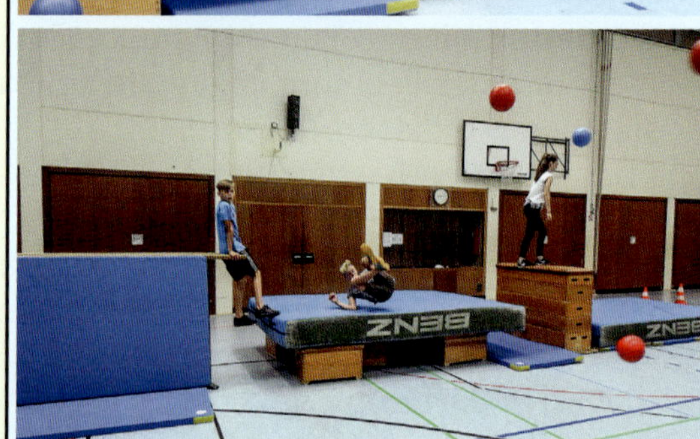

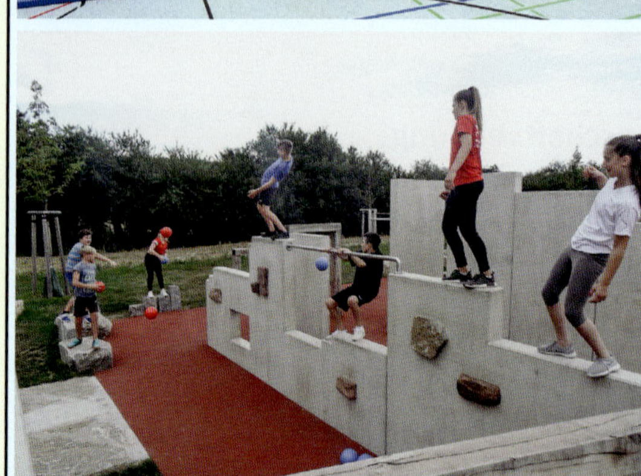

Schlussteil (10 Minuten Reflexion + 10 Minuten Abbau)	
Abschluss- bzw. Reflexionsrunde Die Unterrichtseinheit ist bewegungsintensiv und soll ruhig ausklingen. Taktische Zwänge im Spiel sind hoch, sodass es sinnvoll ist, gewonnene Erfahrungen, auch Frustrationen, der Schüler zu sammeln und gemeinsam zu besprechen. So können die Schüler in einer nachfolgenden Takeshi-Stunde eventuell taktisch klüger und mannschaftsdienlicher spielen. Kleine Teams erhalten für den Aufbau konkret zugeteilte Aufgaben. **Abbau** Zunächst werden alle Bälle in einen Ballsack o.Ä. verstaut oder direkt in den Ballschrank geräumt. Die für bestimmte Segmente verantwortlichen Gruppen vom Aufbau sind am Ende auch für den Abbau ihres Segments zuständig. Das Team, das seine Abbauaufgabe zuerst bewältigt hat, hilft den anderen Teams. Abschließend werden die Turnkästen und der Barren gemeinsam aufgeräumt.	

Anlage 2: Aufbauplan für Takeshi‘s Castle

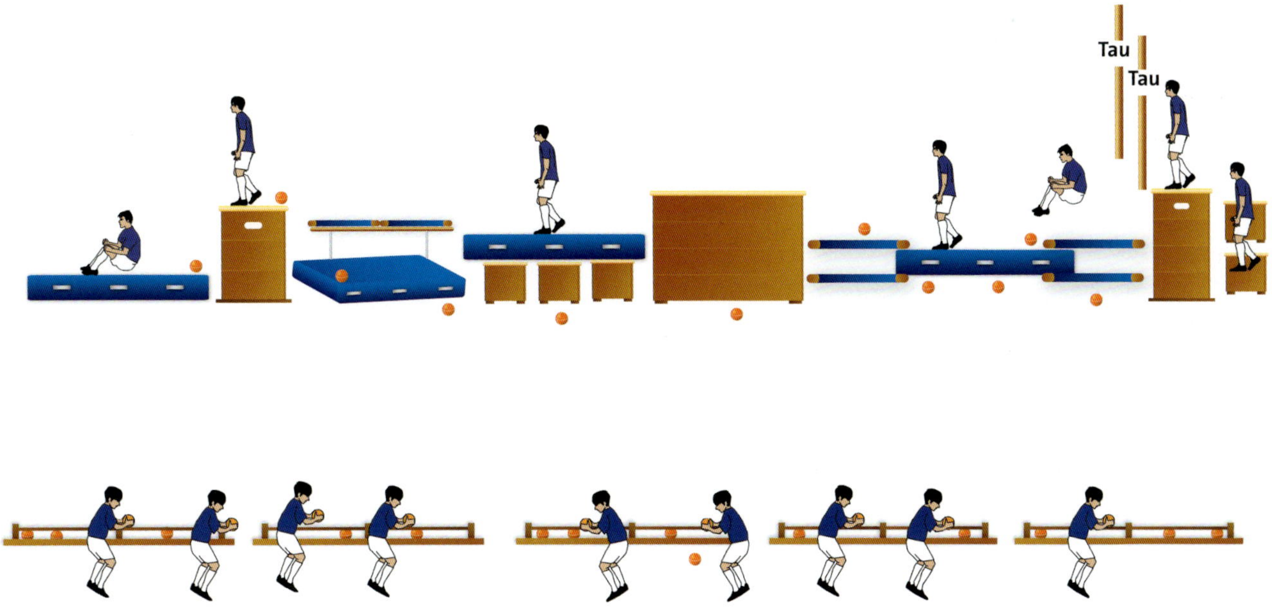

Bewerten des Unterrichtsvorhabens:
Durch Turnen die Wahrnehmungsfähigkeit verbessern und Turnerfahrungen erweitern

Bewertungsmatrix für die prozess- und produktbezogene Lernentwicklung

Lernprozess: Körperbildende Kriterien	Schüler-Namen	Note 1–6
– Turnaufgaben annehmen, selbsttätig organisieren und aktiv bewältigen – Turntätigkeiten erlernen, einüben, variieren und zeigen – Turnbewegungen kombinieren – Turnrepertoire erweitern – Vielfältige Bewegungslösungen suchen, finden und aufzeigen		
Lernprozess: Turngruppenbezogene Kriterien		
– Auf-, Um- und Abbau von Geräten gemeinsam verantwortungsvoll, sachgerecht und funktionsfähig organisieren – Turnbewegungen partnerschaftlich erweitern – Gruppen, Partner- und Individualbezüge turnspezifisch anpassen – Turnbewegungen variantenreich in Abstimmung an Partner und Turngeräte auffinden und kombinieren		

Unterrichtsvorhaben für die Klassenstufe 7 und 8

Turnleistungen erfahren, verstehen und einschätzen

Fachdidaktische Hinweise

Quellen zur Unterstützung von Lehr-/Lernprozessen und Hervorbringung von Turnprodukten bei Schülern durch Turnunterricht in Schulen sind von einer auffälligen Priorisierung des klassischen Gerätturnens, in Anlehnung an das Vereinsturnen, und damit für fortgeschrittene, motivierte und turnfreudige Adressaten gekennzeichnet. Auch unter einer mehrperspektivischen Leitidee und der aufgewiesenen perspektivischen Aufgabe, *Leistungen erfahren, verstehen und einzuschätzen* zu können, wird dem normierten Turnen und damit dem Üben von angeeigneten Turnkompetenzen sowie dem Lernprozess zu einzelnen Turnfertigkeiten ein bedeutender Stellenwert zugeordnet. Innerhalb einer schulischen Turndidaktik ist und bleibt das Gerätturnen unverzichtbarer Bestandteil.

Mit diesem Unterrichtsvorhaben sollen die Spezifika der Turndidaktiker, die im Vereinsathleten ein größeres Anliegen erkennen, um Basisinformationen für unerfahrene Turnanfänger ergänzt und erweitert werden. Dies ist vor dem Hintergrund sowohl hoher Nicht-Turnerzahlen insbesondere im Jugendalter und denkbar resultierender Turnunfälle als auch vor der Überforderung von Lehrkräften bei der Inszenierung diversitätsanfälligen Schulturnunterrichts zu verantworten. Auch soll der großen Anzahl von Turnanfängern im Gerätturnen angemessen bedacht werden.

Traditionelles Gerätturnen basiert auf den spezifischen Strukturmerkmalen Rollen, Auf- und Umschwingen, Kippen, Felgen, Stemmen und Überschlagen. Im Turnunterricht nach diesen Strukturen zu lernen, stellt sich als vornehmlich hierarchisierte Herausforderung in motorischen Übungsreihen dar, mit nur schmalen Spuren zu pädagogischen Aufgaben für die heterogene, interessensbezogene und erfahrungsgeleitete Persönlichkeitsentwicklung.

Dem Mangel an Turnerfahrungen soll in der ersten Einheit des Unterrichtsvorhabens, beim *kooperativen und selbsttätigen Start in die Artistenausbildung,* entgegen getreten werden, indem Basisqualifikationen zum Turnen, die bereits in früheren Jahren in der Grundschule oder im Verein angelegt wurden, abgerufen und in überwiegend selbsttätigen Lernprozessen erweitert werden.

Da das Erlernen spezifischer Fertigkeiten und Gerätetechniken im Gerätturnen durch traditionelle Lehrverfahren, wie Lernen, Üben und Wiederholen gekennzeichnet ist, gehen die Schüler in der anschließenden zweiten Unterrichtseinheit erst einmal in die *harte Turnschule*.

Um eine Identitätsbildung mit altbewährten Turnelementen anzubahnen, fiel unsere strukturelle Auswahl in den Unterrichtsvorhaben *Überschlagen wie die Bodenturner* und *Überschlagen wie die Trampolinturner* auf Überschlagbewegungen mit und ohne Handstütz, mit und ohne Partner und mit und ohne Materialhilfe. Diese Zuweisungen erscheinen uns für das gerätturnspezifische Vorhaben als geeignet, weil das klassische Turnfertigkeitslernen durch ein dominierendes *Alles-oder-Nichts-Prinzip* Frustrationen hervorruft. Dem mühsamen Dranbleiben am Lernprozess kann man sich aufgrund der Beliebtheit der beiden ausgewählten Turngeräte und Turnelemente, wegen der Transformationshoffnung auf trendigere Bewegungsfelder und bezüglich der Katapultwirkung zu *Höhenflügen* gegenüber günstig positionieren.

Bei diesem Unterrichtsvorhaben steht die Freude am Erlernen von Turnfertigkeiten in direktem Zusammenhang mit Angstvermeidungsstrategien. Es muss in der Balance aus Sicherheitszuversicht und Risikoerwartung gelingen, auch etwa durch eine gute Beziehungsebene zwischen Lehrenden und Lernenden, dass sich Ängste erst gar nicht entwickeln.

Praktische Tipps

Das *Sich-Überschlagen* kann nur gelingen, wenn der *motorische Zugang* dazu an das Ziel gebunden ist, bewegungssicher zu lernen.

Technomotorische Kennzeichen für Überschläge rückwärts (mit und ohne Handstütz), die als idealtypisches Vorbild gelten und von den Schülern in Lernerfahrungen anzureichern sind, lauten:

Ausholbewegung:
- Stand mit leicht geöffneter Fußstellung und Armen in Hochhalte
- Hüftgelenk-, Kniegelenk- und Sprunggelenkbeugung zu einer Sitzhaltung
- Arme schwingen gestreckt abwärts neben die Hüfte

Hauptaktionen:
- Fußabdruck durch schnellkräftige Hüftgelenk-, Kniegelenk- und Sprunggelenkstreckung
- Gestreckter Armschwung aufwärts
- Gestreckte Arme über Kopf *stellen* (bei freien Überschlägen = Salti) oder hinter den Kopf ziehen (bei Handstützüberschlägen rückwärts = Flick-Flacks)
- Rumpf in eine Bogenspannung zurückbeugen
- Kopf in den Nacken nehmen
- Bei Salto-Bewegungen Körper zu einem Päckchen krümmen und beim Flick-Flack die Hände bei Beibehaltung der Bogenspannung schulterbreit aufsetzen

Endposition:
- Bei Salto-Bewegungen den Körper zur Streckung zurück führen und beim Flick-Flack die Beine dynamisch senken
- Stand ausbalancieren

Technomotorische Kennzeichen *für Handstützüberschläge vorwärts*, die als idealtypisches Vorbild gelten und die von den Schülern in Lernerfahrungen anzureichern sind, lauten:

Ausholbewegung:
- Anlauf
- Anlaufhüpfer in eine gestreckte und gespannte Schrittstellung mit Armen in Hochhalte
- Beugung des Abdruckbeines in Fuß-, Knie- und Hüftgelenk und Kippen des Körpers zum Boden um die Körperbreitenachse

Hauptaktionen:
- Paralleler Handaufsatz mit gestreckten Armen in Verlängerung des Körpers bei einem Arm-Rumpfwinkel von 180°
- Rückhochschwingen des Schwungbeines
- Handstandspringen: Beine zusammenführen, Schulterblockade, Hände stemmen bei gestreckten Armen gegen den Boden und drücken vom Boden mit Unterstützung der Schultergelenkmuskulatur bei gestreckten Ellbogengelenken ab
- Bogenspannung mit Kopf in Nackenhaltung in freier Flugphase

Endposition:
- Kopf im Nacken bis zur Bodenberührung der Füße belassen
- Stand ausbalancieren

Technomotorische Kennzeichen für *Handstützüberschlagbewegungen seitwärts (Räder)*, die als idealtypisches Vorbild gelten und die von den Schülern in Lernerfahrungen anzureichern sind, lauten:

Ausholbewegung:
- Gestreckte und gespannte Schrittstellung mit Armen in Hochhalte
- Beugung des Abdruckbeines in Fuß-, Knie- und Hüftgelenk und Kippen des Körpers zum Boden um die Körpertiefenachse

Hauptaktionen:
- Viertel-Drehung zur Seite des Abdruckbeins mit weiterem Aufdrehen des Körpers um seine Körpertiefenachse bei Aufsatz der Hände und gleichzeitigem Rückhochschwingen des Schwungbeines
- Verlagerung des gespannten und in den Beinen gespreizten Körpers bis zum Schwungbeinaufsatz

Endposition:
- Durch Abdruck der Hände vom Boden, Senken des Abdruckbeines und Anheben des Oberkörpers in den Stand mit Armen in Hochhalte aufschwingen
- Stand ausbalancieren

Internethinweis:

Nähere Informationen zu den genauen Bewegungsmerkmalen der unterschiedlichen Normtechniken bei Saltobewegungen und Handstützüberschlagbewegungen können auf

http://www.turnlehre.de/DTB/Bewegungshinweise09.pdf oder

http://www.sportunterricht.de/turnen/bjspiele/boden1.html abgerufen werden.

Für dieses Unterrichtsvorhaben ist die *Methodische Übungsreihe* die wegweisende Methodenwahl, die mit der Öffnung zur Selbsttätigkeit beim Üben, Wiederholen und Selbstentschiedenheit über den individuellen Verlauf begleitet ist.

Beim Erlernen von für die Schüler unbekannten Turnfertigkeiten ist jeder nächste Schritt als Angebot an die Schüler zu verstehen, sodass sie im vorgeschlagenen Tempo gemeinsam weiter nach hierarchisierten und normierten Schritten vorankommen oder sich individuell beziehungsweise kleingruppenbezogen auch Rückschritte erlauben. Jede Aufgabe gilt zwar als Voraussetzung zum Erlernen der Zielfertigkeit, richtet sich aber nicht ausschließlich auf das Endergebnis. Die Schüler sollen erfahren, dass jeder Teilschritt schon Erfolg bedeuten kann, auch der Schritt, der mit dem Lehrer oder mit Mitschülern als Helfer ausgeführt wird. Erfolg im schulischen Turnfertigkeitslernen spiegelt sich nicht ausschließlich in der Realisierung korrekt ausgeführter Endformen mit phasenreinen Turntechniken wider.

Im normierten Gerätturnunterricht stehen geschlossene vor offenen Aufgaben. Direkte Ablaufprogramme sind den erforderlichen besonderen Sicherheitsvorkehrungen und den aus hohen motorischen Anforderungen resultierenden Turngefahren geschuldet.

Die Lernschritte zu einem gelingenden Sich-Überschlagen sind im pädagogischen Zugang an das Ziel, sich angstfrei und freudvoll an Geräten zu bewegen, gebunden. Besteht die motorische Außensicht aus dem erfolgreichen Ausführen struktureller Bewegungsmerkmale, kreist im Umgang mit der Innensicht das Thema Angst vor Schmerzen und Blamage.

Angstreduzierende Maßnahmen des Lehrers:

- Heterogenitätsangemessen begegnet man dem einen Turnschüler mit ablenkenden, dem anderen mit freudvollen, dabei immer zugewandten und Sicherheit bietenden Aktionen in vertrauensvoller Atmosphäre und Kleingruppenarbeit.
- Beim Gerätturnen steht die Turnlehrkraft den Schülern auch individuell sichernd und helfend zur Seite.
- Normierte Hilfestellungen müssen vom Lehrer noch vor dem Start ins Fertigkeitslernen eingeübt werden und in Routineverfahren übergeleitet werden, etwa durch Ausprobieren im Turnverein, in einer Turn-AG, beim mit Turnexpertise ausgestatteten Kollegen oder bei fortgeschrittenen Turnern.
- Es empfiehlt sich, noch vor Unterrichtsbeginn die Geräteaufbau- und Geräteabbaubedingungen in Erinnerung zu rufen beziehungsweise einen Probeaufbau zu veranlassen.
- Auch lernt der Turnanfänger vornehmlich durch Imitation, sodass das Vorturnen durch einen Schüler mit Turnerfahrung oder durch die Turnlehrkraft beispielhaft und mustergültig wirken kann.

Das klassische Gerätturnen ist in ein geeignetes Verhältnis von verantwortungsgeleiteten motorischen Herausforderungen zu individuellen Lerngelegenheiten zu bringen. Durch eine solche konsequente Beziehung zwischen dem Erlernen von Technikelementen und der variablen individuellen Entfaltung möchten wir den beiden Absichten Bewegungslernen und Bewegungsfreude gleichermaßen gerecht werden.

Auf einen Blick

Unter-richts-vorhaben	**Stundenbild 1** Kooperativer und selbsttätiger Start in die Artisten-ausbildung	**Stundenbild 2** Harte Turnschule	**Stundenbild 3** Überschlagen wie die Bodenturner	**Stundenbild 4** Überschlagen wie die Trampolinturner
THEMEN	**Basiselemente wiederholen und erweitern** Erfahrungen machen mit Überschlagen halb (180° = Handstand) und ganz (360°), mit und ohne Handstütz, mit und ohne Partner, um Körperlängs-, Körperbreiten- und Körpertiefenachsen, Partner-, Gruppenüberschläge	**Turnelemente erlernen** Klassische und alternative Turnfertigkeiten erlernen Stände ausführen: Frosch-, Schulter- und Kopfstand Überschläge erlernen: Rad, Handstand, Handstand-Springen	**Normierte Turnelemente am Boden erlernen** Voraussetzungen für Überschlagbewegungen kennenlernen: Schulterblockade, Bogenspannung Fertigkeiten erlernen: Handstützüberschlag vorwärts oder rückwärts, Überschläge an schiefer Ebene oder von Kastenerhebung	**Normierte Turnelemente am großen Trampolin erlernen** Basissprung und Sprungvarianten erlernen: Sitzsprung und Sitzsprungvarianten Tradierte und ungewöhnliche Sprünge kombinieren

Stundenbild 1: Kooperativer und selbsttätiger Start in die Artistenausbildung

Ort: Sporthalle
Zeit: 2 Doppelstunden oder 4 Einzelstunden

Phasen	Fotos, Abbildungen, Geräte- und Materialbedarf
Einstieg (10 Minuten Erwärmung + 10 Minuten Aufbau)	
Musik-Stopp-Turnen Die Schüler laufen in Anpassung an das Metrum einer Musik durcheinander durch die Sporthalle. Abgestimmt auf motorische Anforderungen im Vorhaben führt der Lehrer oder ein Vorturner bei Musikstopp durch Lehrer oder Schüler-DJ Spezialaufgaben vor, die von den Schülern auf dem Sporthallenboden ohne Mattenunterstützung imitiert werden. **Aufgaben-Varianten bei Musikstopps** – Die Schüler drehen sich 3x um sich selbst, stellen sich auf ein Bein und schließen die Augen. – Die Schüler führen eine Standwaage mit geschlossenen Augen aus. – Die Schüler setzen aus dem Stand einen Schritt nach hinten, beugen das hintere Bein, fallen zum Boden ab, rollen in die Kerze auf und schaukeln anschließend aus der Rückenschaukel ohne Zuhilfenahme der Hände in den Stand auf. – Die Schüler fallen aus der Standwaage in den Liegestütz ab und landen in Bauchlage, schwingen die Beine über die Seite nach vorn in den Sitz, führen eine Rückenschaukel aus und schaukeln ohne Zuhilfenahme der Hände in den Stand auf. – Die Schüler fallen aus der Standwaage in den Liegestütz ab und landen in Bauchlage, stützen die Hände am Boden ab, springen mit den Füßen durch den Stütz, führen eine Rückenschaukel aus und stehen ohne Zuhilfenahme der Hände in den Stand auf. – Die Schüler führen Stände auf drei verschiedenen Körperteilen aus (etwa Fußstand-Kniestand-Vierfüßlerstand). – Die Schüler führen Stände an Partner/n oder fest stehenden Großgeräten aus (Sprossenwand, Gitterleiter, Langbank). – Die Schüler bewegen sich auf allen Vieren fort. – Die Schüler bewegen sich auf allen Vieren nur mit den Füßen um die feststehenden Hände fort. – Die Schüler führen einen Zappelhandstand aus. – Die Schüler zappeln im Zappelhandstand etwas länger als beim 1. Versuch. – Zappelhandstandkönig ermitteln: Wer zappelt am längsten? – Die Schüler springen von einer Pobacke auf die andere.	Musikanlage 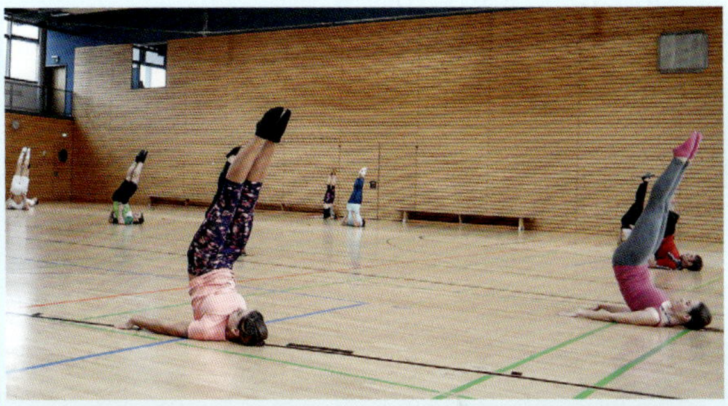 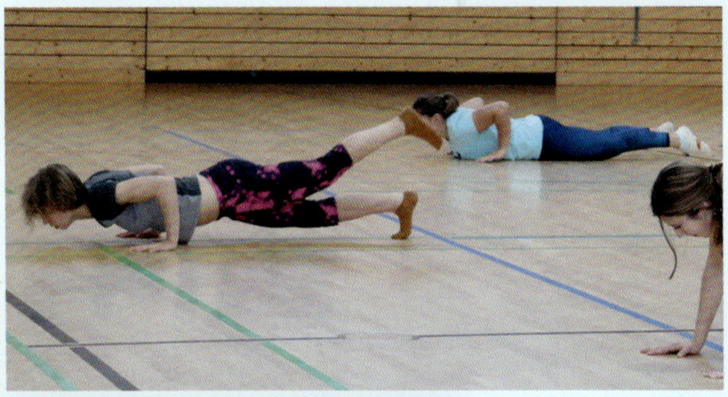 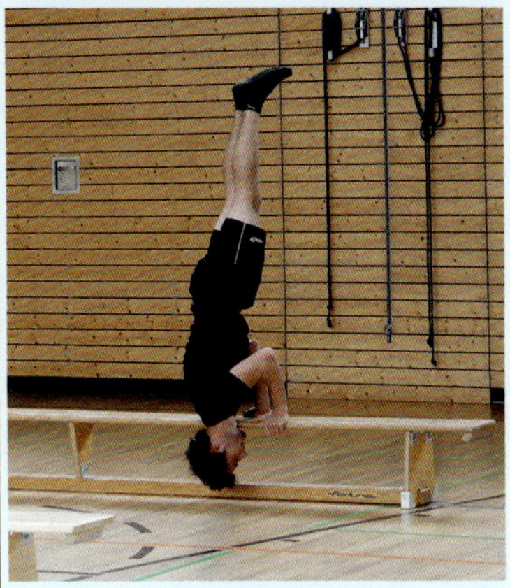

- Einarmiger Zappler: Wer kann im Zappelhandstand eine Hand kurzfristig vom Boden lösen?
- Froschhüpferhandstand: Die Schüler drücken sich/springen aus einer Froschposition in den Handstand.
- Freestyler: Die Schüler führen einen Schulterstand seitlich aus.
- Partner A befindet sich im Vierfüßlerstand, Unterschenkelvorderseite mit Bodenberührung, Partner B stützt mit den Händen am Boden auf und legt die Füße auf dem Rücken von A auf, Partner B bewegt sich mit den Händen am Boden fort und wechselt dabei flüssig seine Position (Rollentausch).
- Partner A befindet sich in Tischposition (im Stand den Oberkörper im Hüftgelenk bis zur Waagerechten beugen), Partner B stützt mit den Händen am Boden auf und legt die Füße auf dem Rücken von A auf, Partner B bewegt sich mit den Händen am Boden fort und wechselt dabei flüssig seine Position (Rollentausch).
- Wer kann weitere Handstützpositionen zum Imitieren vormachen?

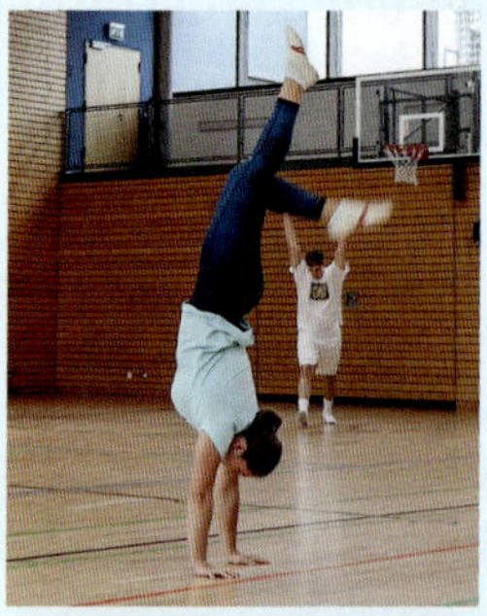

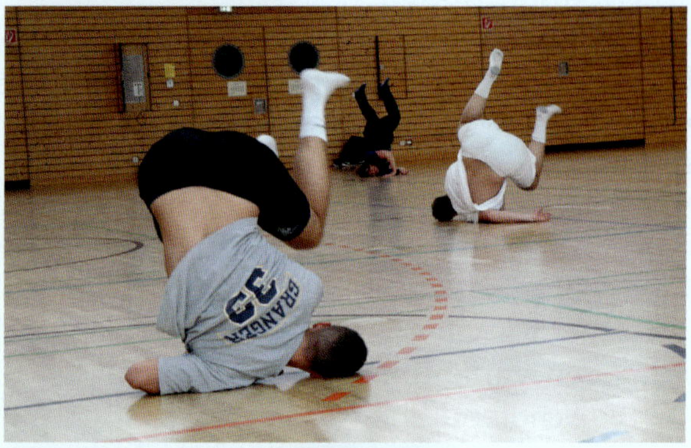

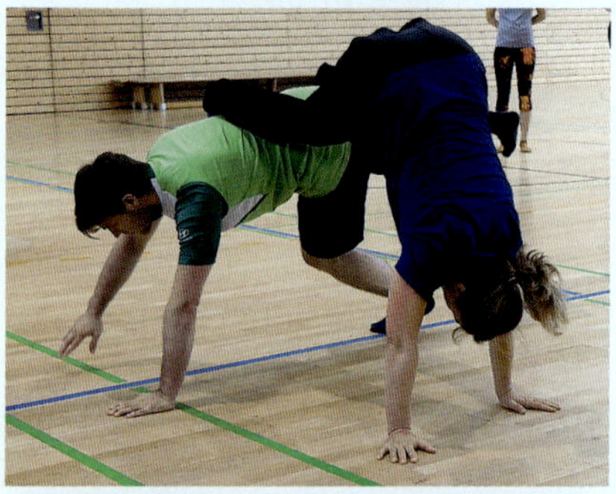

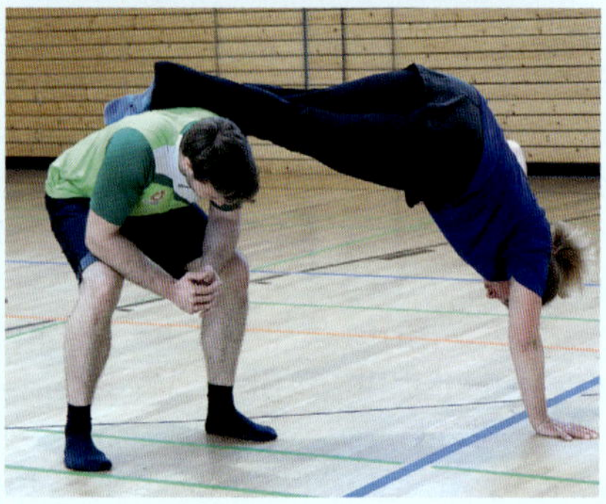

Aufbau
Je 3 Schüler bauen einen Bodenläufer oder Gerätturnmatten-Bahnen auf. Insgesamt sind 9 Schüler am Aufbau von 3 Bodenläufern oder Gerätturnmatten-Bahnen beteiligt, sodass 6 Turninseln für die Kleingruppenarbeit entstehen.

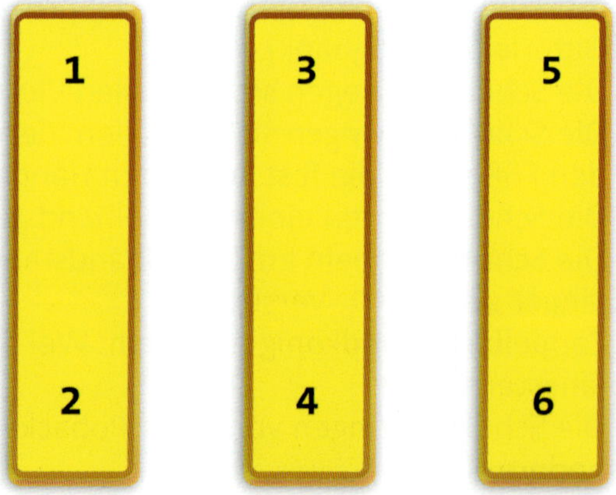

Hauptteil (130 Minuten)

Turnen ist Verharren in Positionen (Körperspannung)
Stabilisationsübungen:
Die Schüler verharren im Liegestütz vorlings
Varianten:
- rechtes Bein vom Boden abheben
- linkes Bein vom Boden abheben
- rechter Arme vom Boden abheben
- linker Arm vom Boden abheben

Die Schüler verharren im Liegestütz seitlings, der rechte Unterarm/die rechte Hand stützt am Boden auf.
Varianten:
- linkes Bein abspreizen,
- linker Arm kreist in Frontalebene vorwärts und rückwärts
- Übungen auf linker Seite ausführen

Die Schüler verharren im Liegestütz rücklings
Varianten:
- rechtes Bein vom Boden abheben
- linkes Bein vom Boden abheben
- rechten Arme vom Boden abheben
- linken Arm vom Boden abheben

Die Schüler wechseln die Liegestützpositionen von vorlings nach seitlings rechts, rücklings und seitlings links, dabei bleibt der Körper wie ein Brett gespannt und gestreckt.

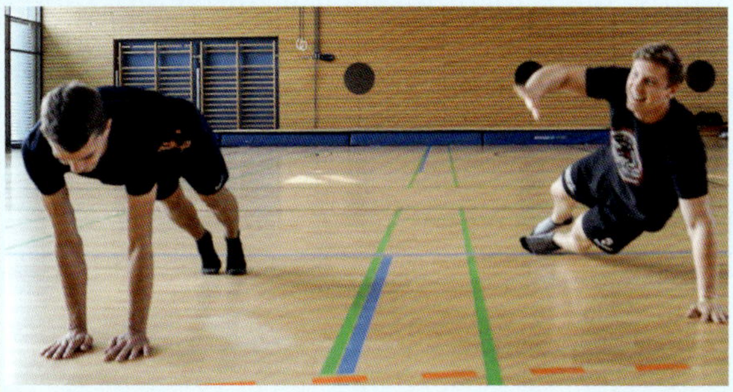

Im Vierfüßlerstand auf den Unterarmen und Unterschenkeln: Unterschenkel nur soweit vom Boden lösen, dass nur noch ein fiktives Blatt Papier unter den Knien durchpasst.
Varianten:
- Innenstirn-Kreisaufstellung: Der Lehrer zählt beim Verharren in Stabilisationsposition von 20 rückwärts auf null.
- Die Schüler zählen rechts herum durch (links herum, ein Durchgang, 2 Durchgänge, 1x rechts und 1x links herum).
- Die Schüler zählen der Reihe nach ihr Lieblingsgericht (Lieblingssportart, Lieblingshaustier etc.) auf.

Im Stand durch Fußgelenkstreckung in den Ballenstand heben.
Varianten:
- Augen schließen
- Armkoordinationsbewegungen ausführen
- Kopf nach rechts und links im Wechsel drehen
- Kopf nach rechts und links neigen

Die umgekehrte Handstandposition
Die Schüler stehen im Stand mit Armen nach oben gestreckt und mit Oberarminnenseiten an den Ohren angelegt in leichter Hüftbeugung (Körpervorlage) und heben den Körper in den Ballenstand an

Turnen ist dynamischer Positionswechsel
Übungen mit Impulsübertragung:
Auf-Zu
Die Schüler sitzen zusammengekauert auf den Sitzhöckern.
Kommando *Auf* = Abspreizen der Beine und Arme in der Luft, Mund und Augen öffnen.
Kommando *Zu* = Anziehen der Beine und Umklammern mit den Armen, Augen und Mund auf Kniehöhe schließen.
Der Lehrer kündigt einen schnellen Kommando-Wechsel an, die Schüler verändern je nach Befehl ihre Position von *Auf* nach *Zu.*

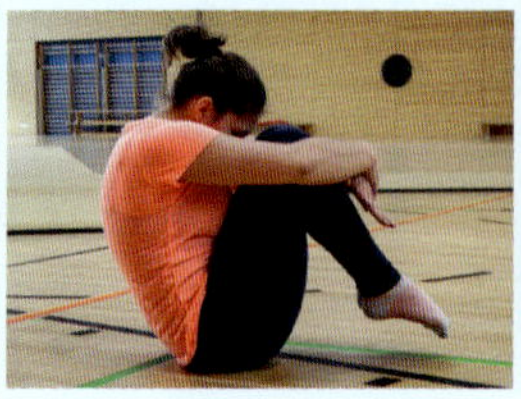
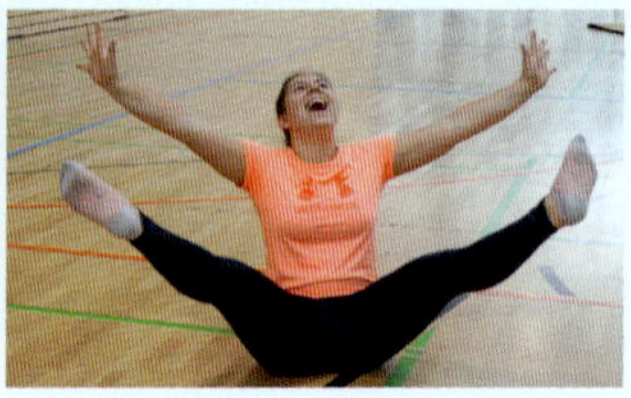

Kippe aus der Rückenlage in den Sitz
Die Schüler begeben sich in Rückenlage mit zur Decke gestreckten Beinen (Hüftwinkel 90°).
Sie beschleunigen die Beine explosiv in Richtung Boden.
Kurz bevor die Beine auf dem Boden auftreffen, bremst die Bauchmuskulatur durch Blockade die Bewegung ab. Die Schüler gelangen dabei aus der Rückenlage mit einem Impuls in den Langsitz.

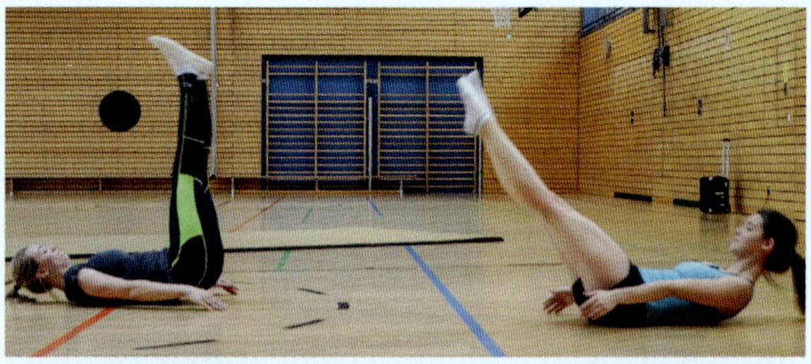

Turnen ist eine Handgänger-Sportart
Übungen zum ***Gewicht auf Händen tragen***
Die Schüler turnen einen Handstand an der Wand.
Varianten
- Handstand bäuchlings an der Wand turnen
- Ein paar Schritte auf den Händen an der Wand entlang gehen

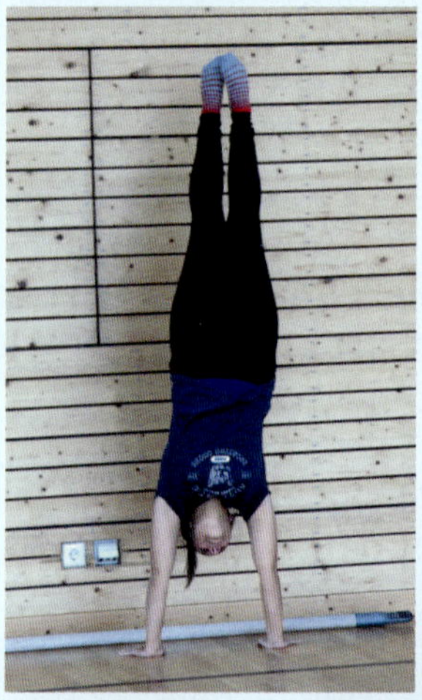
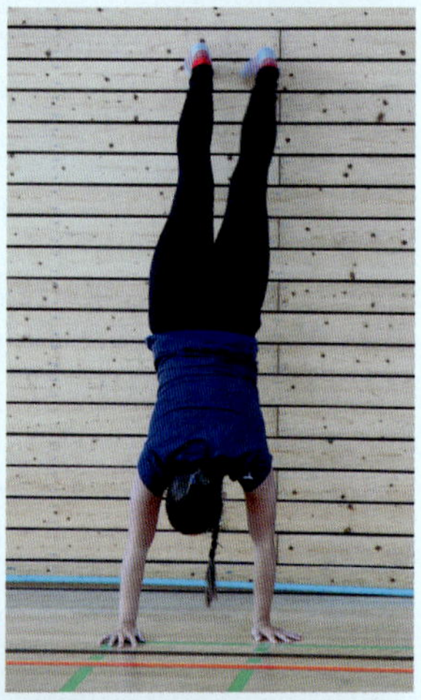

Varianten zu: Mit einem Partner auf Händen stehen
- Partner A lehnt an der Wand, Partner B schwingt auf den Füßen von Partner A in den Handstand auf und wird von diesem an den Sprunggelenken festgehalten, bei Stabilität gehen die Paare 4–6 Schritte vorwärts, bevor Partner B mit Hilfe von Partner A aus dem Handstand abschwingt (Rollentausch)
- *Schubkarre* in drei Gängen: 1. Gang: Partner B führt Liegestütz vorlings mit leicht gegrätschten Beinen aus, Partner A greift Partner B an den Oberschenkeln, hebt seine Beine vom Boden ab und schiebt Partner B, der auf den Händen geht, 4–5 Schritte nach vorn. 2. Gang: Partner A zieht die Beine von Partner B bis dicht unter seine Achselhöhlen, Partner B geht auf den Händen 4–5 Schritte nach vorn. Gang 3: Partner A legt die Beine von Partner B auf seine Schultern, Partner B geht auf den Händen 4–5 Schritte nach vorn (Rollentausch).

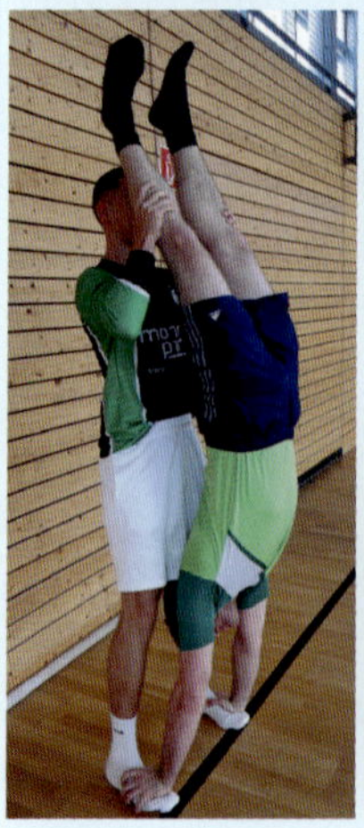
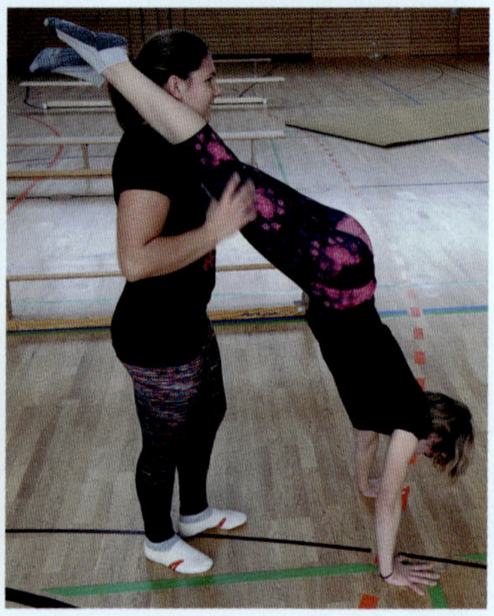

- *Zugkarre* in drei Gängen: s.o., im Ziehen statt Drücken ausführen
- Finde 3 Positionen (auf dem Boden, an Partner/n, an Geräten), bei denen die Hüftachse höher als die Schulterachse liegt.

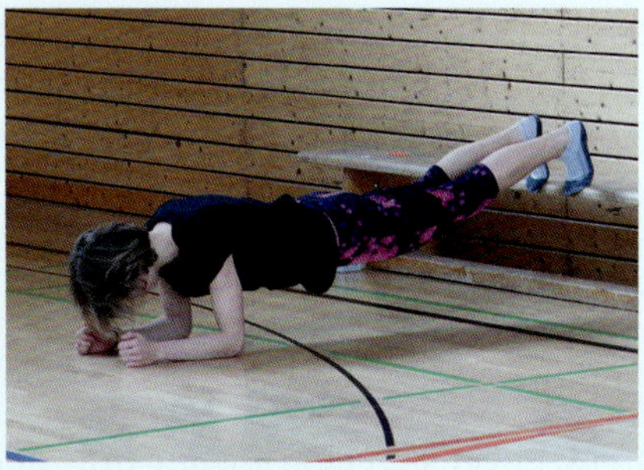

Der Handstandprofi

In einem geschlossenen Lernverfahren lernen die Schüler die einzelnen Kriterien des normierten Handstandes (halber Handstützüberschlag vorwärts) kennen und addieren immer mehr Bewegungskönnen zum perfekten Endresultat auf.
Dazu formieren sich die Schüler in einem Innenstirnkreis mit genügend Abstand zueinander und Bewegungsfreiraum. Die Handstandübungen werden ohne Mattenhilfe auf dem Sporthallenboden ausgeführt.
Jede Übungsform soll individuell oft, doch höchstens 5x wiederholt werden:

1. *Schwung-/Abdruckbein-Test*: Stand mit Körperspannung und Armen in Hochhalte, Verlagerung nach vorn und Abfangen durch einen Ausfallschritt, um Sturz zu vermeiden. Das Bein, das intuitiv nach vorn gesetzt wird, ist das Abdruckbein.
2. *Pendel hin*: Stand mit Armen in Hochhalte, Oberarminnenseite liegt an den Ohren an, Ausfallschritt nach vorn mit Abdruckbein, Abdruckbein 90° beugen, alle Körperachsen (Ausnahme Knie- und Fußgelenk im Abdruckbein) 180° öffnen (strecken), Drehung um die Körperbreitenachse, sodass, ohne Arm- und Schulterbeugung, die Hände am Boden aufsetzen. Abdruckbein leicht strecken und in einen Handstütz mit geöffneten Beinen pendeln. Abdruck von den Händen und in den Stand zurücksetzen.
3. *Pendel hin und Lot finden*: s.o. + Beine im Handstütz schließen und ohne Beinwechsel (Abdruckbein setzt zuerst wieder am Boden auf) wieder öffnen.
4. *Marionette*: s.o. + nach dem Schließen der Beine den Körper zur Decke strecken, indem die gestreckten Arme (Schultermuskulatur) gegen den Boden drücken. Vorstellung: Ein Marionettenspieler zieht die an den Füßen befestigten Fäden nach oben in Richtung Decke).
5. *Pendel zurück, umgekehrt wie hin*: s.o. + nach dem Handstütz drücken die Arme gegen den Boden und richten den Körper, ohne Beugung im Arm-Rumpf- und im Hüft-Beinwinkel (nur das Abdruckbein beugt sich) in den Stand auf.
6. *Phasen zusammenführen*: s.o. + Ausfallschritt – Pendel hin – Lot – Marionette – Pendel zurück
7. *Stehen bleiben*: In den Handstand schwingen und kurze Zeit verharren, ohne mit den Händen vom Aufsatzort zu laufen
8. Handstandschwingen und immer länger in der Handstützposition verharren
9. Handstandkönig/-königin: Wer kann am längsten im Handstand stehen?

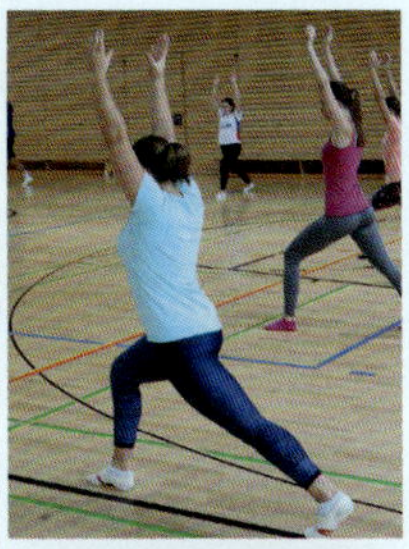

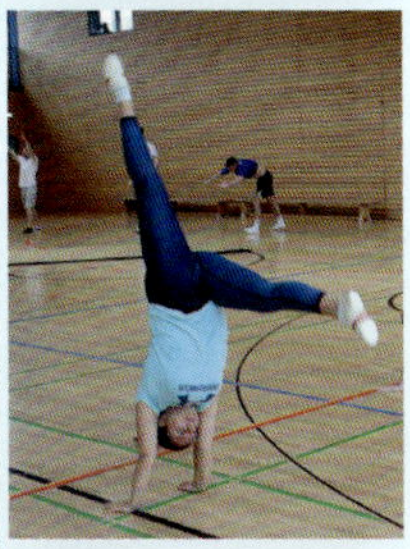

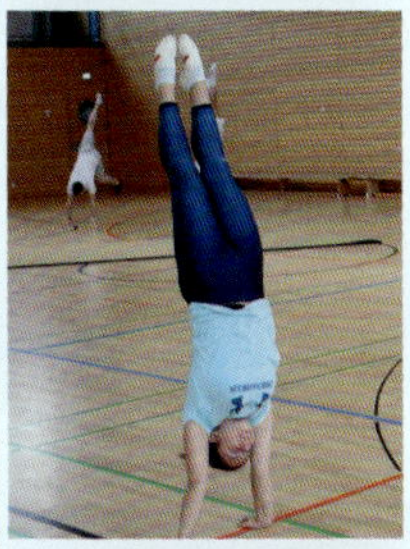

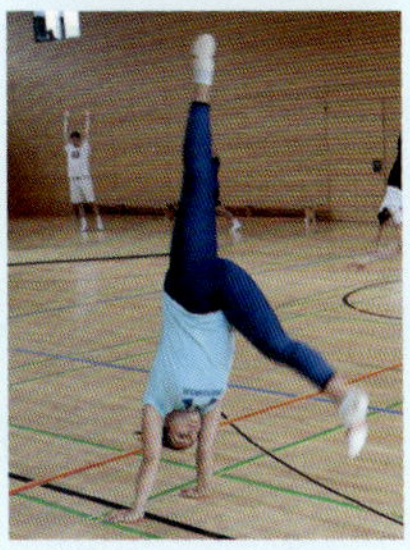

Hausaufgabe: 100 Handstände ausführen: etwa zu Hause, im Sportverein, auf dem Pausenhof, im Wald, auf der Wiese, etc.

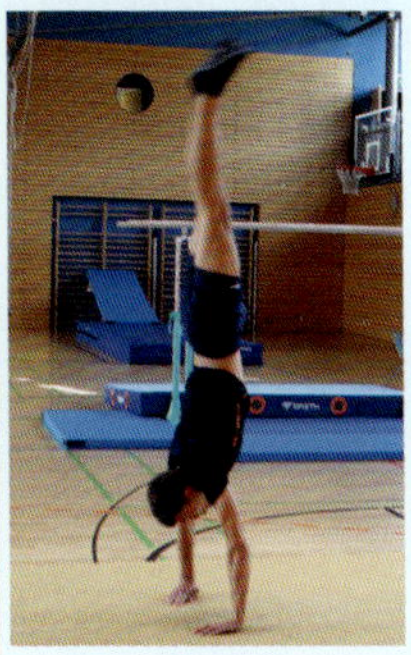

Turnangebote zum selbsttätigen und kooperativen Überschlagen in Kleingruppen (6–8 Schüler) auf Bodenläufern/Gerätturn-Mattenbahnen (Turnareale 1–6 beachten, siehe Abbildung in rechter Spalte). Wer gerade nicht an Partner oder Trio-Aufgaben beteiligt ist, sichert und hilft.

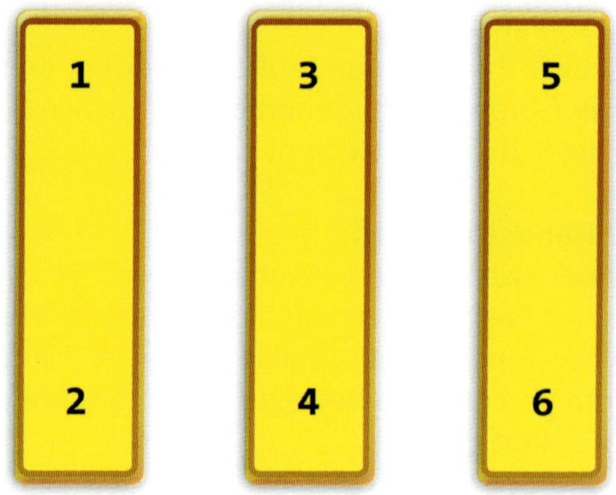

Gruppen-Handstütz-Überschlag vorwärts
3 Schülerpaare stehen sich gegenüber und bilden eine enge Gasse mit Schulterschluss. Sie greifen die Hände des gegenüberliegenden Partners im Doppelarmgriff.
Ein weiterer Schüller schwingt dicht vor der Gasse in den Handstand und lässt sich mit Körperspannung aus dem Handstand in Rückenlage auf die Armgasse fallen.
Zur gleichen Zeit gehen die Schüler, die eine Gasse bilden, dem Handstandturner mit ihren Armpaaren entgegen.
Die vorderen Schülerpaare heben, die hintere senken den Turner aus der Rückenlage auf den Helferarmen in den Stand.
Dabei ist der Turner während der Übung in einer gestreckten Position mit Körperspannung und gestreckten Armen in Hochhalte.

Gruppen-Handstütz-Überschlag rückwärts
Übungsaufbau s.o., der Turner fällt aus dem Stand mit Armen in Hochhalte und Rücken zur Gasse in Rückenlage auf die Armpaare (entgegen gehen). Die Kleingruppe stellt den Turner vorsichtig und langsam auf seine Hände in den Handstand.
Der Turner schwingt selbstständig aus dem Handstand in den Stand ab.

Getragener Flick-Flack zu dritt
Zwei *Träger* stehen sich gegenüber und umgreifen ihre Unterarme gegenseitig im Doppelarmgriff. Sie bilden so mit den Armen einen Stuhl = ein Armpaar ist niedriger als das andere.
Ein Turner setzt sich auf die *Stuhl-Sitzfläche* und lehnt sich an der *Stuhllehne* an.
Er bringt die Arme in Streckung über den Kopf, sodass die Oberarme an den Ohren anliegen.
Die *Träger* heben die *Sitzfläche* an und senken die *Stuhllehne*, sodass der Turner langsam rückwärts in den Handstand gestellt wird.
Der Turner schwingt aus dem Handstand in den Stand ab.

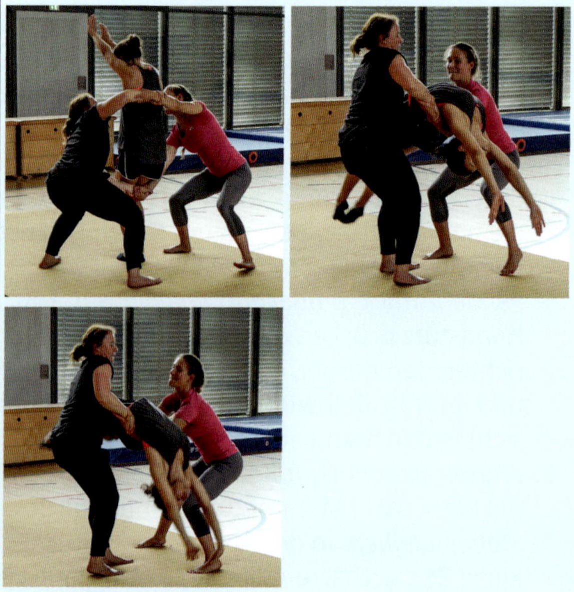

Schlussteil (20 Minuten Ergebnissicherung + 10 Minuten Abbau)	
Vorturner Je 3 Schüler bilden eine Gruppe. Sie wählen 5 Turnbewegungen aus dem Unterrichtsrepertoire aus, die nur mit Helfern ausgeführt werden können, und setzen eine Turnkombination ohne Bewegungsstopps zu einer bruchlosen Turnverbindung zusammen. Dabei tauschen Helfer und Turner ständig die Rollen. **Ablauf** – Jede Gruppe übt nebeneinander auf einer Bodenbahn ihre Turnkombination, bis eine synchrone Ausführung gewährleistet ist. – Der Lehrer verteilt Nummern für die Gruppenreihenfolge für die nachfolgende Präsentation. – Die Gruppen üben den Ablauf ihrer Kombination mehrmals. – Abschlussdemonstration der erarbeiteten Turner-Helfer-Trios **Abbau** Die Schüler, die den Aufbau übernommen haben, sind beim Abbau entlastet und können sich umkleiden. Es bauen andere 9 Schüler jeweils zu dritt eine Bodenturn-Bahn ab.	

Stundenbild 2: Harte Turnschule

Ort: Sporthalle
Zeit: 2 Doppelstunden oder 4 Einzelstunden

<table>
<tr><th>Phasen</th><th>Fotos, Abbildungen, Geräte- und Materialbedarf</th></tr>
<tr><td colspan="2">Einstieg (20 Minuten Erwärmung + 10 Minuten Aufbau)</td></tr>
<tr><td>Chinesisches Turnen
Der Lehrer macht die folgenden Turnübungen vor und die Schüler imitieren die Übungen und merken sich ihre symbolischen Namen.
– Ho wie Hocke = Turner befinden sich im Hockstütz
– Hi wie hinten = Turner springen nach hinten in den Liegestütz
– Sei wie Seite = Turner springen in den Grätschstütz
– Ha wie Handstand = Turner drücken sich beidbeinig vom Boden ab und springen in den Zappelhandstand
Der Lehrer spricht einen kurzen Satz auf Chinesisch (Aneinanderreihung der eingeführten Namen), den die Schüler durch Aneinanderhängen der entsprechenden Übungen nachturnen.
Ausgangsposition ist immer Ho = Hockstütz.

Beispielsätze
– Sei-Ho-Sei-Ho-Sei-Hi-Ho
– Hi-Sei-Ho-Ha-Ho
– Ha-Ho-Ha-Sei-Ho
– Sei-Hi-Ho-Ha-Sei-Ho.

Vorsicht
Eine Satzverbindung mit „Ha-Hi“ ist zu vermeiden, da das Landen aus dem Zappelhandstand in der Liegestützposition für die meisten Schüler zu schwierig ist.

Dehnen-Exercise
Nicht für jeden Turnunterricht ist eine turnspezifische Vorbereitung erforderlich. Sind Extremlagen, die Alltagsbelastungen übersteigen, Gegenstand des Turnunterrichts, muss der Körper durch Dehn-, Beweglichkeits- und Mobilisationsübungen vorbereitet werden. In Anlehnung an den Tanzunterricht eignet sich eine Dehnfolge, die verschiedene Dehnpositionen fließend miteinander verbindet, mit einem Verharren von 10–15 Sekunden in den jeweiligen Dehnendpositionen.</td><td>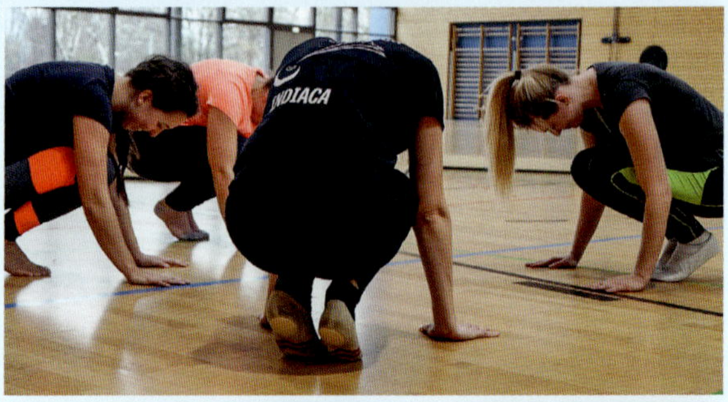
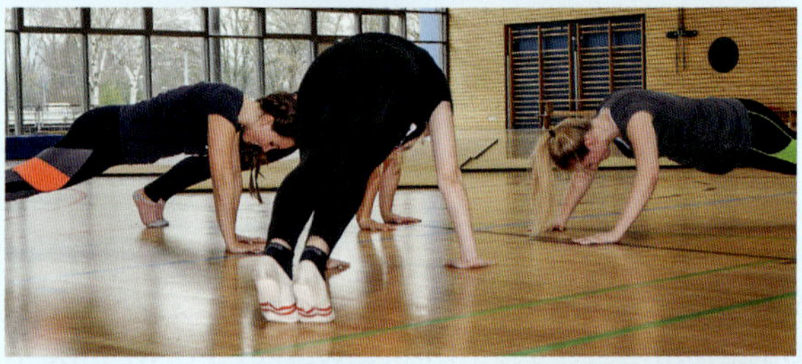
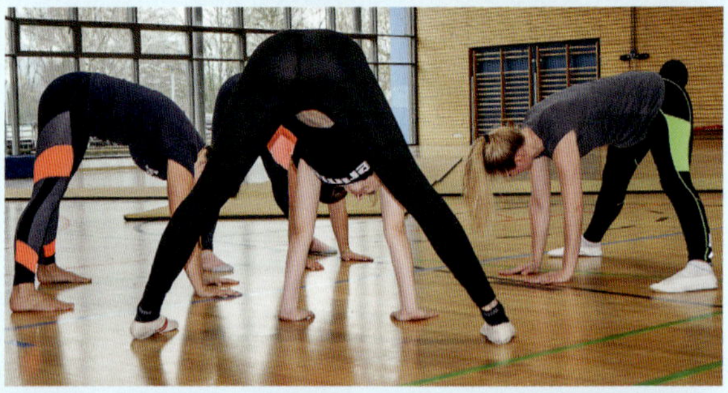
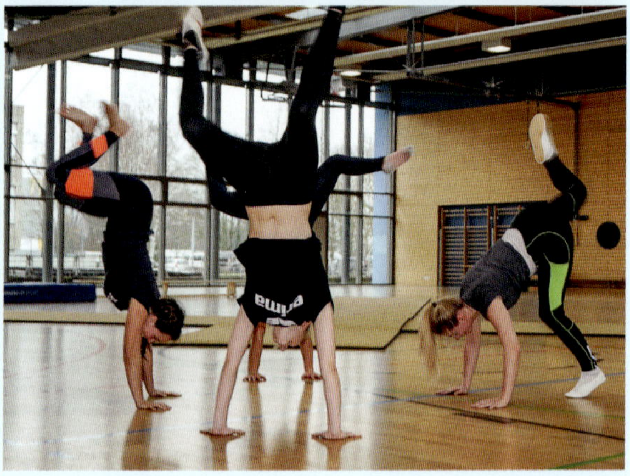</td></tr>
</table>

Beispiel-Dehn-Abfolge

- Die Schüler starten mit dem Dehnen in Schrittstellung. Der rechte Fuß steht hinter dem linken Fuß zur Dehnung der Wadenmuskulatur rechts.
- In einem fließenden Übergang wird das rechte Knie hinter dem linken Fuß zum Drehsitz gedreht zum Dehnen der linken Gesäßmuskulatur.
- Anschließend drehen die Schüler in die leichte Schrittstellung zurück. Der rechte Fuß steht hinter dem linken Fuß. Sie beugen den Oberkörper vornüber und berühren mit den Händen den Boden zur Dehnung der ichiocuralen Muskulatur der linken Oberschenkelrückseite.
- Mit Viertel-Drehung nach vorn gelangen die Schüler in die leichte Grätschstellung mit weiter vornüber gebeugtem Oberkörper und die Hände berühren den Boden (beidseitig Dehnung der „Ichios").
- Mit einer weiteren Viertel-Drehung begeben sich die Schüler in die Schrittstellung mit vornüber gebeugtem Oberkörper und Berührung der Hände am Boden zur Dehnung der „Ichios" auf der rechten Oberschenkelrückseite.
- Das linke Knie dreht hinter dem rechten Fuß zum Drehsitz zur Dehnung der rechten Gesäßmuskulatur.
- Abschließend richten sich die Schüler zur Schrittstellung mit dem linken Fuß hinter dem rechten auf zur Dehnung der linken Wadenmuskulatur
- etc.

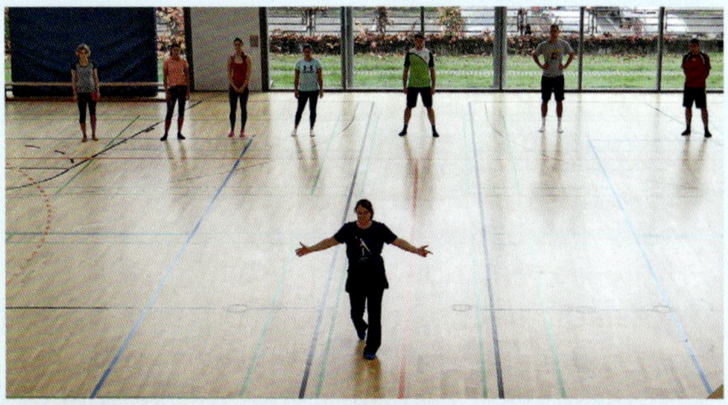

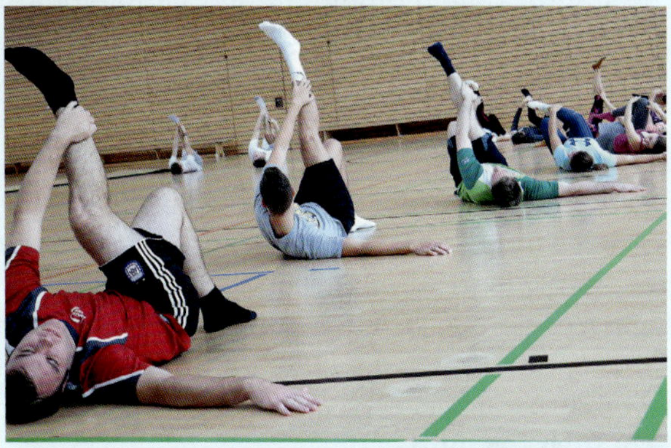

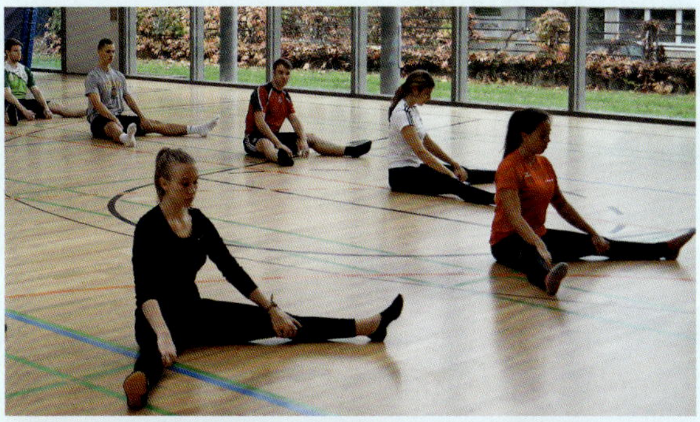

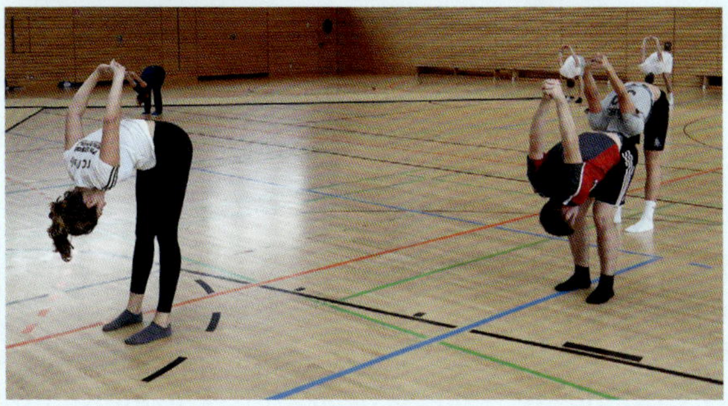

Aufbau

Je 3 Schüler bauen 3 Bodenläufer oder Gerätturn-Mattenbahnen mit 6 Turninseln für die Kleingruppenarbeit auf.
Alternativ:
6 Turninseln, bestehend aus jeweils 4–5 Turnmatten

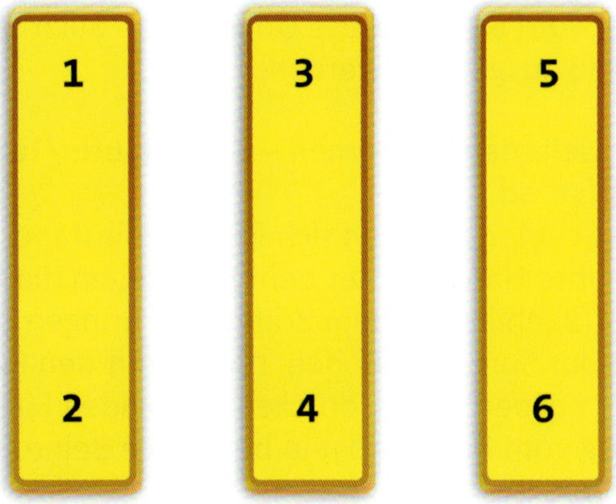

Hauptteil (130 Minuten)

Turnen auf dem Sporthallenboden
Basiselemente erlernen
Die Schüler probieren 3 originelle *Stände* aus.
Etwa
- Kniestand, Einbeinkniestand, Schulterstand (Kerze)
- Knie-Nasenstand (nur mit einem Knie und der Nase die Langbank berühren), Ballenstand, Einbein-Ballenstand
- Standwaage, Einbein-Stand mit Spielbein-Varianten, Zappelhandstand
- Einarm-Zappelhandstand, Kerze, Vierfüßlerstand

Froschhandstand
Die Schüler nehmen eine Sumoringer-Haltung (Grätschstand, Oberarme berühren die Oberschenkelinnenseite, Hände mit Bodenberührung) ein, verlagern das Gewicht nach vorn auf die am Boden stützenden Hände, bis die Füße den Boden verlassen.

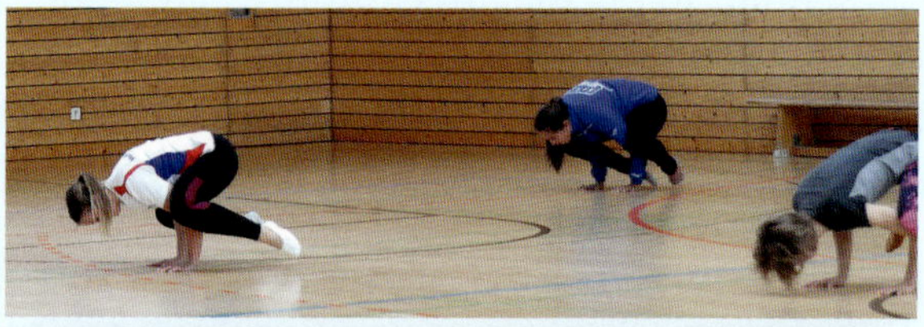

Schulterseitstand
Die Schüler begeben sich in den Fersensitz und rutschen mit dem Gesäß nach rechts (je nach bevorzugter Seite auch nach links) zum Boden ab, sie führen ihre gleichseitige Schulter zum Boden, legen den gleichseitigen Arm auf den Boden auf und stützen mit der gegenseitigen Hand am Boden ab. Dann rücken sie mit den Füßen zum Körperstamm, drücken sich mit den Füßen vom Boden ab und strecken die Beine fußwärts in Richtung Decke.

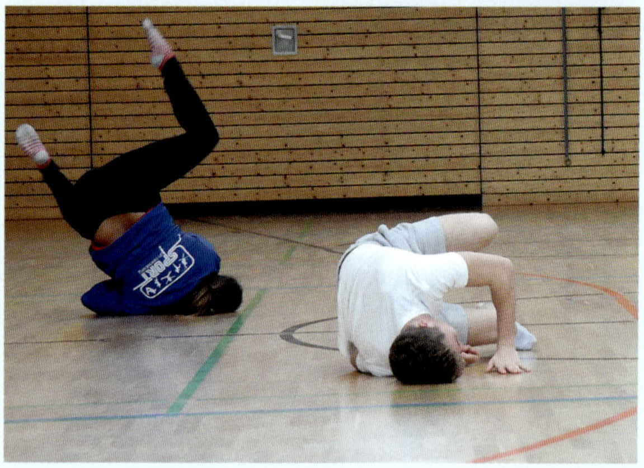

Einarmiger Handstand an der Wand
Die Schüler schwingen an einer Wand in den Handstand auf und lösen anschließend für kurze Zeit einen Arm vom Boden.

Einbeiniger und einarmiger Handstand vorlings an einer Wand
Die Schüler begeben sich vor einer Wand in den Liegestütz (Füße zeigen zur Wand), krabbeln mit den Füßen an der Wand hoch, rücken mit den Armen an die Wand. Anschließend lösen sie für kurze Zeit einen Arm vom Boden (diese Übung kann auch seitlings zur Wand ausgeführt werden).

Basiselemente erlernen – Bodenläufer/Turnmatten
Kopfstand
Die Schüler begeben sich in den Kniestand, verschränken ihre Hände hinter dem Kopf, legen die Unterarme als Tragehilfe auf dem Boden auf, bringen den Kopf mit der Stirn zum Boden, rücken mit den Füße nah zum Körperstamm, drücken mit beiden Füßen gleichzeitig vom Boden ab und heben die Beine fußwärts zur Decke.

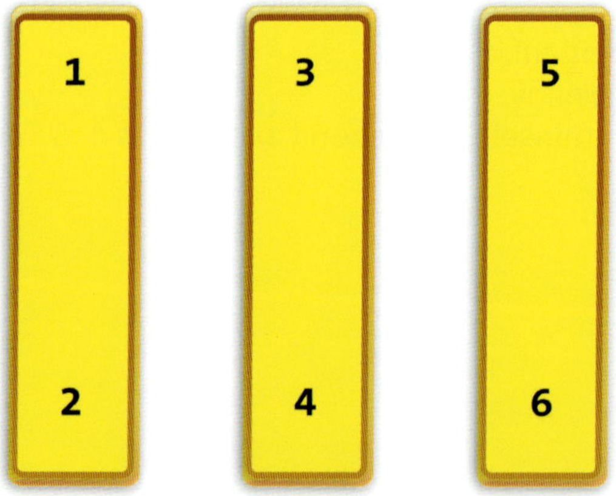

Handstandvarianten

- Handstand turnen mit Partnerhilfe
- Handstandabrollen turnen mit Partnerhilfe

Handstand-Springen

Beim Aufschwingen in den Handstand schließen die Schüler die Beine schnellkräftig, spannen den Körper im Zusammenschluss an, drücken mit den Händen bei gestreckten Ellbogengelenken gegen den Boden und drücken sich gleichzeitig prellend mit den Händen vom Boden mit Hilfe ihrer Schultergürtelmuskulatur ab. Dabei *springt* der Turner von seinen Händen ab. Anschließend öffnet der Turnende seine Beine und schwingt in den Stand zurück.

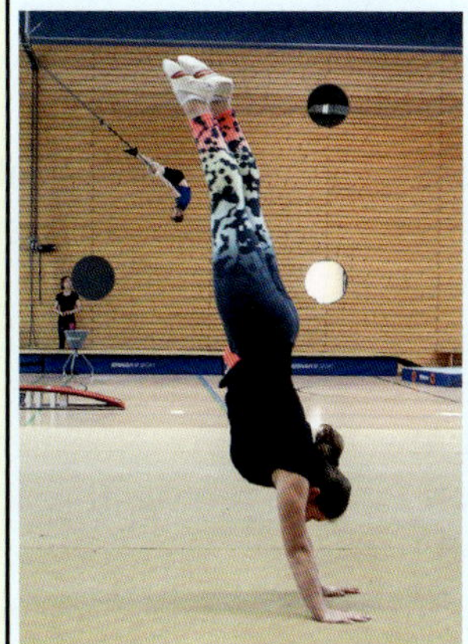

Umbau

Je zu zweit bauen die Schüler 3 Langbänke parallel zueinander in jeweils 5 m Entfernung auf.

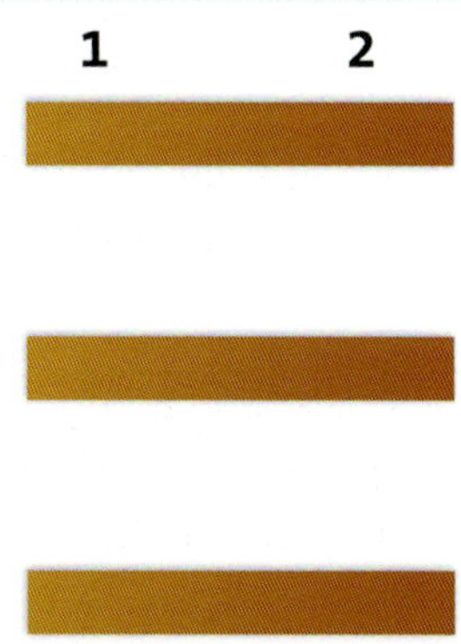

Radschlagen: Ein methodischer Weg

Rad (Handstützüberschlag seitwärts)

Jede der folgenden Übungen kann in zwei Riegen an den Langbänken gleichzeitig und im Bewegungsfluss von einer über die zweite, über die dritte Langbank ausgeführt werden.
Die Schüler turnen verschiedene Räder über die Langbänke. Ein wartender Schüle startet, wenn der vor ihm Turnende die zweite Langbank überquert hat:

- Hockwende
- Überradeln in freier Ausführung
- Überradeln, Handaufsatz in Verlängerung zum Abdruckbein
- Überradeln, Schulterachse parallel über Handachse führen
- S.o., mit zusätzlich paralleler Hüftachse
- S.o., mit zusätzlich gestreckten Beinen
- Rad schlagen auf Sporthallenbodenlinie oder Bodenläufer
- Rad schlagen im Wechsel auf der „Schokoladen-Seite“ und auf der „Nicht-Schokoladen-Seite“
- Synchronturnen mit Partner aus der anderen Riege
- Synchronturnen mit Partnern aus anderer Riege und Turnern auf weiteren Bänken

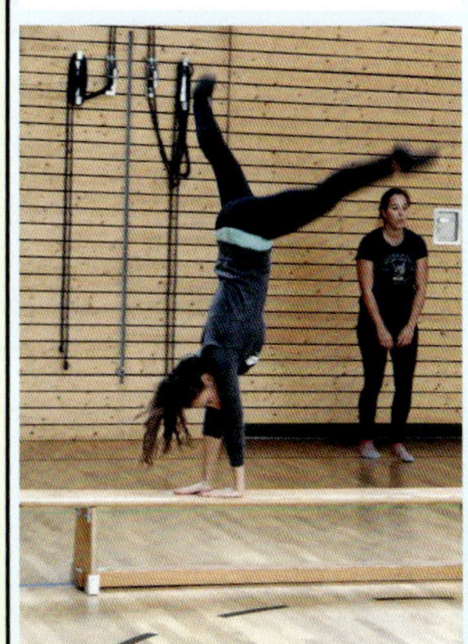

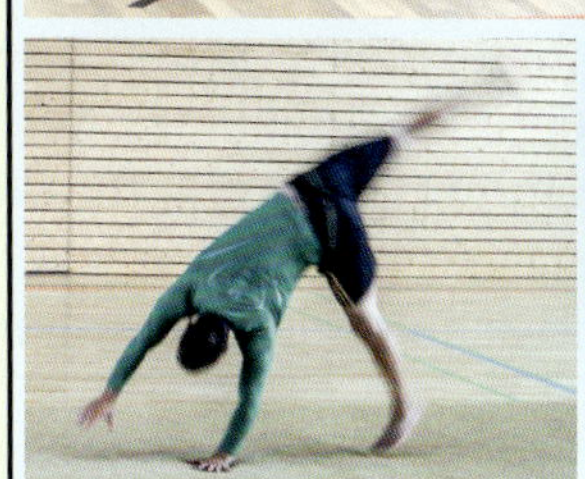

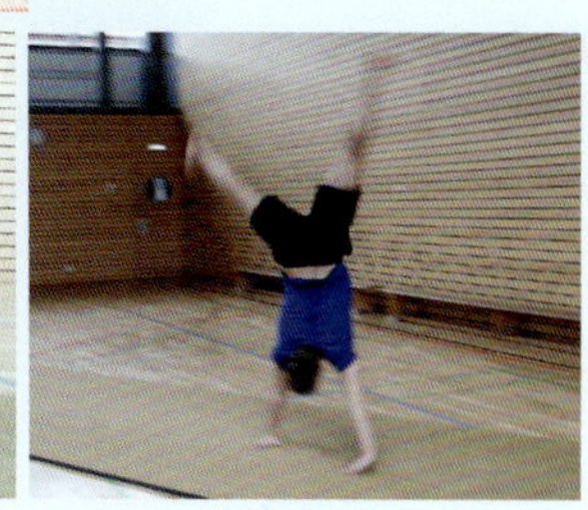

Schlussteil (20 Minuten + 10 Minuten Abbau)

Turnelemente kombinieren
Die Schüler kehren zu den Bodenläufern/Turnmatten zurück und turnen Bewegungsfolgen im Bewegungsfluss:

- Rolle vorwärts – Strecksprung mit halber Drehung – Rolle vorwärts – Strecksprung mit ganzer Drehung – Rolle vorwärts Strecksprung
- Handstandabrollen – Strecksprung mit halber Drehung – Rolle rückwärts
- Handstandauf- und Abschwingen – Handstandabrollen mit direktem Sprung in ein weiteres Handstandabrollen in den Langsitz
- Freihändiger Schwebesitz – Rückenschaukel – Aufstehen in Schrittstellung ohne Zuhilfenahme der Hände (kein Nachdrücken mit den Händen vom Boden)
- Aus dem Stand rückwärts abrollen in die Rückenschaukel – Aufstehen ohne Zuhilfenahme der Hände – Strecksprung – Rad – Kopfstand
- Standwaage in den Zappelhandstand – Anschluss 3 verschiedener selbst gewählter Rollbewegungen
- Schöne, selbstgewählte Position *Einfrieren* – selbstgewählte Übung mit Stütz am Boden – 2 Handstand-Varianten
- Aus dem Liegestütz nach vorn und vorwärts Abrollen – 2 Sprungvarianten – Rad rechts – Rad links
- Rolle vorwärts in die Rückenlage – Kerze – Aufrollen in den Stand ohne Zuhilfenahme der Hände – Standwaage – Abrollen vorwärts in den Langsitz – Drehen um die Körperlängsachse in den Liegestütz vorlings – Wenden in den Liegestütz rücklings – Rückenschaukel – Aufrollen in den Stand
- Rolle rückwärts in die Kniewaage – über Zappelhandstand zum Stand aufschwingen
- Beliebiges Aneinanderhängen von 4 Turnelementen auf einer Bodenbahn

Abbau

- Je 3 Schüler bauen die 3 Bodenläufer oder Geräturn-Mattenbahnen mit 6 Turninseln für die Kleingruppenarbeit ab.
- Je zu zweit bauen die Schüler die 3 Langbänke ab.

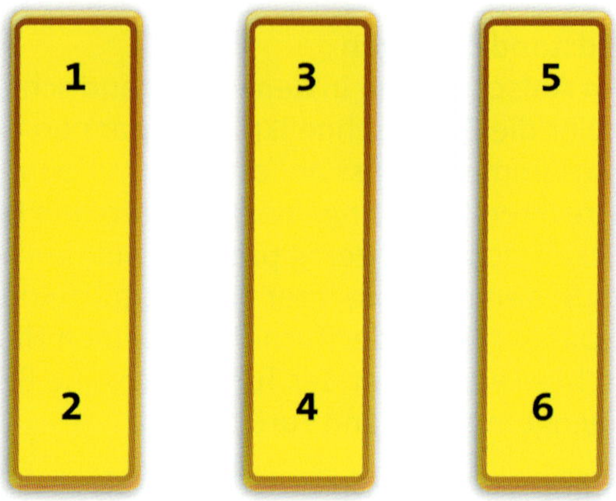

Stundenbild 3: Überschlagen wie die Bodenturner

Ort: Sporthalle
Zeit: 4 Einzel- oder 2 Doppelstunden

<table>
<tr><th>Phasen</th><th>Fotos, Abbildungen, Geräte- und Materialbedarf</th></tr>
<tr><td colspan="2">Einstieg (10 Minuten Aufbau + 10 Minuten Einstieg)</td></tr>
<tr><td>Aufbau
Die Schüler bauen auf:
1. Je zu dritt 3 Bodenläufer oder 3 Gerätturn-Mattenbahnen.
2. Schiefe Ebene an einer Sprossenwand
– Je zwei Schüler hängen 3 Langbänke mit dem Hakenende auf Hüfthöhe in die Sprossenwand ein und schieben diese Langbänke eng zusammen, sodass eine schiefe Flächenebene entsteht.
– Zu zweit legen die Schüler 2 Turnmatten längs auf die Langbänke.
– 4 Schüler legen eine Weichbodenmatte längs hinter die Langbänke und schieben ein Mattenende unter die Langbänke.
– 2 Schüler schieben eine Turnmatte hinter und unter die Weichbodenmatte.

3. Mattenberg
3 Weichbodenmatten werden von je 4 Schülern getragen und übereinander gelegt.

4. Kastenerhebung
– Je ein Schüler bringt längs 2 Turnkästen hintereinander, ohne dass eine Lücke zwischen ihnen bleibt.
– 4 Schüler tragen eine Weichbodenmatte und legen diese längs hinter die Kastenerhebung.
– 2 Schüler schieben eine Turnmatte unter das von der Kastenhebung abgewandte Weichbodenmattenende.

Einstieg
Die Schüler laufen durcheinander in Varianten (vorwärts, rückwärts, seitwärts, gerade Linien, Lauf-ABC) und binden in ihren Laufrhythmus Turnaufgaben ein.

Achtung
Spontanabstimmung untereinander über Blickkontakt, Verkehrsregel rechts vor links beachten.</td><td>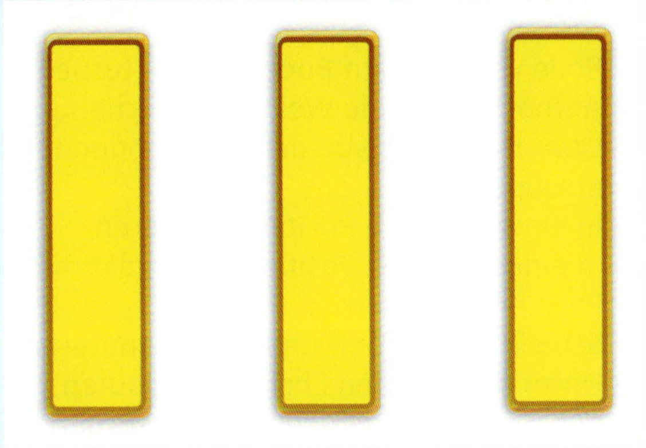
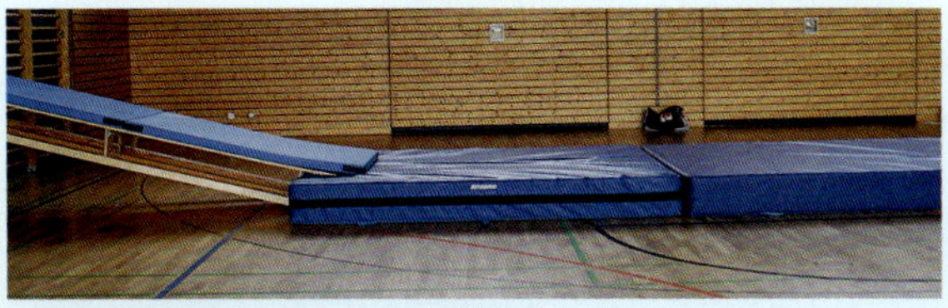
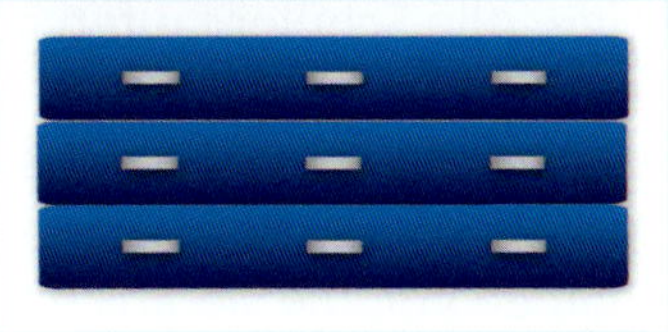</td></tr>
</table>

Aufgaben:

- Beliebige Rollbewegungen um unterschiedliche Körperachsen auf beliebigen Matten ausführen
- Beliebige Sprünge auf einer der ausgelegten Matten mit beliebiger Landung ausführen
- Beliebige Stützsprünge (etwa Froschhüpfer) auf dem Sporthallenboden oder Bodenläufer ausführen
- An den Geräten mit selbstbestimmten Techniken turnen
- Rolle vorwärts auf Bodenläufern turnen
- Aufhocken auf die Weichbodenerhebung
- Über Handstütz von der Weichbodenerhebung abkippen
- In einer schönen Position einfrieren
- In einer schönen Position in Kontakt mit einem Partner einfrieren
- Schiefe Ebene rauf- und wieder runterlaufen
- Unter der schiefen Ebene durchlaufen
- Von der schiefen Ebene um die Körperlängsachse runterrollen

Variante

- Vor dem Bewegungseinstieg vergibt der Lehrer den Schülern in der Anzahl des Klassenteilers 1-X Nummern. Die Schüler merken sich die damit festgelegte Reihenfolge. Alle Schüler laufen in der Halle umher. Nacheinander von Nummer 1-X geben die Schüler entweder Laufvarianten (Lauf-ABC), Mobilisationsübungen im Gehen und Laufen oder einfache Turnaufgaben vor, die sie aus den Erwärmungsübungen vergangener Stundenbilder kennen. Sie vermeiden Wiederholungen. Die anderen Schüler imitieren die Bewegungsaufgabe.

Übungen auf dem Sporthallenboden

- Auf allen Vieren fortbewegen
- Im Krebsgang/Spinnengang fortbewegen
- Auf allen Vieren fortbewegen: Es bewegen sich erst nur die Füße, dann die Hände fort.
- Sich aus dem Liegestütz vorlings mit Körperspannung, in den Liegestütz seitlings, in den Liegestütz rücklings etc. fortbewegen (in andere Richtung)
- Im Langsitz vorwärts/rückwärts robben
- In Rückenlage mit angezogenen Beinen rückwärts (vorwärts ziehen) schieben

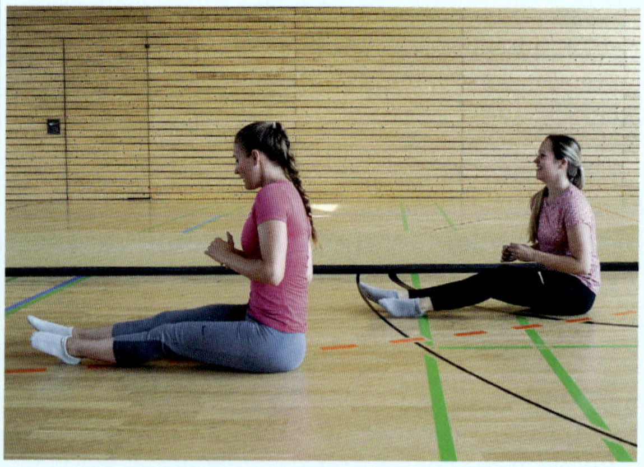

Einführung in den Anlaufhüpfer als Voraussetzung für akrobatische Überschlagbewegungen (Radwende oder Handstützüberschlag vorwärts)

Der folgende methodische Ablauf der Übungen soll additiv in ein Laufen in langsamem Tempo eingebunden werden:

- Laufrhythmus durch sporadische Hüpfer (ein Fuß berührt 2x hintereinander den Boden) unterbrechen: rechts-links-rechts-links-*rechts-rechts*-links-rechts-links-rechts-links oder links-rechts-links-rechts-*links-links*-rechts-links-rechts-links-rechts
- s.o. und beim Hüpfen die Flugphase betonen: kurz-kurz-kurz-kurz-*lang*-kurz-kurz-kurz-kurz-kurz-kurz
- s.o. und bei Hüpfern die gestreckten Arme beidseitig und gleichzeitig in Hochhalte bringen
- s.o. und bei Hüpfern das Schwungbein von hinten gestreckt zum Fußaufsatz nach vorn schwingen
- s.o. und bei Hüpfern den Körperschwerpunkt vor die Füße setzen, sodass ein Nach-Vorn-Stolpern verursacht wird (hier hilft die Vorstellung, dass eine fiktive Person, die hinter dem Turner steht, diesen während des Hüpfers an der Hüfte nach vorn schiebt).

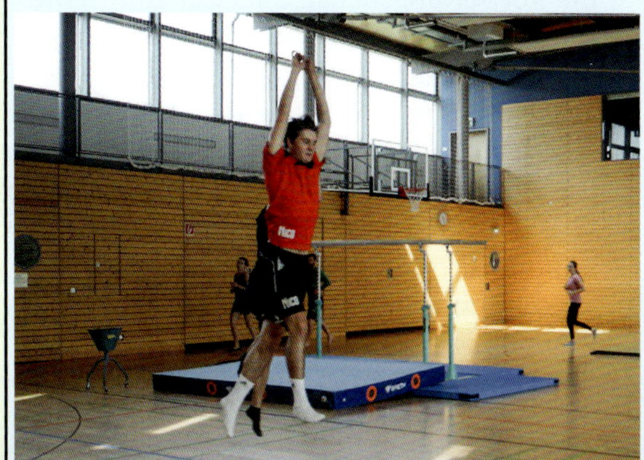

Hauptteil (130 Minuten)

Die Schüler turnen hintereinander in 3 Gruppen an Bodenläufern in Riegen:

- Froschhüpfer
- Vierfüßlerstand: Prellendes Fortbewegen im Springen von einem auf das andere Bein
- Von Schiffchenposition in Bauchlage über Schiffchenposition in Rückenlage um die Körperlängsachse drehen
- Bockspringen mit Partner

Umbau

Je 2 Schüler legen 2 Turnmatten als kleine Hindernisse quer auf die Bodenläufer. Eine Turnmatte soll im ersten und eine im letzten Drittel des Bodenläufers platziert werden.

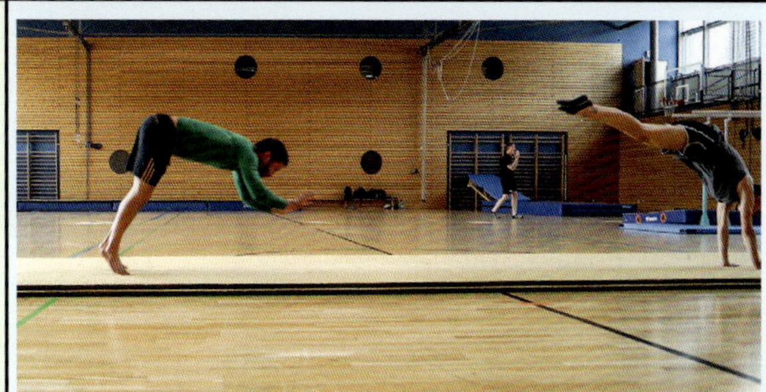

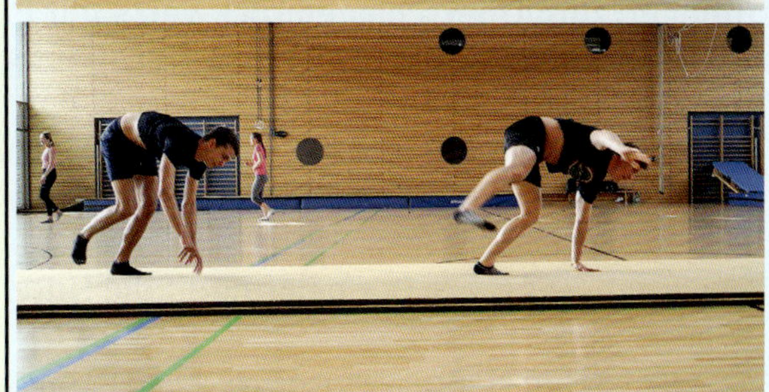

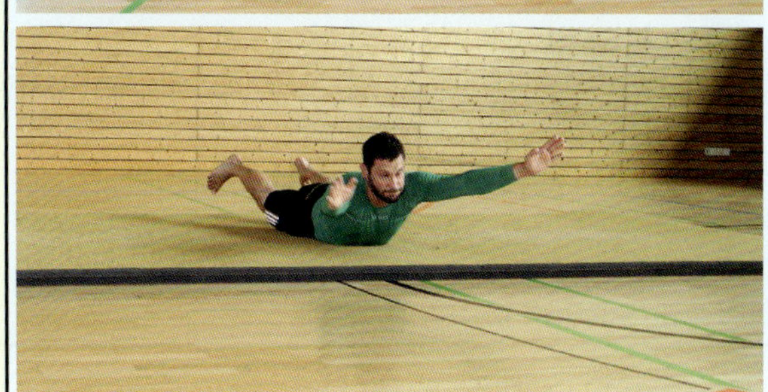

Umbau
Je 2 Schüler legen 2 Turnmatten als kleine Hindernisse quer auf die Bodenläufer. Eine Turnmatte soll im ersten und eine im letzten Drittel des Bodenläufers platziert werden.

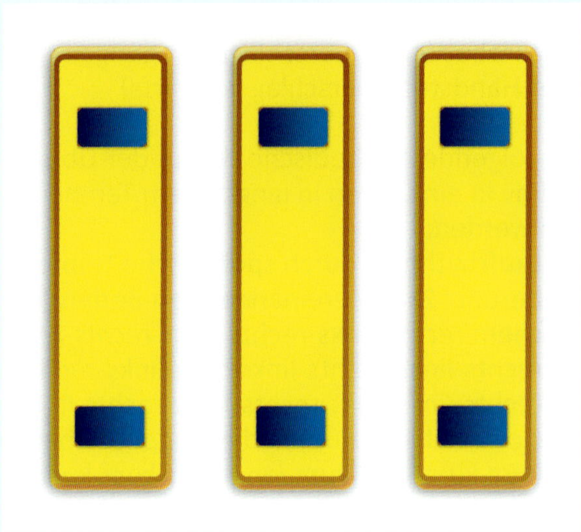

Die Schüler überturnen die Hindernisse mit folgenden Aufgaben im Riegenbetrieb von einer zur anderen Bodenläuferseite hintereinander und einzeln:

- Im Fersengang vorwärts (rückwärts)
- Im Ballengang vorwärts (rückwärts)
- Im Streckstand beidbeinig prellend und springend
- Rückenlage mit ausgestreckten Beinen: Rollen um die Körperlängsachse quer zur Laufrichtung
- Im Vierfüßlergang vorwärts (rückwärts)
- Im Krebsgang vorwärts (rückwärts)
- Froschhüpfer
- Handstand
- Handstand-Springen vor und auf die Turnmatten
- Prellabsprünge von Füßen und Händen vor und auf die Turnmatten
- Froschhüpfer vor und über die Turnmatten
- Passspringer auf allen Vieren vor und über die Turnmatten

Umbau
Die Schüler entfernen die Turnmatten wieder vom Bodenläufer.

Übungen an den Bodenläufern

- Bogenspannung: In der Rückenlage mit Armen am Boden neben dem Körper die Hüfte vom Boden anheben

Bogenspannung: Im Kniestand die Fersen greifen und die Hüfte vorstrecken

Übungen zum Überschlagen rückwärts mit Partnerhilfe in Paaren vor der Weichbodenerhebung

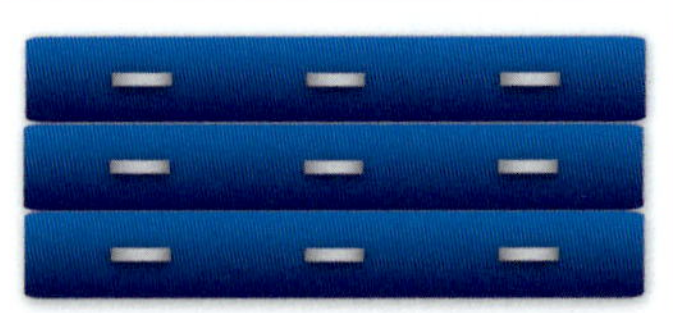

Turn-Flop

- 2 Schüler nehmen vor der Weichbodenerhebung eine Sitzhaltung mit einem Partner ein. Dabei steht A mit dem Rücken zur Matte und beide Partner umgreifen im Doppelarmgriff die Unterarme gegenseitig.
- A löst seine Hände aus denen des Partners, springt nach hinten und oben ab, streckt dabei seine Beine und schwingt gleichzeitig seine Arme dicht neben den Ohren hinter den Kopf.
- A nimmt eine Flugphase mit Bogenspannung ein.
- A landet in Rückenlage, indem er den Kopf zur Landung aus der Nackenposition zurück in Normalhaltung führt.

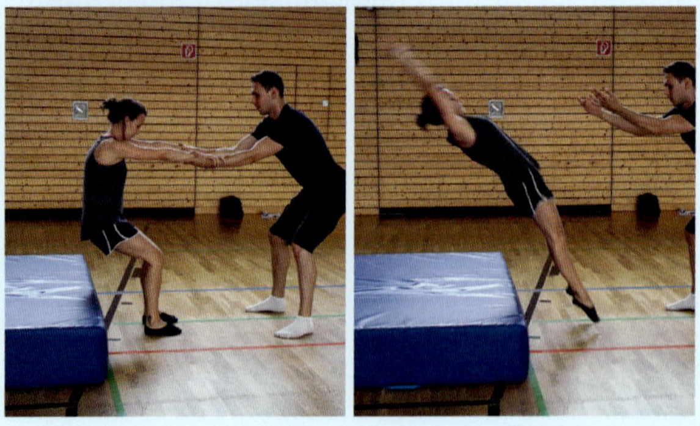

Variante

- Den Mattenberg abbauen: Die gleiche Übung wird zuerst auf nur zwei übereinanderliegende Weichbodenmatten und anschließend auf nur noch einer Weichbodenmatte geturnt. Gleichzeitig soll der Schüler die Flughöhe beibehalten oder sogar noch vergrößern.

Übungen zum Überschlagen rückwärts mit Partnerhilfen an Bodenläufern

Partner A und Partner B stehen sich gegenüber und fassen sich im Doppelarmgriff an den Unterarmen. Ein Armpaar ist niedriger als das andere, sodass für einen Turner C eine Sitzfläche und eine Rückenlehne gebaut werden.

C setzt sich auf den *Stuhl* und bringt die Arme in Streckung über den Kopf, sodass die Oberarme an seinen Ohren anliegen.

Die Schüler A und B stellen den Turner C langsam rückwärts auf seine Hände.

Turner C schwingt aus dem Handstand in den Stand ab.

Vorsicht

Bei Turner C ist nach der Sitzphase ein Übergang in die Bogenspannung (Kopf in Nackenposition führen) erforderlich und die Träger A und B müssen die Armpositionen tauschen (vorderen Arm heben und hinteren senken), um den Übenden auf die Hände und nicht auf den Kopf zu stellen.

Auch halten die Träger A und B ständig Kontakt zum Körper des Turners C (Rollen durchtauschen).

Variante zur Steigerung

- s.o. und Turner C koppelt das Hinsetzen gleichzeitig mit einem erst geringen und anschließend stärkeren Absprung mit kräftigem Fußabdruck vom Boden.

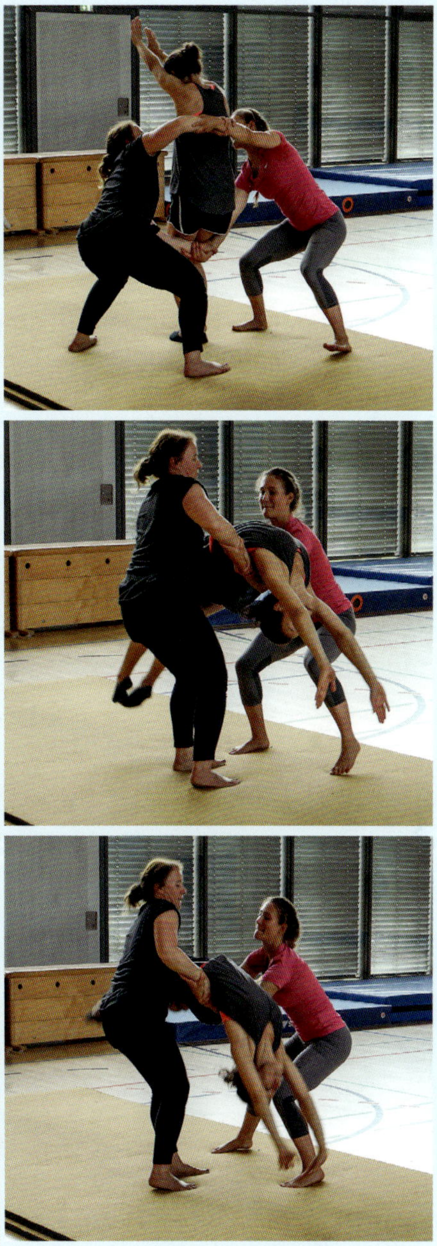

Übungen zum Überschlagen vorwärts mit Partnerhilfen an Bodenläufern

Schulterblockade mit prellendem Armabdruck vom Boden

Die Schüler stehen mit gestreckten Armen in Vorhalte vor einer Wand.

Sie lassen sich zur Wand vorfallen und prellen mit gestreckten Ellbogen von der Wand durch Abdruck aus Schulter- und Handmuskulatur wieder ab.

Partner-Handstützüberschlag vorwärts in Zeitlupe
Turner A schwingt in den Handstand und wird von Schüler B durch Zupacken und Anheben an den Füßen in seiner Handstandposition gestoppt und gestützt. B dreht sich mit seiner Körperrückseite A zu und lehnt sich mit seiner gesamten Körperrückseite gegen A, indem er ihn weiterhin an den Füßen stabilisiert. B zieht A über sich in den Stand, wobei A eine Bogenspannung einnehmen muss und den Kopf solange im Nacken belässt, bis seine Füße den Boden berühren. Turner B muss während des Überzugs eine stabile Standposition aufrechterhalten und darf die Beine in den Kniegelenken nicht beugen. Ein seitliches Absichern durch zwei weitere Schüler ist hilfreich.

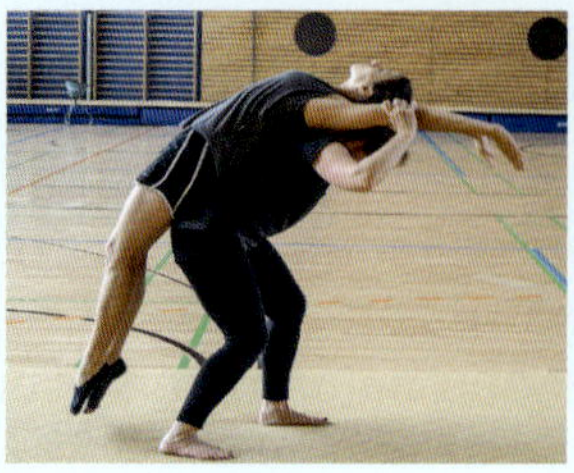

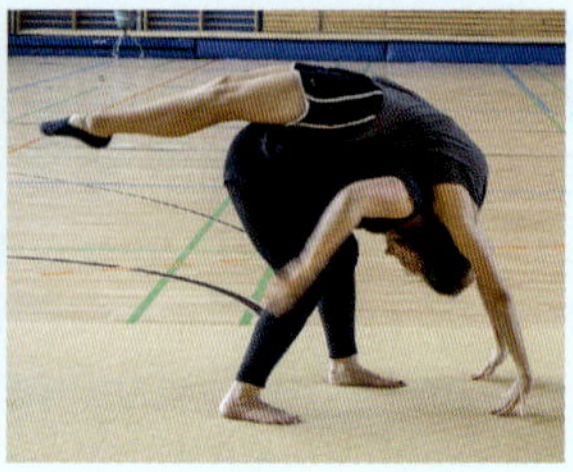

Handstandspringen mit Partnerunterstützung
Während Turner A die Übung Handstandspringen **(s. S. 53)** ausführt, steht Helfer B in leichter Schrittstellung frontal zu A vor der Handabdruckstelle von A und hakt mit der einen Hand an einer seiner Nackenseiten unter und umarmt ihn gleichzeitig mit dem gegenseitigen Arm. Während Turner A durch prellenden Hand-/Armabdruck vom Boden springt, unterstützt Helfer B das Anheben und stellt anschließend A wieder in den sicheren Stand zurück.

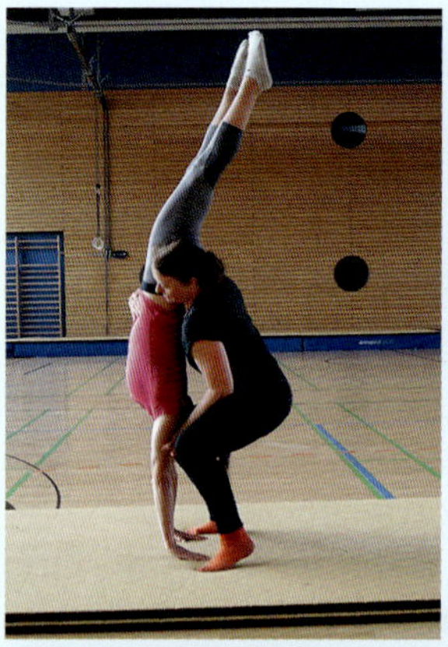

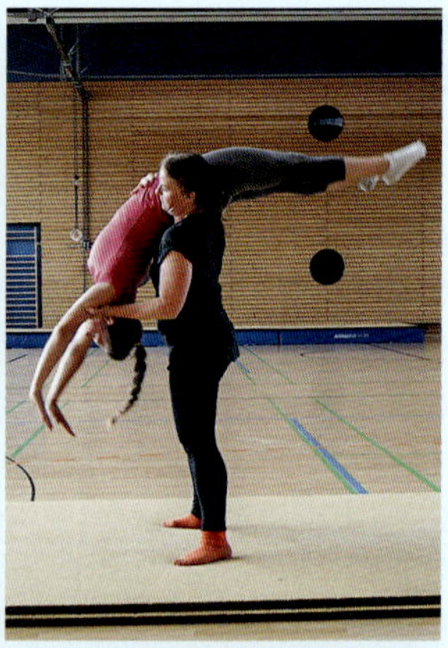

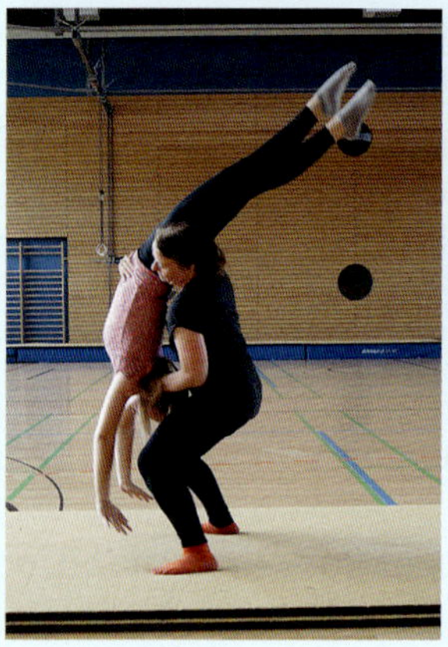

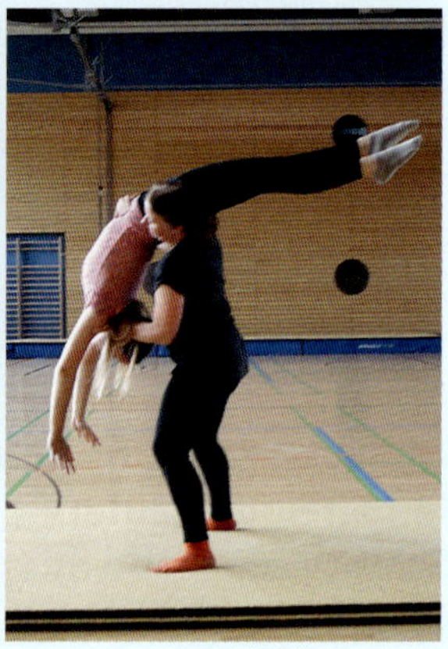

Übung zum Überschlagen vorwärts mit Partnerhilfe an einer 3-teiligen Kastenerhebung
Turner A schwingt am Kastenende in den Handstand auf. Helfer B umgreift A (Hilfestellung s. Handstandspringen mit Partnerunterstützung) und trägt ihn über seine Schulter zum Boden, während A Bogenspannung einnimmt und den Kopf bis zum Aufsatz der Füße auf der Niedersprungmatte im Nacken geführt hält. Die Übung muss mehrfach wiederholt werden.

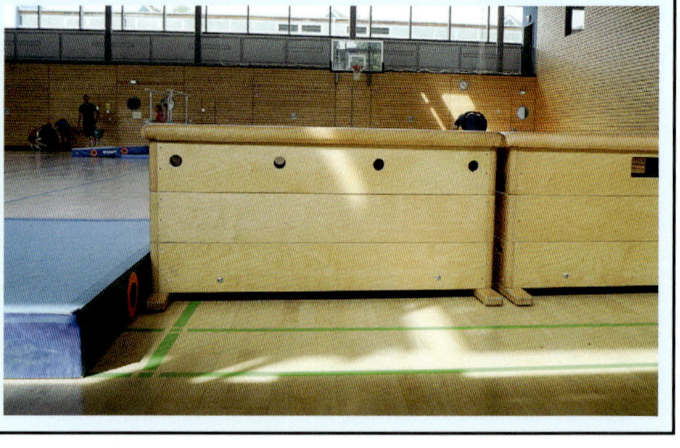

Übungen zum Überschlagen vorwärts mit Partnerhilfe an einer 2-teiligen Kastenerhebung
Die Partnerübung wie oben an der 3-teiligen Kastenerhebung ausführen. Der Turner A kann seine Dynamik steigern, indem er erst die Übung etwas schneller ausführt und anschließend die Flughöhe durch Abdruck der Hände auf dem Kastendeckel unterstützt.

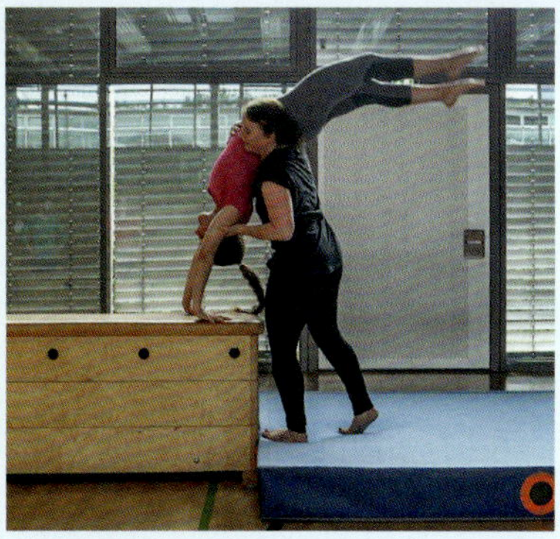

Übungen zum Überschlagen vorwärts mit Partnerhilfe an der schiefen Ebene
Ohne Hilfestellung können diejenigen Schüler, denen sowohl das Handstandspringen als auch der getragene Handstützüberschlag vorwärts an der Kastenerhebung gelungen ist, die beiden Phasen an der schiefen Ebene selbsttätig miteinander verbinden.

Steigerungs-Variante
- Die Übung aus einem leichten und anschließend größeren Anlaufhüpfer ausführen

Für alle Schritte gilt:
- Der Lehrer lässt bewegungstechnische Erklärungen einfließen.
- Der Lehrer gibt individuelles Feedback.
- Bewegungsbilder helfen, die Bewegungsvorstellungen von den Schülern zu korrigieren oder zu verbessern.
- Jede Übungsform zuerst mit Unterstützung/Hilfe vom Lehrer ausführen, anschließend selbsttätig in Gruppen üben.
- Der Lehrer beaufsichtigt die gegenseitige Hilfestellung der Schüler.
- Die Schüler bestimmen das Lerntempo selbst und befassen sich so lange mit einer Aufgabe, bis sie bereit sind, sich der nächsten anzunehmen.
- Es entstehen heterogene, binnendifferenzierte Lerngruppen auf unterschiedlichen Fertigkeitsniveaus.

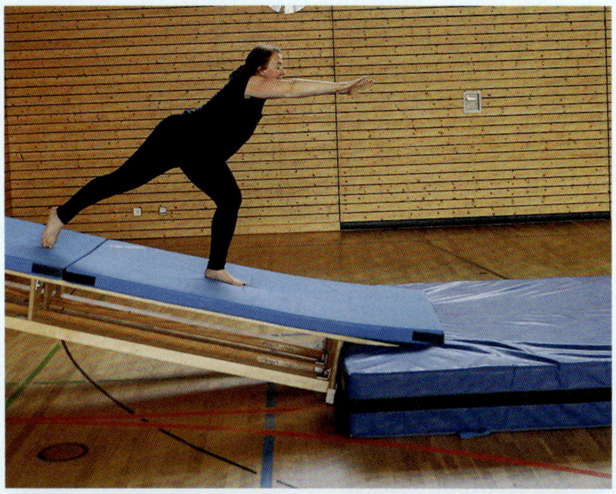

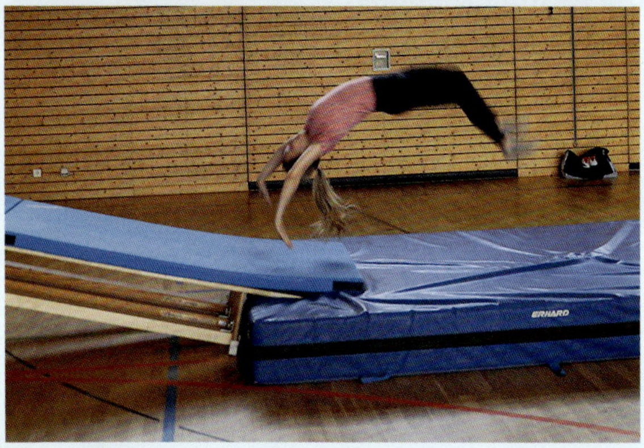

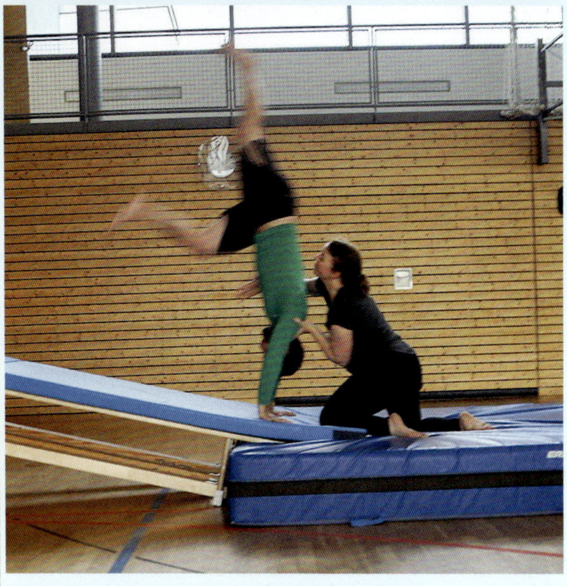

Schlussteil (15 + 15 Minuten Abbau)	
Trio 3 Schüler entwickeln eine Übungsfolge auf einer Bodenbahn mit je Gruppe 3 ausgewählten Handstütz-Überschlagbewegungen, wobei alle Überschläge mit integrierter Partnerhilfe ausgeführt werden sollen. **Abbau** Die Schüler bauen ab: Je zu dritt die 3 Bodenläufer oder 3 Gerätturn-Mattenbahnen. Die Schiefe Ebene an einer Sprossenwand: – 2 Schüler schieben die Turnmatte hinter und unter der Weichbodenmatte heraus und legen diese auf den Mattenwagen. – 4 Schüler bauen die Weichbodenmatte ab. – Je zwei Schüler hängen die 3 Langbänke aus der Sprossenwand und bauen diese ab. – Zu zweit legen die Schüler die 2 Turnmatten auf den Mattenwagen. **Der Mattenberg:** Die 3 Weichbodenmatten werden von je 4 Schülern getragen und abgebaut. **Die Kastenerhebung:** – Je ein Schüler fährt einen Turnkasten in den Geräteraum zurück. – 4 Schüler bauen die Weichbodenmatte ab. – Zu zweit legen die Schüler die 2 Turnmatten auf den Mattenwagen.	

Stundenbild 4: Überschlagen wie die Trampolinturner

Ort: Sporthalle
Zeit: 5 Doppelstunden

Phasen	Fotos, Abbildungen, Geräte- und Materialbedarf
Einstieg (20 Minuten Aufbau + 10 Minuten trampolinspezifische Erwärmung)	
An Sicherheitsstandards orientierte Gerätekunde Die folgenden sicherheitsbedingten Hinweise sind beim Springen am Trampolin mit gegenseitigem Helfen und Sichern zu beachten: – Es besteht Piercing-Verbot. – Als Sportkleidung ist enganliegende Stretchkleidung ohne Haken, Ösen oder Reißverschlüsse geeignet. – Trampolinspringen ist nur mit Socken oder Turnschläppchen möglich. – Das Tragen von langärmeligen Shirts und langbeinigen Sporthosen ist von Vorteil, denn es verhindert Schürfwunden beim Körperabdruck vom und bei Stürzen auf das Sprungtuch.	3 Trampoline, 4 große Turnkästen, 4 Weichbodenmatten, 4 Bodenläufer (alternativ können Turnmatten ausgelegt werden), Sprungseile
Trampolin-Aufbau – Im Idealfall werden 2–3 Sprungtücher aufgebaut und miteinander verbunden, damit möglichst viele Schüler gleichzeitig entweder mit Springen oder mit dem Absichern beschäftigt werden können. – Üben nur wenige Schüler an einem Sprungtuch, kann dieses auch dicht vor einer Hallenwand aufgebaut werden. Die Hallenwand ersetzt an dieser Längsseite des Trampolins die sichernden Schüler. Um den Aufbau eines großen Trampolins verletzungsfrei zu gestalten und um am Trampolin sicher springen zu können, muss der Aufbau von einer erfahrenen Lehrperson begleitet werden. Das normierte und strukturierte methodische Vorgehen muss mit den Schülern erlernt und eingeübt werden. Hierzu ist die methodische Reihenfolge der Aufbauschritte ebenso wie das folgende Vorgehen zu beachten: – Falls virtuelle Zugänge in der Sporthalle hergestellt werden können, eignet sich ein videogestützter Aufbau. – Der Lehrer führt die Aufbauschritte langsam, mit einem ausgewählten und eingewiesenen Schüler vor und je 2 Schüler imitieren die Schritte an den anderen Trampolinen (Aufbaureihenfolge s. S. 74). – Die weiteren Schüler beobachten genau und schreiten ein, wenn Hilfe erforderlich ist. – Von Trampolin-Sportstunde zu Trampolin-Sportstunde den Auf- und Abbau abwechselnd mit unterschiedlichen Schülern bewältigen	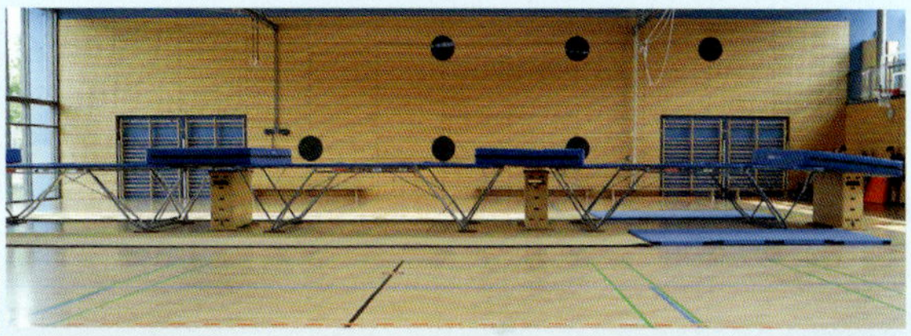 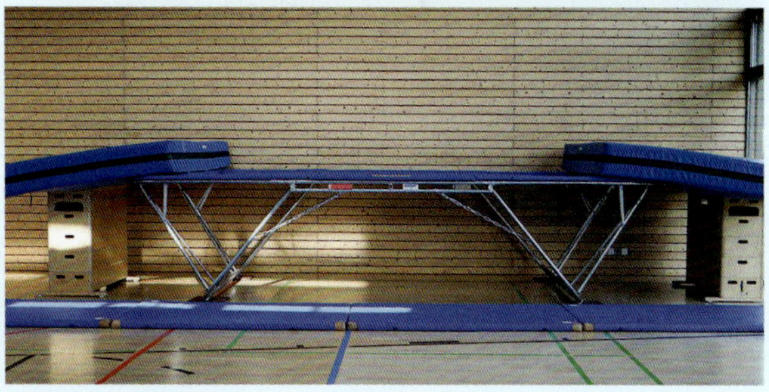

Trampolinspezifisches Erwärmen
Kreislauf
Die Schüler laufen im gemäßigten Joggingtempo um die Trampoline herum, ein Lehrer/Schüler läuft in entgegengesetzter Richtung und gibt trampolinspezifische Erwärmungsübungen vor. Die Schüler imitieren die ausgewählten Lauf-, Mobilisations- und Sprungaufgaben:

- Laufvarianten aus dem Lauf-ABC anwenden: Kniehebelauf, Laufen mit Anfersen, Skippings, Fußgelenkmobilisation, Steigerungsläufe, Rückwärtslaufen, Überkreuzungslauf, Seitsprünge, Laufsprünge, Hopserlauf (vorwärts, rückwärts, seitwärts)
- Froschhüpfer ausführen: von den Füßen auf die Hände hüpfen, direkt anschließend von den Händen abdrücken und wieder auf die Füße prellen
- Gehen auf den Fußballen
- Gehen auf den Fußfersen
- Gehen auf der Fußinnenseiten
- Gehen auf der Fußaußenseiten
- Schnell gehen wie die Sportgeher

Varianten
Die Schüler laufen um die Sprungtücher herum im lockeren Joggingtempo und über und unter den Sprungtüchern durch. Dabei soll jedes Trampolin 3x über- und 3x unterquert werden.
Beim Laufen im lockeren Joggingtempo nennt der Lehrer Themen zur Erwärmung, die von den Schülern kreativ interpretiert und umgesetzt werden. Dabei müssen die Schüler den Gegenverkehr beachten und gegenseitig Rücksicht nehmen. Es gilt die Regel der Straßenverkehrsordnung: Wer von rechts kommt, hat *Vorfahrt*:

- Auf allen Vieren laufen, im Krebsgang/Spinnengang vorwärts (rückwärts) laufen
- Im Langsitz unter einem Trampolin vorwärts (rückwärts) durchrobben
- In Bauchlage/Rückenlage unter einem Trampolin durchrobben
- Um die Körperlängsachse unter den Trampolinen durchrollen
- Am Boden liegende Schüler übersteigen
- Partnerweise Bockspringen
- Zu zweit mit Handfassung fortbewegen
- Zu zweit: A friert in einer beliebigen Stand-, Sitz- oder Liegeposition ein, B überspringt A
- s.o., B überspringt A mit Körperberührung

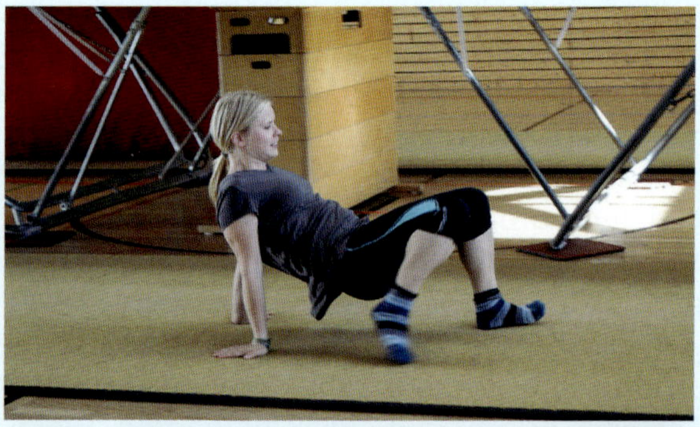

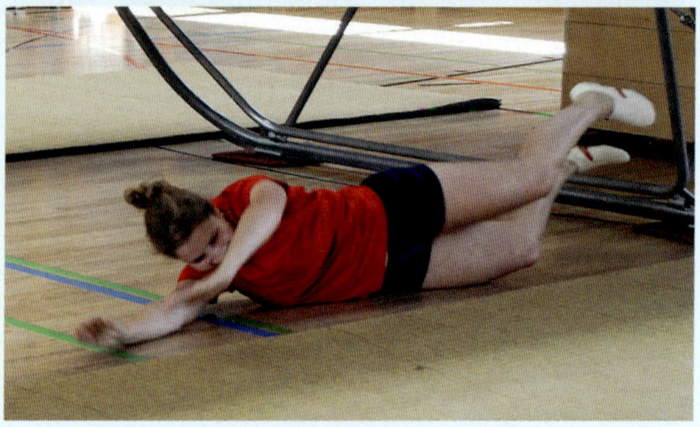

Gewöhnung an das Sprungtuch
Mit einem Abstand von etwa 3–4 m steigen die Schüler an der linken Längsseite über einen kleinen Turnkasten auf das Tuch auf und absolvieren nacheinander Aufgaben im Hin- und Rückweg über den gesamten Aufbau aller Trampoline (am Sprungtuch nur auf der jeweils rechten Seite turnen). Die Schüler müssen dabei auf den Gegenverkehr achten, der sich durch den Rückweg ergibt und dabei nicht nur eigene Katapulte, sondern auch die der entgegenkommenden Schüler über Körperkontrolle und Körperspannung ausgleichen. Folgende, von einfachen bis schwierigeren Varianten gesteigerte, Fortbewegungsarten eignen sich:

- Skippings ausführen
- Kleine flache beidbeinige Vorwärts-Hüpfer und Seitwärts-Hüpfer ausführen
- Vorrobben im Sitz: Die Schüler lassen sich in den Langsitz fallen und bringen die Hände neben der Hüfte zum Tuchkontakt. Dabei zeigen die Fingerspitzen nach vorn. Sie drücken sich von den Händen und Beinen vom Tuch nach vorn und oben ab und landen wieder im Langsitz, etc.
- Vorrobben auf allen Vieren: Die Schüler berühren mit der Unterschenkelvorderseite und den Händen das Sprungtuch. Durch Hand- und Unterschenkelabdruck nach vorn gelangen sie ins Federn und realisieren die Fortbewegung.
- Vierfüßler-Rücken-Kombi: Die Schüler befinden sich auf allen Vieren (s.o.) quer zur Bewegungsrichtung. Sie wälzen sich vom Vierfüßlerstand auf den Rücken, in den Vierfüßlerstand, auf den Rücken etc. und realisieren die Fortbewegung.

Dehnen am Trampolin
Die Schüler verteilen sich gleichmäßig über die Trampolinlängsseiten und führen Mobilisations- und Dehnübungen für folgende Muskelgruppen aus:

- *Brustmuskulatur*: Die Schüler legen die Hände/Unterarme auf die Spungtuchumrandung, nehmen den Kopf zwischen die Arme und lassen den Oberkörper nach unten sinken.
- *Oberschenkelvorderseite*: Die Schüler halten sich mit einer Hand an der Sprungtuchumrandung fest, umgreifen mit der anderen Hand das gleichseitige Sprunggelenk und ziehen die Ferse zum Gesäß (Seitenwechsel).
- *Oberschenkelrückseiten*: Die Schüler legen ein Bein auf die Spungtuchumrandung auf, durch minimales Beugen im Hüftgelenk lehnen sie sich zum aufgelegten Bein hin (Seitenwechsel).
- *Oberschenkelinnenseiten*: s.o., mit seitlichem Auflegen eines Beines auf der Sprungtuchumrandung (Seitenwechsel)

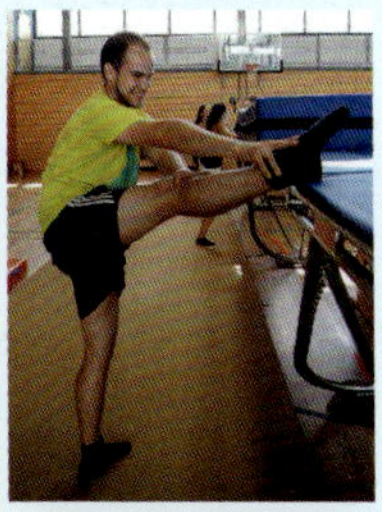
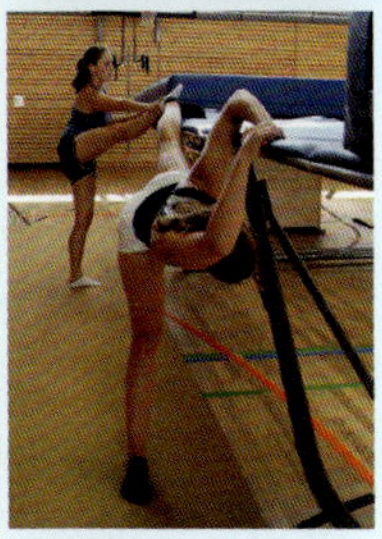
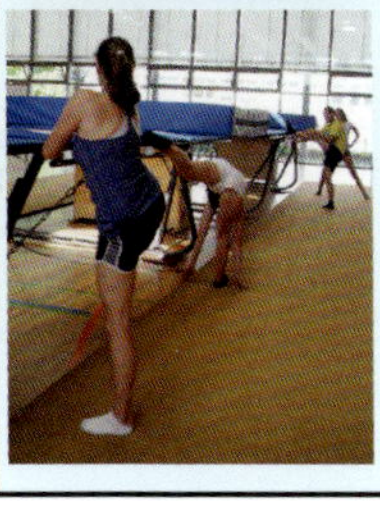

- *Wadenmuskulatur*: In Schrittstellung (Fußspitzen zeigen zum Tuch und Fußsohlen berühren den Boden komplett) mit beidhändigem Festhalten an der Sprungtuchumrandung verlagern die Schüler ihr Gewicht auf das vordere Bein (Seitenwechsel).
- Sprunggelenk-Mobilisation (Füße): Die Schüler führen schnelle gegenläufige und gleichseitige Wechsel vom flachen Stand in den Fußballenstand aus.
- Sprungmuskulatur-Mobilisation (gesamte Bein-Muskulatur): Die Schüler führen Hüpfer, Federungen und Sprünge mit beidbeinigem und einbeinigem Abdruck vom Boden aus und halten sich dabei an der Spungtuchumrandung fest.

Hauptteil (360 Minuten)

Aufmerksame Sprungtuchwächter
Die Schüler an den Längsseiten sichern den springenden Schüler, indem sie bei dessen Kontrollverlust, bei Wandern auf dem Sprungtuch, bei Verlassen des Mittelkreuzes oder bei Schieflage in der Luft beide Arme heben und dem springenden Schüler so Hilfsbereitschaft signalisieren. Verliert ein Springer die Kontrolle und springt über das Sprungtuch in Richtung Umrandung, drücken ihn die außenstehenden Helfer zurück ins Sprungtuch.

Der Profisturz
Bei Sturz und allen überraschenden Landungen auf anderen Körperteilen als den Füßen dürfen die Hände NICHT auf dem Tuch abstützen. Die Schüler verschränken ihre Arme vor der Brust, warten die Katapultwirkung ab und landen wieder auf den Füßen. Die Schüler üben das Stürzen mit verschränkten Armen auf den Rücken, in den Sitz, auf Knien in die Seitlage. Der Kopf ist bei den Sturzübungen zur Brust geneigt.

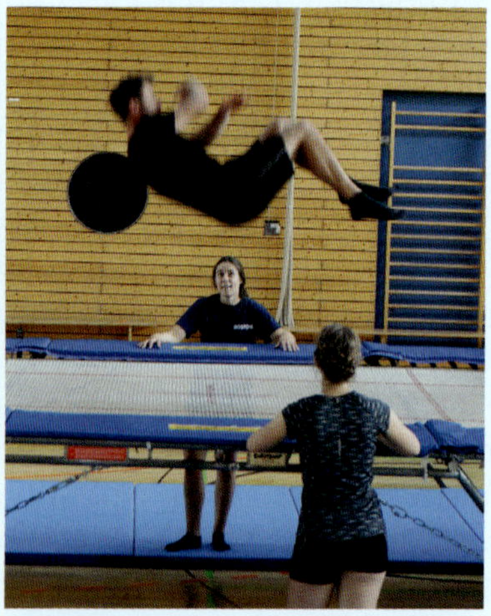

Der Basissprung/Standsprung
Die Schüler üben den Standsprung als Voraussetzung für alle weiteren Sprungvarianten. Die Schüler sollen nicht mehr als 10–15 Sprungwiederholungen ausführen. Schnelle Wechsel sollen garantieren, dass die Schüler häufig drankommen und den Basissprung nach den folgenden Kriterien immer genauer und kontrollierter ausführen können.

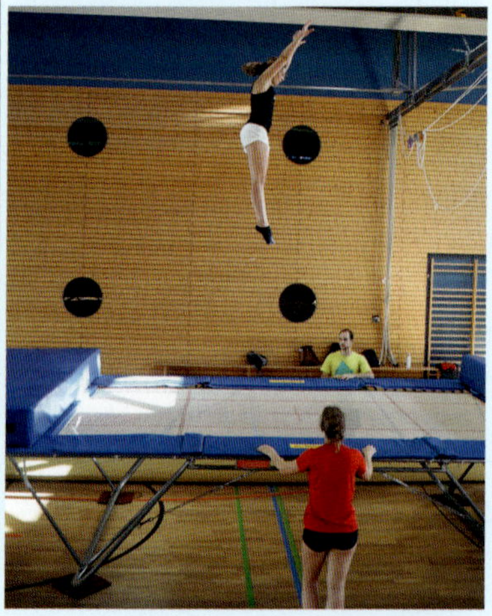

Die Kriterien
- Hüftbreite, parallele Fußstellung
- Leichte Ausholbewegung durch Beugen in Fuß-, Knie- und Hüftgelenken
- Gleichzeitiges beidbeiniges explosives Strecken in Fuß-, Knie- und Hüftgelenken = Abspringen
- Fußgelenke nach Absprung in Streckung belassen (Plantarflexion)
- Gleichzeitiger und beidseitiger Armzug zusammen mit dem Absprung in die Aufwärtsphase. Die Arme dabei mittig über Kopf führen (Arme im Sichtfeld belassen)
- Die gestreckten Arme in der Hochhalte in der Umkehrphase kurz halten
- Die Arme mit der Abwärtsphase gleichzeitig und beidseitige seitlich herabführen (Arme im Sichtfeld belassen)
- Fuß-, Knie- und Hüftgelenken zum neuen Schwungansatz beugen

Sobald der Basissprung automatisiert ist, können die Arme nach einem Armzug bei der ersten Aufwärtssprungbewegung in der Hochhalte gestellt bleiben, während weitere Sprünge folgen.

Erst wenn die Schüler den Basissprung sicher beherrschen, können weitere Sprungvarianten folgen.

Einfache Aufgaben
- 3–4 Schüler bilden einen Innenstirnkreis mit Handfassung in der Tuchmitte. Sie federn gemeinsam erst leicht und steigern ihre Sprunghöhe gemeinsam. Die Schüler drehen sich im Kreis nach rechts, vollziehen anschließend einen Richtungswechsel und drehen gemeinsam nach links im Kreis.
- Ein Schüler führt mehrere Standsprünge mit geringer Sprunghöhe aus.
- Ein Schüler führt mehrere Standsprünge mit zunehmender Sprunghöhe aus.
- Ein Schüler übt den Standsprung 4–5x hintereinander ohne *Wandern* aus = Verlassen des auf dem Trampolin aufgedruckten Mittelkreuzes
- Ein Schüler springt im Beat nach Musik: In den Zählzeiten 1 und 2 findet die Aufwärtsphase und in den Zählzeiten 3 und 4 die Abwärtsphase statt; ♩ = 90 bpm (beats per minute)

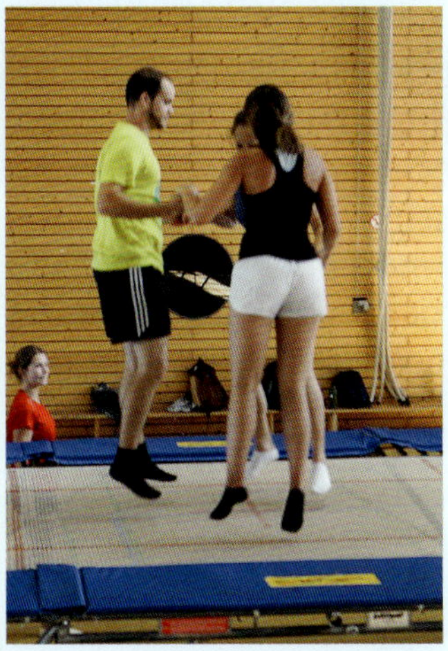

Der Stoppsprung
In der Abwärtsbewegung des Standsprungs werden die Fuß-, Knie- und Hüftgelenke zur Vorbereitung der Landung kurz vor der Sprungtuchberührung gebeugt. Während der Sprungtuchsenkung nehmen die Füße den Kontakt zum Sprungtuch wahr und bleiben trotz Katapultwirkung nach oben mit dem Sprungtuch auch in der Aufwärtsbewegung in Kontakt. Dazu ist es notwendig, dass der Schüler die Aufwärtsbewegung durch eine seitliche Druckbewegung der Hände nach unten stoppt, sodass der Fußkontakt ermöglicht wird.

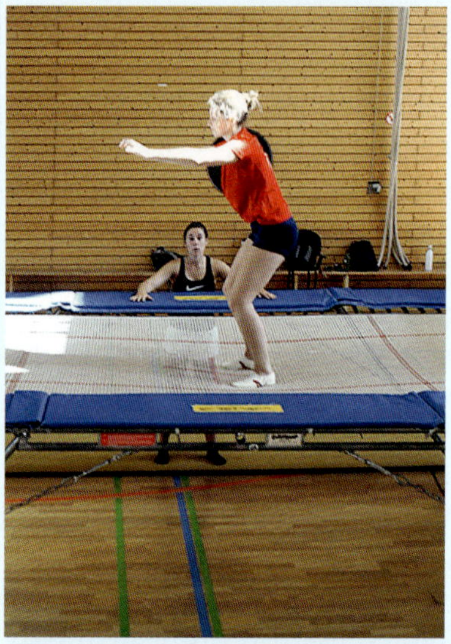

Weitere Sprungvarianten
Jede Sprungvariante zeigt in der Auf- und Abwärtsphase das gleiche Sprungverhalten wie beim Standsprung. Varianten werden nur in dem kurzen Moment der Bewegungsumkehr zwischen Auf- und Abwärtsflugphase geturnt:
- Standsprung mit Hockbewegung im Umkehrpunkt (Hocksprung)
- Standsprung mit Grätschbewegung im Umkehrpunkt (Grätschsprung)
- Standsprung mit Grätschwinkelbewegung im Umkehrpunkt (Grätschwinkelsprung)
- Standsprung mit individueller Körperhaltung im Umkehrpunkt (Phantasiesprung)
- Halbe oder ganze Drehung um die Körperlängsachse

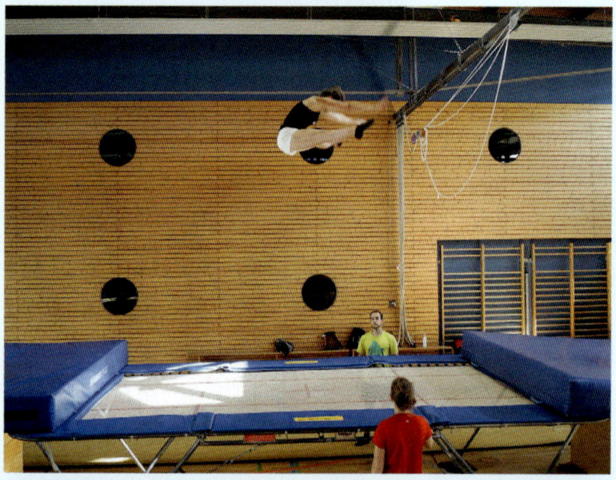

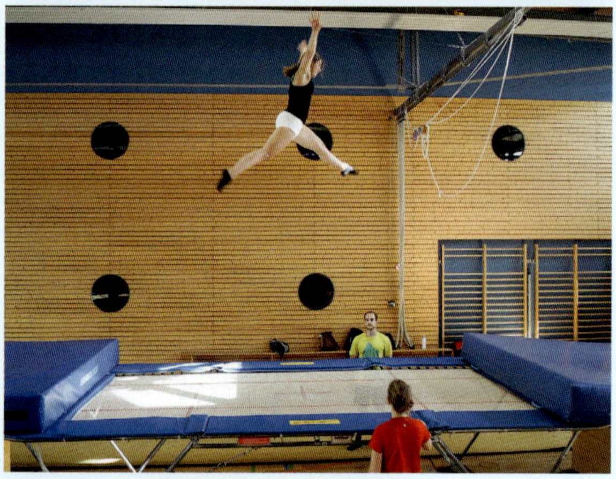

Der Sitzsprung
Beim Sitzsprung findet während der Abwärtsflugphase eine Hüftbeugung (Oberschenkel-Rumpf-Winkel etwa 100°) statt. Der Schüler landet bei der Abwärtsbewegung des Sprungtuchs im Langsitz mit dem Gesäß (auf dem Sprungtuch-Mittelpunkt) und der Beinrückseite gleichzeitig und drückt sich in der Aufwärtsbewegung anschließend wieder von den Händen (platziert neben der Hüfte, Fingerspitzen zeigen zu den Füßen) und Beinen ab und bringt in der Aufwärtsflugphase die Hüfte zur Streckung.

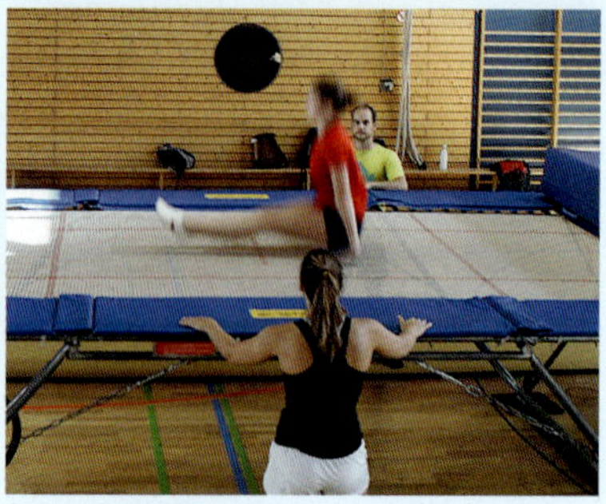

3–4 Sprungseile je Tuch

Methodische Einführung zum Erlernen des Sitzsprungs

- In Paaren: Schüler A begibt sich auf dem Sprungtuch in den Langsitz und legt seine Füße auf die Sprungtuchumrandung. Seine Hände stützen seitlich neben der Hüfte auf dem Sprungtuch auf, die Finger zeigen zu Partner B, der am Trampolinrand steht und die Füße von A in die Hände nimmt. A drückt sich aus der Sitzposition in eine immer höhere Flugphase ab und bringt in der Luft kurzfristig die Hüfte zur Streckung. B begleitet die Bewegung durch Impulsunterstützung und Richtungssicherung.
- Der Trampolinturner fällt aus dem Stand in Schrittstellung auf dem Mittelkreuz in den Sitz auf das Mittelkreuz, drückt sich von den Händen und Beinen vom Tuch ab und landet im Stand.
- s.o., aus leichtem Anfedern und hüftbreiter, paralleler Fußstellung
- s.o., aus beliebiger Sprunghöhe
- Sprunghöhe von Versuch zu Versuch steigern

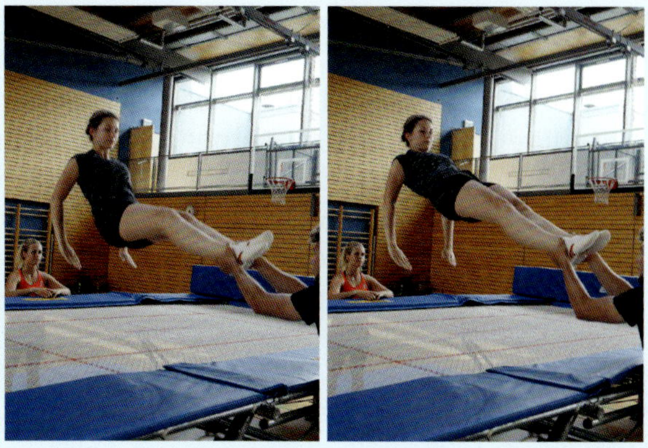

Sitzsprungvarianten

- halbe Drehung in den Sitz
- halbe Drehung aus dem Sitz
- halbe Drehung in und halbe Drehung aus dem Sitz
- Sitz in den Sitz
- 3/4/5 verschiedene Sitzsprünge kombinieren

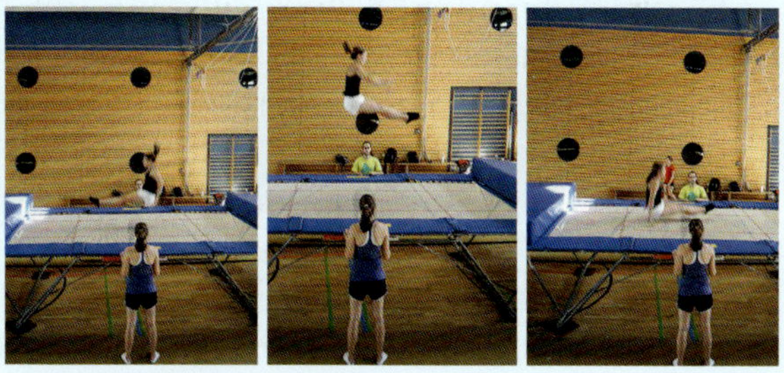

Außergewöhnliche Varianten
Vierfüßlersprung

- Im Vierfüßlerstand von Händen und Unterschenkeln gleichzeitig abdrücken und in ein gleichmäßiges Springen aus einem Wechsel von Abspringen und wieder Landen im Vierfüßlerstand übergehen
- s.o. und in der Luft für kurze Zeit den Körper horizontal zum Sprungtuch ausstrecken und wieder zum Vierfüßlerstand schließen

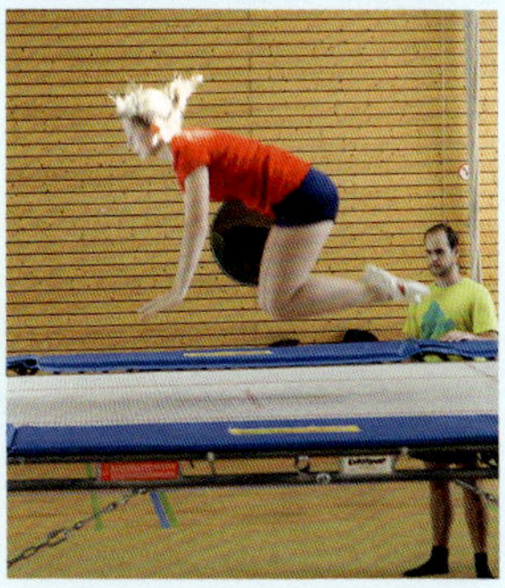

Der Babysalto/Splashdiving-Salto

Ein Schüler steht im vorderen Drittel des Sprungtuches mit Blick zur Weichbodenmatte und führt einen Standsprung aus. Während der Abwärtsflugphase zieht er die Beine zum Körper, umklammert die Beine mit den Armen und landet nur auf seinem Gesäß.
In der Aufwärtsflugphase nimmt der Schüler den Kopf in den Nacken und zieht seine Beine mit einem Ruck nach hinten noch näher zum Körper, sodass mit dem so erzeugten Impuls der nach vorn gekrümmte Körper rückwärts frei in der Luft um die Körperbreitenachse dreht. Anschließend öffnet der Schüler die Körperwinkel zur Landung im gestreckten Stand.

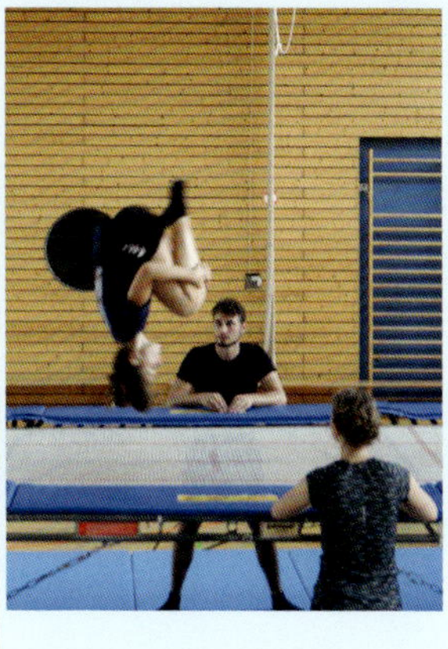

Methodische Einführung zum Erlernen des Babysaltos

- Aus dem Fallen und ohne Absprung zieht der Schüler die Beine zum Körper während der Abwärtsflugphase und umklammert die Beine mit den Armen. Nach dem Ruck rückwärts führt der Schüler eine Rolle rückwärts in den Stand aus.
- s.o., mit einem Standsprung aus geringer Höhe
- s.o., mit freier Rolle rückwärts zum Stand

Saltohilfe in Paaren

Um allen Schülern einen Zugang zum Salto rückwärts am Trampolin gewähren zu können, ist es wichtig, dass nicht nur der Lehrer in die Hilfestellung eingewiesen ist. Der Lehrer soll die Schüler zur Saltohilfe befähigen:

Schüler A ist Saltospringer, Schüler B sein Helfer, zwei weitere Schüler C und D stehen auf dem Boden und halten eine auf der Trampolinumrandung aufliegende Wurfmatte bereit:

- A steht auf der Sprungtuchmitte vor B und führt die Arme in Hochhalte, B legt seine Hände nebeneinander auf den oberen Rücken von A auf. A springt mit leichter Rückenlage vom Tuch ab und lehnt sich rückwärts in die Hände von B. B begleitet A in den sicheren Stand zurück.
- s.o., nur umgreift B A mit der stärkeren Hand um den Nacken und der anderen Hand um den seitlichen Hosenbund. A zieht seine Beine nach dem Absprung in Hockposition vor den Körper und öffnet diese wieder für den Stand, C und D schieben während der Flugphase die Wurfmatte zur Landestelle, damit die Landung von A abgefedert und abgesichert wird.

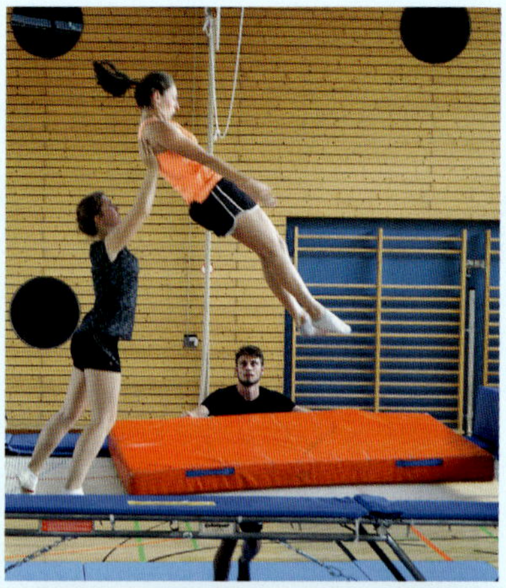

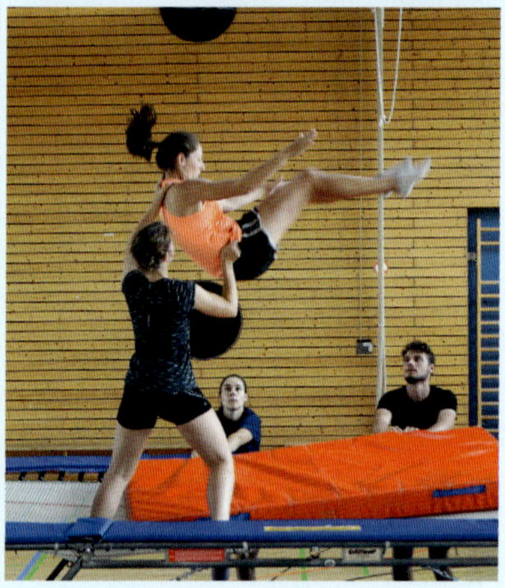

Methodische Einführung des Salto rückwärts mit 3 Helfern: A ist der Saltospringer, B ist der Helfer auf dem Tuch (auch ein zusätzlicher zweiter Helfer kann auf dem Tuch sichern), C und D stehen auf dem Boden und halten eine auf der Trampolinumrandung aufliegende Wurfmatte bereit

- A: Stand auf dem Mittelpunkt des Sprungtuches mit Armen in Hochhalte
- B: Stand in Schrittstellung seitlich neben A. B umgreift mit der körpernahen Hand den Hosenbund und der körperfernen Hand den Nacken von A.
- C und D stehen neben dem Trampolin an der zu B gegenüberliegenden Längsseite und platzieren eine Wurfmatte auf der Trampolinumrandung.
- Gemeinsam springen A und B Standsprünge, wobei B sich an A *festmacht*, indem B keine Auf- und Abwärtsarmbewegungen zulässt
- B zählt die Sprünge pro Absprung an: 1, 2, 3. Der 3. angezählte Sprung ist der Saltosprung.
- A führt nach dem 3. Absprung den Kopf in den Nacken und hockt während der Rückwärtsrotation die Beine explosiv zum Oberkörper an.
- Vorsicht: Nicht umgekehrt den Oberkörper in Vorwärtsrotation zu den Beinen beugen.
- Ist die Senkrechte überdreht, öffnet A seine Körperwinkel in den Stand.
- B führt nach dem 3. Einzählen einen Stoppsprung in Schrittstellung hinter und unter A aus und hebt und dreht A in die Rückwärtsrotation. Hat A die Senkrechte überdreht, löst B kurz den Griff seiner Hände und sichert den Stand von A ab, indem er seinen Oberkörper mit einer Hand am Rücken und einer Hand am Bauch stabilisiert.
- C und D beobachten nach dem 3. Absprung von A seine Flugbahn und schieben die Wurfmatte an die Stelle, an der A landen wird.

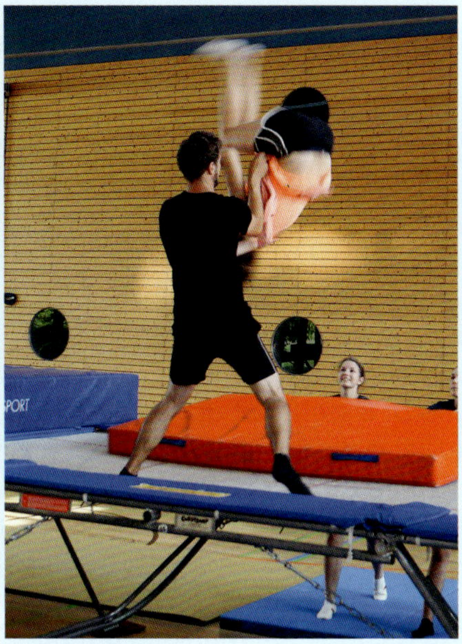

Variante

- A bindet sich einen langärmeligen Pullover um die Hüfte und schiebt den Knoten mit den Ärmeln auf die Seite, an der B zur Hilfestellung bereit steht. B steht seitlich von A auf dem Sprungtuch und umgreift den Pullover an den Knoten mit den Ärmeln. A führt einen Salto rückwärts aus (s.o.), während B die Sprünge anzählt und bei 3 einen Stoppsprung in Schrittstellung hinter und unter A ausführt, A dabei mit anhebt und in die Rückwärtsrotation dreht. Hat B die Senkrechte überdreht, löst B kurz den Griff und greift zum Sichern des Standes nach. Die Übung kann alternativ mit einem Saltogürtel ausgeführt werden, insofern die Schule über eine solche Sprunghilfe verfügt.

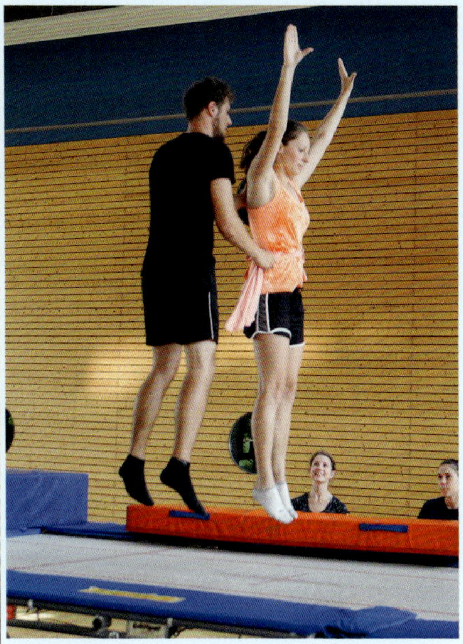

Erst wenn die Schüler den Salto mit der Hilfe des Lehrers bewältigen, können sie zur gegenseitigen Hilfe untereinander übergehen.

Methodische Einführung zum Erlernen des Salto rückwärts:

- A und B: Gemeinsames Anspringen und Anzählen
- A, B, C und D: Gemeinsames Anspringen. A verlagert beim 3. Anzählen durch B leicht sein Gewicht nach hinten in die Hände von B, sodass eine Rotation rückwärts angedeutet wird. B rotiert A wieder zurück und stellt ihn auf die zwischenzeitlich von C und D geschobene Wurfmatte.
- A, B, C und D: Salto-Hilfe als Komplettbewegung
- A, B, C und D: B steht auf der Sprungtuchumrandung und zählt die Standsprünge von A ein, B macht bei 3 einen Schritt aufs Tuch und unterstützt die Saltorotation von A und seinen sicheren Stand.
- Notsichern: s.o, nur bei Orientierungsschwierigkeiten und technischen Mängeln unterstützt B die Saltobewegung von A.
- Notschieben: Nur bei Orientierungsschwierigkeiten und technischen Mängeln schieben C und D die Wurfmatte unter A.

Ungewöhnliche Sprungkombinationen mit Sprungseilen

- Ein Schüler springt auf dem Trampolin mit einem Seildurchschlag je Sprung.
- Ein Schüler springt auf dem Trampolin mit Seildurchschlägen überkreuzt je Sprung.
- Ein Schüler springt auf dem Trampolin mit 2/3 Durchschlägen je Sprung.
- Ein Schüler springt auf dem Trampolin mit Durchschlägen rückwärts und rückwärts überkreuzt.
- Ein Schüler führt Sprungvarianten pro Seildurchschlag aus: halbe Drehung, Sitzsprung, Hocksprung, Grätschsprung, Phantasiesprung.
- B und C stehen je auf der zur Sicherung ausgelegten Weichbodenmatte und führen Seildurchschläge aus. A springt Seil in selbstgewählten Varianten. Dazu ein langes Ropeskipping-Seil verwenden oder 2 Sprungseile zu einem langen Seil zusammengebinden.

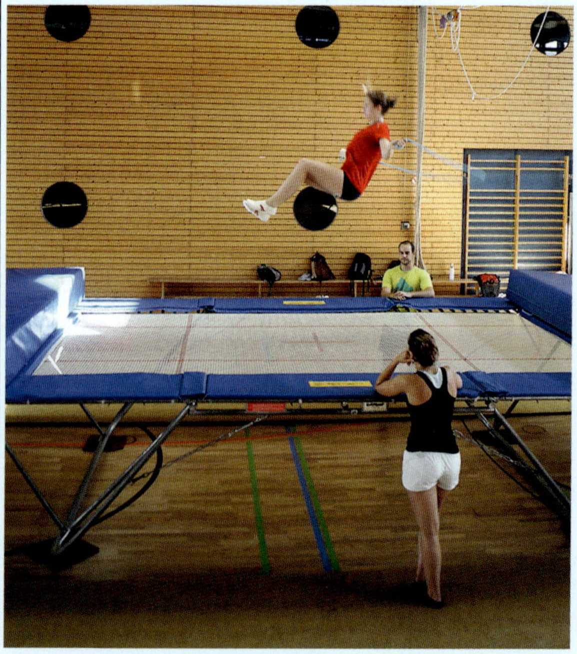

<table>
<tr><th colspan="2">Schlussteil (30 Minuten Ergebnissicherung & 15 Minuten Abbau der Trampoline)</th></tr>
<tr><td>Ausspringen zu zweit
A und B stehen sich auf den Weichbodenmatten gegenüber, A springt nah seiner Weichbodenmatte in das Sprungtuch ein und springt mehrfach hintereinander immer auf die gleiche Sprunghöhe. B springt asynchron (wenn A in der Luft ist, hat B Sprungtuchkontakt) und nah seiner Weichbodenmatte in das Sprungtuch ein und adaptiert die Sprunghöhe von A, sodass ein gegenläufiges Springen entsteht.

Pflicht-Kür-Präsentation: auswählen, kombinieren und demonstrieren
Die Schüler kombinieren eine Sprungabfolge ohne Zwischensprünge aus 3 vorgegebenen Sprüngen (etwa: Hocksprung, Standsprung mit halber Drehung, halber Drehung in den Sitz) und 3 selbstgewählten Sprüngen.</td><td>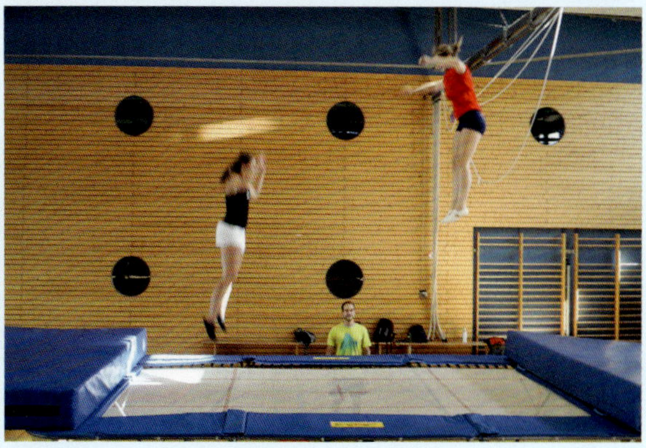</td></tr>
<tr><td>Spontangestaltung für 6–7 Schüler pro Sprungtuch:
Die Schüler werden von 1–6/7 durchnummeriert.
Sie kombinieren eine Sprungabfolge ohne Zwischensprünge aus 3 vorgegebenen (etwa: Hocksprung, Standsprung mit halber Drehung, halber Drehung in den Sitz) und 3 selbstgewählten Sprüngen.
Der Lehrer spielt Musik ein (♩ = 90 bpm).
Die Schüler befinden sich auf den Weichbodenmatten, der Lehrer gibt die Sprungreihenfolge über Spontanansagen von Nummern vor. Auch können 2 Nummern aufgerufen werden für diejenigen 2 Schüler, die zu zweit gegenläufig springen (s.o.).
Die Schüler üben die spontan gefundene Sprungreihenfolge, überlegen sich einen gemeinsamen Start, die Auf- und Abgänge von den Weichbodenmatten und wieder zurück ins Sprungtuch, eingefrorene Positionen derjenigen Schüler, die gerade nicht auf dem Sprungtuch springen und ein gemeinsames Abschlussbild auf dem Sprungtuch.
Die Schüler zeigen sich gegenseitig ihre gefundenen und geübten Gruppen-Gestaltungen.

Der Abbau der Geräte erfolgt in der auf S. 74 aufgeführten Reihenfolge.
Je 2 Schüler bauen ein Trampolin ab.
An einem Tuch macht der Lehrer zusammen mit einem Schüler den Abbau langsam vor, die Schüler an den anderen Trampolinen machen die Abbautechniken nach.
Weitere Schüler stehen zum Helfen und Sichern bereit und greifen bei Bedarf ein und bringen ihr technisches Vermögen und unterstützende Kraftleistung ein.</td><td>Musik-Abspielgerät</td></tr>
</table>

Der richtige Auf- und Abbau von Trampolinen muss vorbereitet und geübt sein. Ein videogestütztes Kennenlernen des richtigen Trampolinaufbaus kann unter https://www.youtube.com/watch?v=SYNFzYzbUkc abgerufen werden.

Für eine optimale Nutzungszeit wurden für das hier vorgestellte Unterrichtvorhaben mehrere Trampolintücher in eine Reihe hintereinander gestellt.

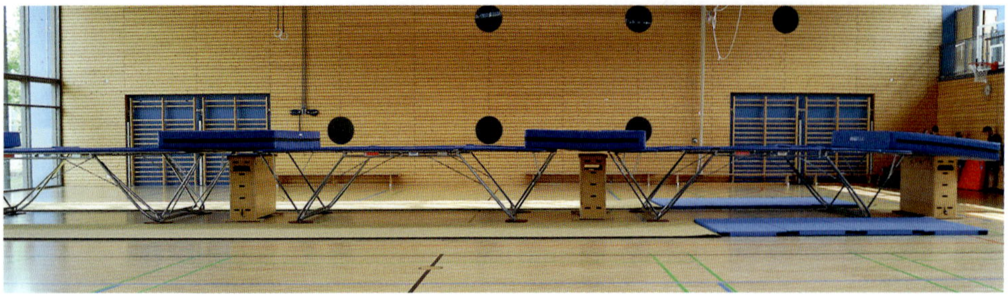

Aufbau eines Trampolins: Die Reihenfolge der Schritte

- 2 große Turnkästen, 2 Weichbodenmatten, 2 Bodenläufer (alternativ können Turnmatten ausgelegt werden) am Sporthallenrand parken
- Trampolin mittig platzieren
- Hebelrollständer durch Sicherungsknopf lösen, hochhebeln und arretieren
- Spannketten aushaken, obere Kette frei hängen lassen
- innenliegenden, dann äußeren Standfuß greifen, leicht öffnen und in entstandenem Dreieck stabilisieren und leicht kippen
- Druck auf äußeren Standfuß ausüben, inneren Standfuß festhalten und beide am Boden ablegen
- über den äußeren Standfuß steigen, mit einem Fuß Druck auf äußeren Standfuß ausüben und ihn nach hinten schieben
- Druck auf Seitenflügel ausüben, Standfuß ausziehen
- Spannketten durch Druck auf Gelenk spannen und Ketten einhängen
- Rollständer herausziehen
- Ketten spannen durch Herausziehen der Standfüße
- Seitenflügel in Buchsen einführen
- Gelenkschoner schließen
- Parallel zu den beiden kurzen Trampolinseiten in einem Abstand von 1 m–1,5 m einen großen Turnkasten platzieren
- Die Weichbodenmatten auf die Trampolinenden in Verbindung mit dem großen Turnkasten auflegen.
- An den Längsseiten Bodenläufer/Turnmatten auslegen.

Abbau eines Trampolins: Die Reihenfolge der Schritte

- Matten und Turnkästen abbauen und an vorgesehener Stelle in die Geräteräume einordnen
- Klettverschlüsse/Gelenkschoner aufklappen
- Fußstützen eines Seitenflügels lösen und zuklappen (Vorsicht: Tuchspannung!)
- Fußstützen des zweiten Seitenflügels lösen und zuklappen
- Rollständer einführen, Sicherheitsbügel um zugeklappten Seitenflügel spannen, Zapfen durch Bewegen des Hebels einstellen, hochhebeln
- Ketten auf derjenigen Seite lösen, auf der sich das Gelenk des oberen Trampolinflügels befindet
- An der Kette ziehen zum Lösen und Aushängen der Ketten
- Standfuß vor die Hüfte anheben und vorwärts schieben
- am Boden liegenden Standfuß hinter dem freien Standfuß vorbei ziehen und Gerät in Senkrechte kippen
- Rahmen in Vorrichtung einrasten
- obere Kette lösen, durch untere Kette führen und einhaken
- Mancherorts muss das Trampolin zur Einfahrt in den Geräteraum wegen niedriger Garagentorhöhe heruntergehebelt werden.

Es kann nicht davon ausgegangen werden, dass alle Schulen über diesen spezifischen Materialbedarf verfügen. Bei reduzierter Bewegungslernzeit und Kalkulation von Wartezeiten, kann Trampolinunterricht dennoch an nur einem Trampolin stattfinden. Doch lohnt es sich mit anderen Institutionen, mit Trampolinwelten drinnen (etwa Trampolinzentren, Freizeitparks, Vereinen) oder draußen (etwa Outdoor-Bewegungsparcours) zu kooperieren.

Für ein Unterrichten am großen Trampolin sind besondere sicherheits- und methodenrelevante Voraussetzungen erforderlich, die in einigen Bundesländern durch eine Zusatzqualifikation für das Unterrichten von Trampolinspringen in der Schule nachgewiesen werden müssen.

Folgende Inhaltsbereiche sollten für den Erwerb der Unterrichtsqualifikation *Trampolinspringen in der Schule* von Lehrkräften durchlaufen werden:

- Gerätekunde einschließlich Auf- und Abbau
- Trampolinbezogene Sicherheit einschließlich Hilfeleistungen (etwa Saltohilfe)
- Methodik zur Einführung von Basissprüngen
- Demonstrationsprüfung einer Sprungkombination aus Basissprungtechniken.
  Etwa:
  - Standsprungvarianten: Hocksprung, Grätschsprung, Grätschwinkelsprung, Standsprung mit halber Drehung, Standsprung mit ganzer Drehung, etc.
  - Sitzsprungvarianten: halbe Schraube in den Sitz, halbe Schraube aus dem Sitz, halbe Schraube zum Sitz mit halber Schraube zum Stand, etc.
  - Rückensprungvarianten: etwa halbe Schraube zum Rücken, halbe Schraube aus dem Rücken, halbe Schraube in den Rücken mit halber Schraube aus dem Rücken
  - Saltobewegung: etwa Salto rückwärts gehockt, Salto rückwärts gebückt, etc.

Weiterführende Informationen zum Basisschein und Qualifikationsnachweis für Sportlehrkräfte können unter www.eurotramp.com abgerufen werden.

Sportlehrkräfte sollen aus Sicherheits- und Qualitätsgründen ein vertieftes sport- und bewegungsspezifisches Können im Trampolinturnen nachweisen.

So werden in Fortbildungsangeboten spezifische Trampolin-Turnstandards, Unterrichtsmaterialien sowie Sport-, Spiel- und Bewegungsangebote unter Rückgriff auf sportdidaktische Konzepte sowie Kriterien der spezifischen Bewegungslehre in Beziehung zur Trampolinturnpraxis gesetzt. Lehrkräfte sollen in der Lage sein, individuelle trampolin-turnbezogene Lernprozesse indikatorgestützt zu beobachten und zu analysieren, adäquate Fördermaßnahmen zur Eigenrealisation zu wählen und Trampolinturn-Grundtätigkeiten und Trampolinturn-Fertigkeiten anzuleiten sowie Gestaltungsprozesse zu veranlassen und zu optimieren.

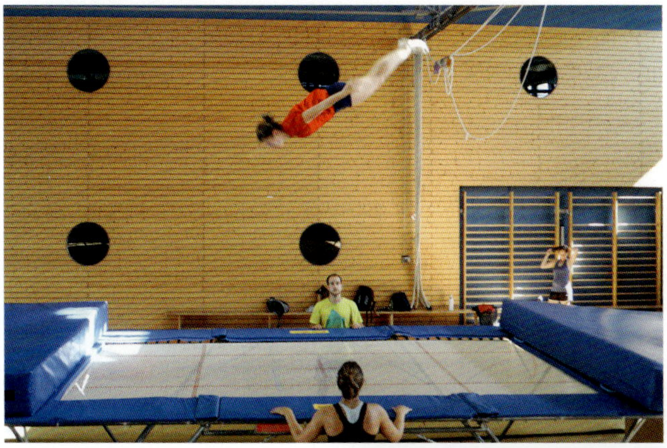

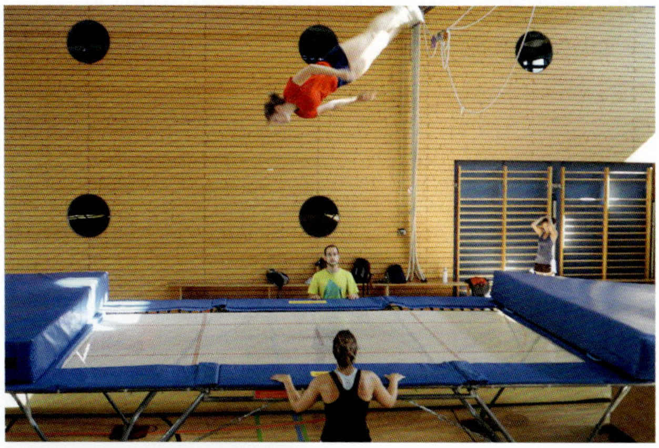

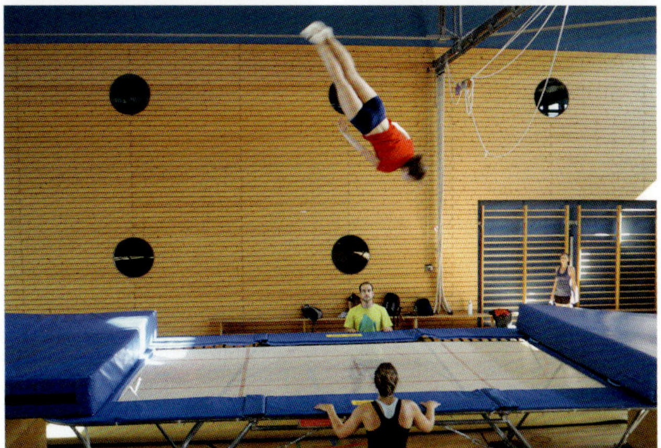

Bewerten des Unterrichtsvorhabens: Turnleistungen erfahren, verstehen und einschätzen

Bewertungsmatrix für die prozess- und produktbezogene Lernentwicklung

Lernprozess: Körperbildende Kriterien	Schüler-Namen	Note 1–6
– Turntechniken strukturell richtig entwickeln und optimieren – Individuelle Turnfähigkeiten erkennen, selbsttätig anwenden und weiterentwickeln – Turnkombinationen formal richtig aufbauen – Turnspezifische Bewegungsqualität (Form) verbessern und zeigen – Turnaufgaben ambitioniert und motiviert ausarbeiten		
Lernprozess: Gruppenbezogene Kriterien		
– Individuelle Fähigkeiten erkennen und gruppenbezogen nutzen – Trampolinturngeräte verantwortungsvoll und sachgerecht in der Gruppe auf- und abbauen		
Lernprodukt: Körperbildende Kriterien		
– Turnelemente und Turnelement-Verbindungen strukturell richtig ausführen und demonstrieren – Turnspezifische Ausführungsqualität und Ausdrucksqualität zeigen – Turnspezifische Bewegungsgröße zeigen – Turnbewegungen im Bewegungsfluss kombinieren – Aufbau einer Turnübung verstehen und nachvollziehen		
Lernprodukt: Gruppenbezogene Kriterien		
– Turnspezifische Bewegungsweite vergrößern – Geräte- und Partnerhilfen sachgerecht und funktionsfähig nutzen		

Unterrichtsvorhaben für die Klassenstufe 9 und 10

Sich im Turnen verständigen, beim Turnen kooperieren und wettkämpfen

Fachdidaktische Hinweise

Das Möglichkeitsspektrum eines mehrperspektivischen Turnunterrichts bezieht auch Alternativen für diejenigen Schüler ein, denen die Leistungsperspektive insbesondere wegen ihrer individuellen Vorführeffekte oder die Ausdrucksperspektive wegen ihrer Gruppendarstellungseffekte unangenehm sind. Schüler, die ihr Turnpotential nicht gerne anderen zeigen, die nichts zu zeigen haben und die darüber hinaus über eine geringe Bereitschaft, sich durch Turnen auszudrücken und gering ausgeprägte Gestaltungskompetenz verfügen, sollen in diesem Unterrichtsvorhaben an ihrem Spieltrieb, ihrem Teamgeist und ihrer Wettbewerbslust gepackt werden.

Spielen/Spiel zählt aus Schülersicht zu den beliebtesten Handlungsbereichen im Sportunterricht und welcher Lehrer hat den Satz, „Wenn ihr beim Turnen gut mitmacht, spielen wir anschießend ...“, noch nie zu Schülern gesagt? Welcher Schüler hat sich beim Turnen noch nie die Frage gestellt: „Und wann spielen wir“?

Beide Aussagen drücken ein Dilemma aus, in dem sich das schulische Turnen leicht bewegt: Lehrer wie Schüler verbinden das leistungsbezogene Turnen mit unschönen Erlebnissen, haben keine positiven Erwartungen, fühlen sich nicht angesprochen oder sind einfach nur überfordert. Dies gilt vor allem für ein Gerätturnen, das als notwendiges Übel für alle Protagonisten empfunden wird und dem wir mit diesem spielbetonten Unterrichtsvorhaben begegnen wollen.

Nachfolgend soll, unserem mehrperspektivischen Gedanken folgend, denjenigen Schülern potenziell attraktiver Turnunterricht vorgestellt werden, deren spielerischer Wettbewerbsdrang sowie das Spielen in regelgeleiteten Mannschaftsstrukturen Anstöße für die engagierte Teilnahme am Sportunterricht geben. Um dem gemeinsamen Mannschaftsspiel beim Turnen begegnen zu können, müssen viele verschiedene Aufgabenstellungen und vielfältige Bewegungsangebote zur Verfügung gestellt werden, die in der Regel sehr weit auseinander reichen und unterschiedliche turnerische Leistungsniveaus sowie körperliche Voraussetzungen berücksichtigen.

Deshalb soll den Schülern zu Beginn dieses Unterrichtsvorhabens ausreichend Zeit zugesprochen werden, ihr Turnvermögen zu entwickeln, Turnerfahrungen zu sammeln und ihre turnerischen Fertigkeiten nachhaltig zu erweitern, bevor sie diese in Gruppenwettbewerben anwenden.

In der Unterrichtseinheit Einer für Alle – Alle für Einen lernen die Schüler, wie sie sich gegenseitig für ein sicheres Miteinander beim mannschaftsorientierten Turnen helfen können, um das Turnen im Team gemeinsam und sicher zu bewältigen. Turnen gilt als verletzungsgefährdetes Bewegungsfeld und die Schüler müssen, bevor sie in Spiel- und Wettkampfsituationen turnen, erst einmal lernen, sich gegenseitig zu vertrauen, Verantwortung für einen oder mehrere Partner zu übernehmen und auch normierte Helfergriffe und turnspezifische Hilfen anzuwenden, zu üben und zu automatisieren. Sie müssen zum Helfen und Sichern erst einmal befähigt werden.

Das Trainingscamp für Turner kann grundsätzlich in allen Jahrgangsstufen zu Beginn eines jeden turnerischen Unterrichtsvorhabens platziert werden. Die Schüler verbessern in einem aus Turngeräten aufgebauten Fitness-Zirkel ihrer Grundfitness und ebenso ihre turnerische Fitness. Sie sollen erkennen, dass, anders als für „Fußgängersportarten“, zum Turnen nur befähigt ist und verschiedene turnerische Aufgaben meistert, wer auf eine umfangreiche turnspezifische Körperfitness zurückgreifen kann.

Abgeleitet vom für die Fitnessbranche entwickelten Milon®-Zirkel, wird über mehrere Schulwochen im Stationsbetrieb nicht nur die Kraft vielfältiger Muskelpartien und die Ausdauer trainiert, sondern noch zusätzlich Koordination geschult. Diese Unterrichtssequenz verbessert die körperlichen Voraussetzungen, die für die vielfältige Ausgestaltung von Grundtätigkeiten und Fertigkeiten des Turnens notwendig sind.

In spezifischer Vorbereitung soll unsere Übungsauswahl die Turnfitness verbessern und damit zur Durchführung von Turnspielen und Turnwettbewerben in den folgenden Stundenbildern befähigen. Gleichzeitig wird mit diesen Stundenbildern eine weitere Perspektive innerhalb der mehrperspektivischen Kompetenzentwicklung in einem erziehenden Sportunterricht aufgegriffen: Das Trainingscamp für Turner soll einen Beitrag zur Förderung der Gesundheit leisten und dazu beitragen, dass die Schüler ihr Gesundheitsbewusstsein entwickeln.

Die Gesundheitsperspektive steht somit in Zusammenhang mit diesem Vorhaben zum Turnen weil,

- das Verbessern der Grundlagenausdauer eine Grundvoraussetzung für viele Turnspiele und Turnwettbewerbe darstellt,
- Kräftigungsübungen der Stütz- und Haltemuskulatur den Schülern beim Turnen helfen, Körperspannung aufzubauen und aufrechtzuerhalten, ihr Körpergewicht, nicht wie gewohnt nur mit den Füßen, sondern auch mit den Händen zu tragen und bei den im Turnen üblichen Ganzkörperstabilisationsübungen erforderliche Krafteinwirkungen auf mehrere Muskelgruppen zu verteilen und
- das Wiederholen von Koordinationsübungen dafür Sorge tragen kann, dass die Schüler bei ungewohnten Körperlagen das Gleichgewicht halten, die Orientierung im Raum nicht verlieren und Bewegungsrhythmen komplexer Turnbewegungen besser nachvollziehen können sowie beim selbsttätigen und vielfältigen Experimentieren mit Turngrundtätigkeiten differenzierter, sicherer und erfolgreicher turnen.

Unter *Turnspielen* verstehen wir in den darauffolgenden Stundenbildern Mannschaftswettbewerbe, deren Spielidee nur durch den partnerschaftlichen Einsatz einer turnspezifischen Grundtätigkeit oder Turnfertigkeit gelingt. Spiele in Mannschaften oder Gruppen sind den Schülern aus den beliebten Mannschaftssportarten bekannt. Sie können in der „Turnspiele-Stunde“ auf diese bereits erworbenen Strukturanlagen, etwa das Einhalten von Spielregeln, das Organisieren von Mannschaften, das Bewältigen von Spielrollen und Spielpositionen oder das Zurechtfinden in Spielräumen zurückgreifen. Am sportlichen Leistungsvermögen oder am Interesse der jeweiligen Klasse orientiert, stellen die beschriebenen Turnspiele eine Sammlung turnerischer Spielformen dar, die sich leicht verändern lassen und in beliebiger Reihenfolge platziert werden können.

Die *Turnwettbewerbe* beenden das Unterrichtsvorhaben mit einem Turnier. Der beliebte Wettbewerbsmodus mit variantenreichem Punktesystem, das Kooperieren in der Mannschaft und das Konfrontieren mit Gegnern ist fester Bestandteil des Aufgabenbereichs Spiele/Wettbewerbe. Dabei haben wir aus dem Sportunterricht oder dem Vereinsspiel bekannte Spielideen (Laufspiel, Platzwechsel-Spiel, Staffelspiel, Brennballspiel, Biathlon-Spiel) umgearbeitet, indem wir dort bekannte und typische Bewegungsaktionen mit turnerischen Fertigkeiten oder Tätigkeiten kombinieren.

Aus dem riesigen Kanon solcher Turnkenntnisse wurde das Balancieren auf stabilen und labilen Untergründen, das Hängen, Hangeln, Stützen und Stützeln an den Turngeräten Barren, Reckstangen, Schwung-/Schaukelringe, Trapez, das Turngeräte-Überwinden, das Überwinden von Turnkästen und das Klettern ausgewählt, um der Vorerfahrung der Schüler gerecht zu werden.

Folgende Unterrichtsprinzipien sollen beim Spielen von Turnspielen einen didaktischen Wert versprechen, indem sie

- eine hohe Bewegungsbeteiligung aller Kinder garantieren,
- für hohe Wiederholungszahl der Grundtätigkeiten einstehen,
- Sicherheitsrisiken begrenzen,
- Attraktivitätsgehalt/Spaßfaktor versprechen,
- bekannte Spielideen beinhalten,
- spannende Wettbewerbsdramaturgie einhalten und
- geringen Präzisionsdruck und Ausführungsgrad zulassen.

Das lässt sich beim Spielen dann bewältigen, wenn alle Schüler

1. ständig in Bewegung sind und
2. beim Spielen von Turn-Spielen Spaß haben.

Praktische Tipps

Grundregeln für das Helfen und Sichern beim Teamturnen für Lehrer- und Schülerhelfer

Die Helfer müssen

- in turnadäquater Sportkleidung (möglichst Stretchkleidung ohne Haken, Ösen oder Reißverschlüsse) helfen, kooperieren, gemeinsam handeln und sich verständigen, damit sich Schüler und Lehrer beim aktiven Eingreifen in den Bewegungsprozess nicht behindern oder verletzen,
- Varianten von turnerischen Grundtätigkeiten und die normierten Bewegungsfertigkeiten kennen, um mögliche Gefahrenpunkte antizipieren zu können,
- anzuwendende Helfergriffe sicher beherrschen und über ausreichend Kraft verfügen, um dem Turner die notwendige Unterstützung geben zu können und ihn noch trotz Mängel im Bewegungsablauf sicher begleiten zu können,
- so nah wie möglich am Turner stehen, um zum richtigen Zeitpunkt und mit der korrekten Helfertechnik einzugreifen, dabei genügend Muskelkraft einsetzen zu können und dadurch potenzielle Gefahren zu vermeiden,
- so lange helfen, bis die Übung abgeschlossen ist, um den Turner bis in den sicheren Stand zu begleiten und
- die Hilfeleistung geübt haben, um ein Gelingen des Helfens zu garantieren.

Grundregeln für das Helfen und Sichern beim Teamturnen für die Schülerturner

Die Turner müssen

- ihr Können einschätzen, um entscheiden zu können, auf welche Herausforderungen sie sich einlassen und welchen sie ausweichen,
- Aufgaben aufgrund von geistigen, physischen und psychischen Gegebenheiten verstehen und bewältigen können, um Gefahren einschätzen und Risiken überwinden zu können,
- Gelegenheiten zur richtigen Erklärung des Helfens und Sicherns bekommen, das Helfen und Sichern erlernen und üben können, um potenzielle Gefahren bei Teamaufgaben und im Teamturnen zu minimieren oder sicher zu bewältigen,
- in einer adäquaten Sportkleidung (möglichst Stretchkleidung ohne Haken, Ösen oder Reißverschlüsse) erscheinen, um sich und den/die Helfer nicht zu verletzen,
- Verantwortung für andere übernehmen können und wollen, um zu erkennen, welche Gefahren beim gemeinsamen Turnen lauern und gemeinsam Bereitschaft zu signalisieren, diesen Aufgaben und Herausforderungen zu begegnen und
- Vertrauen zum Helfer haben, um Ängste und Aufregung zu reduzieren und Turnerfolge freudig erleben zu können.

Bei allen nachfolgend beschriebenen Stundenbildern handelt es sich um exemplarische Vorschläge, die durch den Austausch von Turngeräten, die Modifizierung der Aufbauten, der Geräteanordnung sowie durch anspruchsvollere oder einfachere Aufgabenstellungen einen völlig neuen Aufforderungscharakter erhalten. Erfahrungsgemäß ist es sinnvoll, einzelne Stundenbilder komplett oder in Teilen in der nächsten Doppelstunde ein weiteres Mal aufzugreifen. Auch kann es notwendig werden, in einer Übung länger zu verharren, diese zu wiederholen oder so zu vertiefen, dass die Schüler für die nächste Steigerung oder die nächste Aufgabe bereit sind. Und manchmal ist es gerade sinnvoll, den vielen kreativen Ideen der Schüler den notwendigen Raum zu lassen und ausreichend Zeit zu geben für ihre individuelle Weiterentwicklung und Optimierung. Denn der kreativen Phantasie des Lehrers und der Schüler sollen keine Grenzen gesetzt sein.

Auf einen Blick

Unter-richts-vorhaben	**Stundenbild 1** Einer für Alle – Alle für Einen	**Stundenbild 2** Trainingscamp für Turner	**Stundenbild 3** Turnspiele	**Stundenbild 4** Turnwettbewerbe
THEMEN	**Sich gegenseitig beim Turnen helfen gemeinsam sicher Turnen lernen:** Gegenseitiges Vertrauen herstellen Gegenseitige Verantwortung schulen Zum Helfen und Sichern befähigen Helfergriffe erlernen Griffe schnell anwenden Kooperation üben	**Fitness (Kraft, Ausdauer & Koordination) schulen, teils durch Anwenden von Grundtätigkeiten:** Grundfitness und Turnfitness schulen Vielfältige Muskelpartien kräftigen, insbesondere die Stütz- und Haltemuskulatur Beim Turnen Körperspannung aufbauen und aufrechterhalten Körpergewicht auch mit den Händen tragen und bei den im Turnen üblichen Ganzkörperstabilisationsübungen erforderliche Krafteinwirkungen auf mehrere Muskelgruppen verteilen Ausdauer als Grundvoraussetzung für Turnspiele und Turnwettbewerbe schulen Koordination üben zur Anwendung von turnverwandten Grundtätigkeiten im Balancieren, im Hang oder im Stütz, um in ungewohnten Körperlagen das Gleichgewicht halten, die Orientierung im Raum nicht verlieren, Bewegungsrhythmen komplexer Turnbewegungen besser nachvollziehen zu können und beim selbsttätigen und vielfältigen Experimentieren mit Turngrundtätigkeiten differenzierter, sicherer und erfolgreicher zu turnen	**Turnspiele Turnfertigkeiten variantenreich erarbeiten und einüben:** Mit Turnfertigkeiten und Turntätigkeiten spielen Beim Balancieren auf stabilen und labilen Untergründen, im Hängen und Hangeln, beim Stützen und Stützeln, an Barren, Reck, Schwung-/Schaukelringen und Trapezen und beim Überwinden von Turnkästen spielen	**Turnwettbewerbe in Turnierform spielen:** Mit Turnfertigkeiten und Turntätigkeiten variantenreich wettkämpfen und ein Turnturnier durchlaufen

Stundenbild 1: Einer für Alle – Alle für einen

Ort: Sporthalle
Zeit: 1–2 Doppelstunden

Phasen	**Fotos, Abbildungen, Geräte- und Materialbedarf**
Einstieg (10 Minuten Aufbau + 10 Minuten Erwärmung)	
Voraufbau Aufbau von Weichbodenmatten, Turnmatten, Barren, Turnkästen, kleinen Turnkästen und Langbänken. Während der Lehrer ein Spielfeld (ca. 2/3 der Halle) mit Hütchen absteckt, holen die Schüler die Geräte aus dem Geräteraum und positionieren sie nach einem ausgelegten Aufbauplan in der Halle. Die noch nicht benötigten Geräte befinden sich am Ende der Aufbauphase am Rand der Halle. Nach dem Aufbau darf an den Geräten mit bekannten Elementen (etwa rollen, stützen, stützeln, hängen, hangeln, balancieren) geturnt werden, bis alle Schüler anwesend sind. **Erwärmung** **Zombieball – Variante** Es wird mit 2 Softbällen gespielt. Wer einen Spielball erbeutet, versucht die davonlaufenden Schüler abzuwerfen. In das Abwurf-Laufspiel ist ein einfacher Turnparcours integriert. **Ähnlich wie beim Biathlon** absolvieren die getroffenen Schüler eine Strafrunde im Turnparcours. Hier müssen 3 Bänke überlaufen, zwei Turnkästen übersprungen und die Sprossenwand überklettert werden. Anschließend nehmen die Schüler wieder am Spiel teil. Zombieballregeln: – Es spielen alle gegen alle. – Mit dem Ball in der Hand darf maximal 3 Schritte gelaufen werden. – Kopftreffer sind verboten. – Nur ein Ball pro Schüler darf zum Werfen aufgenommen werden. – Wer einen Ball fängt, ist nicht getroffen. – Wer getroffen wurde, verlässt das Spielfeld und absolviert die Strafrunde!	10 Pylonen, 2 Softbälle, Kreppband, 10 Turnmatten, 2 Weichbodenmatten, 2 Barren, 2 Langbänke, 1 Niedersprungmatte, 2 kleine Turnkästen, Sprossenwand 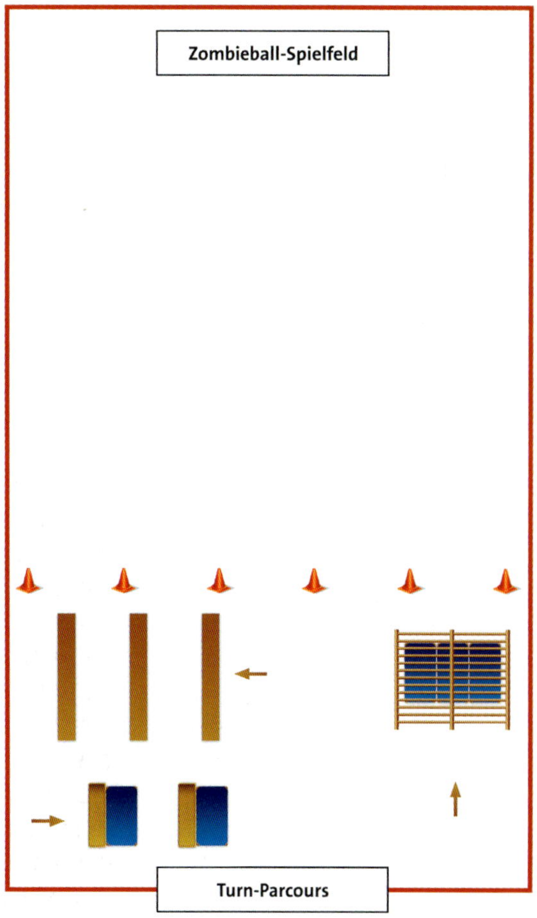

Hauptteil (130 Minuten)

Umbau
Die Schüler bauen den Turnparcours ab, räumen die anschließend nicht mehr benötigten Geräte an die Hallenseite und bauen gemeinsam den *Mont Blanc* auf.

Mont Blanc-Besteigung
Der *Mont Blanc* besteht aus zwei eng nebeneinander stehenden Barren. Darauf wird eine Weichbodenmatte/Niedersprungmatte positioniert. Um die Barren herum sind zur Absicherung Turnmatten und für den „Sprung vom Berg“ eine Niedersprungmatte ausgelegt.

Bei dieser Gruppenaufgabe ist die ganze Klasse gefordert. Alle Schüler sollen den *Mont Blanc* besteigen und gemeinsam auf dem Gipfel stehen. Als einziges Hilfsmittel stehen zwei kleine Turnkästen zur Verfügung.
Es gibt keine zeitliche Vorgabe, wichtig ist nur, dass die Schüler einen Plan entwickeln, sich absprechen, sich gegenseitig unterstützen, sichern und helfen.
Aus diesem Grund wird nach Bekanntgabe der Aufgabe zuerst die Anwendung von Helfergriffen und passenden Sicherheitsstellungen demonstriert und von den Schülern geübt.
Um Blessuren zu vermeiden, ist es von Vorteil, wenn die Schüler dazu ihre Sportschuhe ausziehen.
Auch können vor Spielbeginn Lösungsvorschläge eingeübt werden:

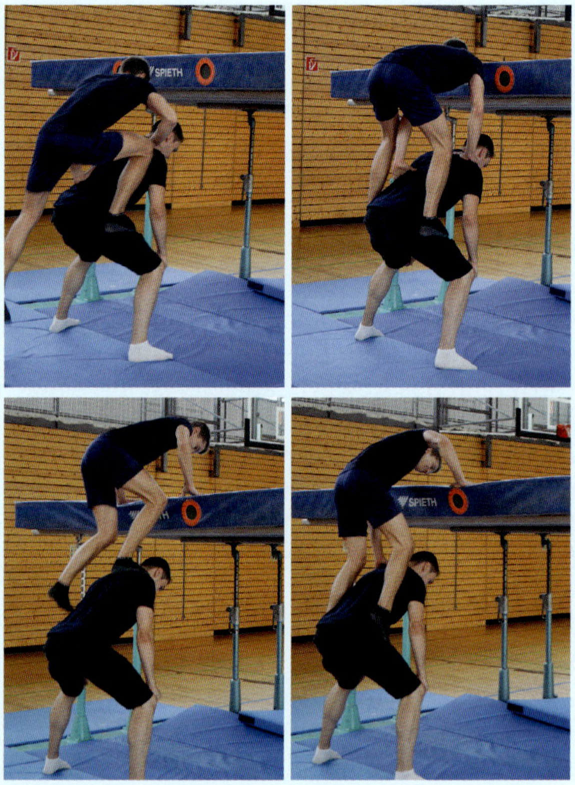

Auf- und Absteigen zu zweit
Räuberleiter
Die Beine hüftbreit geöffnet, die Knie leicht gebeugt lehnt sich Schüler A mit dem Rücken gegen den *Mont Blanc* und faltet seine Hände auf Bauchnabelhöhe (Steigbügel). Schüler B tritt mit einem Fuß in den Steigbügel, drückt sich mit seinem anderen Fuß vom Boden ab und steigt nach oben, während Schüler A gleichzeitig seine Beine streckt und Schüler B beim Aufsteigen nach oben schiebt (den Abstieg in umgekehrter Reihenfolge bewältigen).

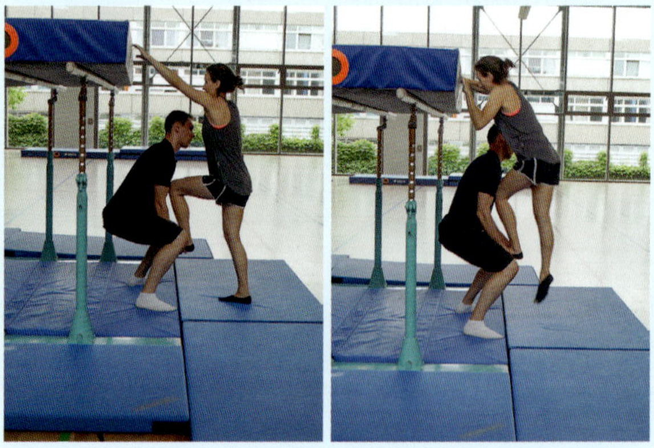

Auf- und Absteigen zu dritt
Doppelarmgriff-Leiter
Schüler A und B stehen sich gegenüber und umgreifen die jeweiligen gegenseitigen Unterarme des Partners. Schüler C betritt den *Mont Blanc* über die Handfassung von A und B, die ihm durch Beugen der Knie entgegenkommen (den Abstieg in umgekehrter Reihenfolge bewältigen).

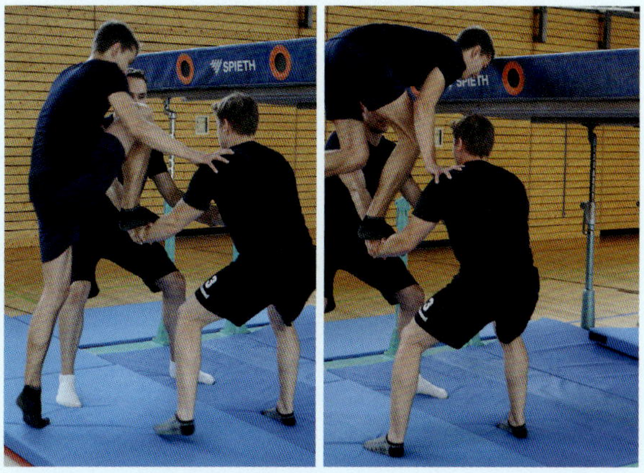

Gallions-Leiter
Schüler A und B stehen Seite an Seite, dicht am und mit Blick zum *Mont Blanc*, mit leicht gegrätschten Beinen und leicht gebeugten Knien, Schüler C steigt von hinten auf die Oberschenkel von A und B (nah der Leisten) auf, stützt sich dabei auf deren Schultern ab und drückt sich nach oben zum Aufstieg auf den *Mont Blanc* (den Abstieg in umgekehrter Reihenfolge bewältigen).

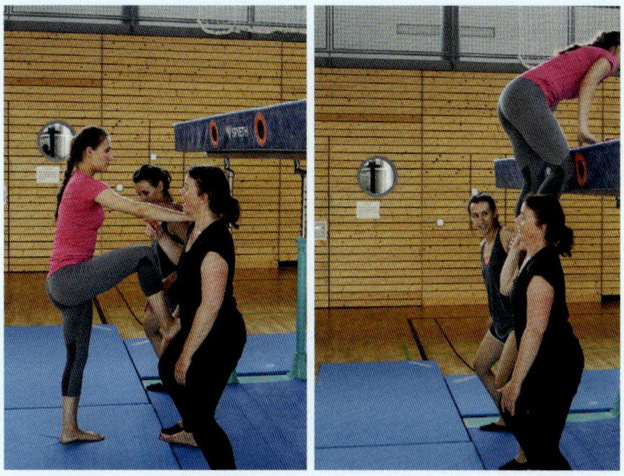

Vierfüßler-Leiter
Schüler A kniet auf allen Vieren mit seiner Körperflanke neben dem *Mont Blanc*, Schüler B steht vor Schüler A mit Blick zum *Mont Blanc* und Schüler C steigt auf den *Mont Blanc* mit dem Ersten Tritt auf die Hüftachse von Schüler A und dem zweiten Tritt auf die Schulterachse von Schüler B auf (den Abstieg in umgekehrter Reihenfolge bewältigen).

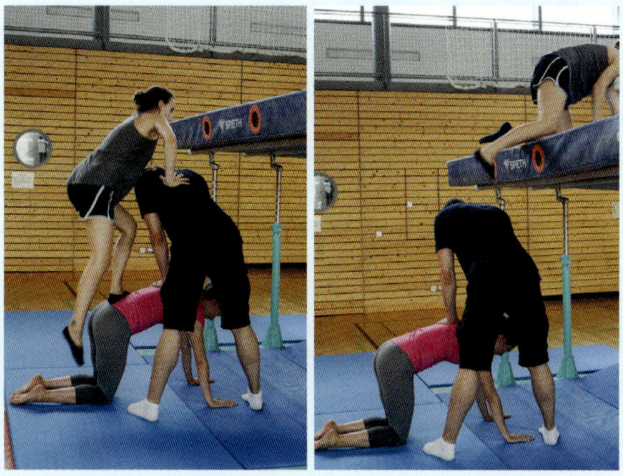

Die Schüler bekommen Zeit eingeräumt, um sich abzusprechen, die Besteigung des *Berge*s, den Aufenthalt auf dem *Gipfel* und auch den Abstieg oder Abgang (Abspringen ist nicht erlaubt) vom *Berg* zu planen und sich als Gruppe zu organisieren.
Schnell wird deutlich, dass einige Schüler ohne die Hilfestellung und Unterstützung der Klassenkameraden die Aufgabe nicht bewältigen können. Der Teamgeist und die Kooperationsbereitschaft sind gefordert. Damit die Schüler die Chance haben, Abläufe zu optimieren und zielführendere Absprachen zu treffen, folgen nach einem ersten Probe-Durchlauf noch weitere Versuche.
Hier bietet es sich an, die benötigte Zeit zu stoppen, um Verbesserungen bzw. auch Verschlechterungen bei der Durchführung zu messen und für die Schüler auch objektiv sichtbar zu machen.

<table>
<tr>
<td>Die Zeitmessung stellt aber keine Wettkampfsituation dar, da nicht gegen eine andere Gruppe angetreten wird. Es geht um die individuelle Verbesserung der gesamten Gruppenleistung.</td>
<td>Für alle vorgegebenen, wie für die selbstergefundenen Auf- und Anstiege gilt
Gegenseitig aufeinander hören
Für sich und für andere Verantwortung übernehmen
Wirbelsäule als Trittbrett aussparen
Sobald ein Partner „STOPP“ ruft, den sofortigen Abbau veranlassen
Beim Auf- und Absteigen am Körper von Partnern die Tritte beibehalten und nicht korrigieren
Nicht vom Körper der Partner abspringen, sondern absteigen
Beim Absteigen nicht auf den Körper des Partners springen, sondern aufgleiten oder aufsteigen
Körperschwerpunkt nah an Partner bringen und nah an/m Partner/n aufsteigen
Hüft- und Schulterachse beim Aufsteigen zügig parallel übereinander stellen
individuelle Fähigkeiten realistisch einschätzen</td>
</tr>
<tr>
<td>Zugspitze überqueren
Bei der nächsten Gruppen-Aufgabe muss die Zugspitze überquert werden.
Für diese Überquerung bekommen die Schüler kleine Turnkästen als Aufstiegshilfe zur Hand. Zur Absicherung liegt eine zweite Weichbodenmatte hinter dem Barren und Turnmatten vor dem Barren.
Bei dieser Gruppenaufgabe ist wieder die ganze Klasse gefordert. Alle Schüler überqueren die Zugspitze nacheinander.
Dazu müssen die Schüler sich wieder abstimmen, eine Reihenfolge festlegen und ausmachen, wer hilft und wem geholfen wird.

Ohne Unterstützung können einige Schüler auch diese Aufgabe nicht meistern, sodass der Hilfe- und Sicherheitsstellung erneut eine große Bedeutung zukommt. Bei dieser Aufgabe ist es auch sinnvoll, nach ein bis zwei Probedurchläufen, weitere Berg-Überquerungen mit Zeitmessung anzuschließen.</td>
<td>Die Holme eines Barrens an der obersten Verankerung einrasten, eine Weichbodenmatte steht quer zwischen den beiden Barrenholmen.

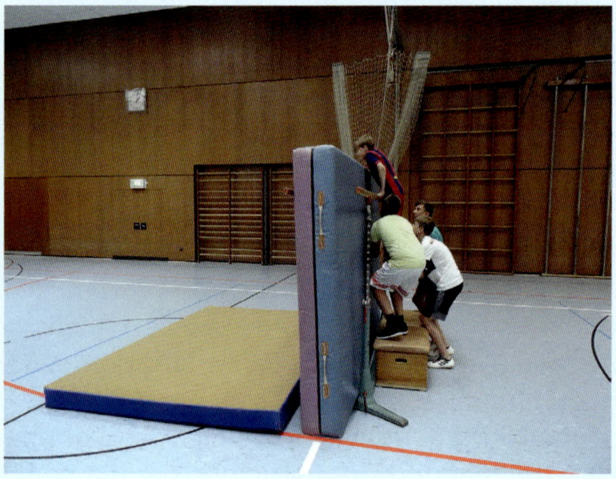</td>
</tr>
</table>

Varianten mit erhöhten Anforderungen
Bei diesem Arrangement kommt der zuverlässigen Unterstützung und Absicherung der Schüler eine noch größere Bedeutung zu.

Hier spielt insbesondere die Hilfe beim Abstieg vom Gipfel eine tragende Rolle, wenn über die Holme an der Matte hinuntergeklettert wird. Der *Berg* muss an der Seite des Aufstiegs und an der Seite des Abstiegs durch Matten und von Schülern, die unterstützend und helfend einwirken, abgesichert sein.

Bei sehr sportiven Klassen kann zusätzlich zu der einen Weichbodenmatte noch eine Niedersprungmatte, die in der Regel dünner sind, hinzugenommen werden. Beide Matten werden jetzt längs aufgestellt, damit sie zusammen zwischen die Holme passen. Auch wenn die Matten bei der Überquerung oben etwas einknicken, liegt die zu überquerende Höhe jetzt bei etwa 3 m.

Matten-Sandwich
Sandwich, die Erste
Alle Schüler stehen eng um den Mattenberg, ein freiwilliger Schüler legt sich auf die obere Matte. Die umstehenden Schüler heben die obere Weichbodenmatte auf das gemeinsame Kommando „1-2-3-auf“ an.
Die Schüler strecken die Arme, je nach Körpergröße so aus, dass die Weichbodenmatte im Gleichgewicht liegt und nicht nach einer Seite kippt.
Die Schüler laufen durch die Halle. Auf das gemeinsame Kommando „und ab“ wird die Weichbodenmatte wieder vorsichtig abgesetzt.
Den Ablauf mit verschiedenen Schülern wiederholen.

Aufbau von zwei Weichbodenmatten, die so übereinander liegen, dass die beiden glatten, weichen Seiten sich berühren.

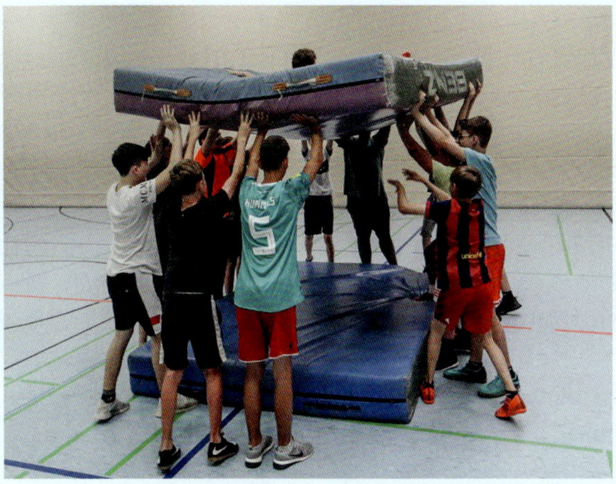

Sandwich, die Zweite
S.o. und auf das Lehrer-Kommando *„1-2-3-ab“* wird die Weichbodenmatte, auf der ein Schüler in Rückenlage liegt, auf die auf dem Boden liegende Weichbodenmatte fallen gelassen.
Wichtig ist hier, dass alle Schüler deckungsgleich um die auf dem Boden liegenden Weichbodenmatte stehen, die Arme weitestgehend getreckt sind und gleichzeitig loslassen.
Den Ablauf mit verschiedenen Schülern wiederholen.

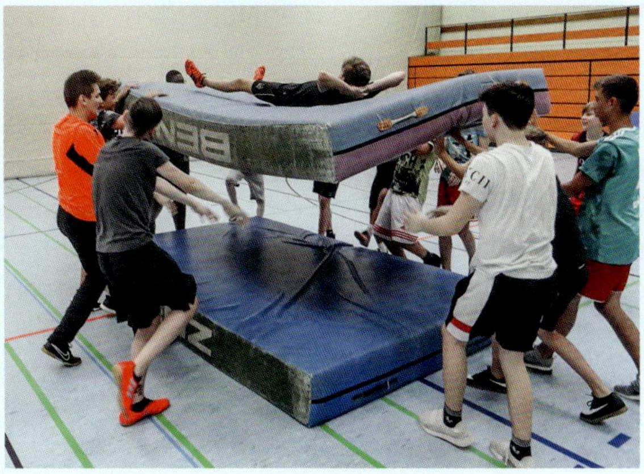

Sandwich, die Dritte
Ein Schüler liegt in Rückenlage auf der oberen Weichbodenmatte, diese wird beim gemeinsamen Kommando „1-2-3-auf“ über die untere Matte angehoben. Ein anderer Schüler legt sich in Rückenlage, mit Blick nach oben und an den Körper angelegten Armen, auf die auf dem Boden liegende Weichbodenmatte. Auf das Kommando „1-2-3-ab“ lassen die Schüler die hochgehobene Weichbodenmatte gleichzeitig los. Der oben liegende Schüler fällt mit seiner Matte auf den unten liegende Schüler.
Dieser liegt für einen kurzen Moment im *Matten-Sandwich* und muss zügig befreit werden.
Dazu klettert der oben liegende Schüler direkt nach dem Aufschlag seiner Matte seitlich herunter und die Schüler heben an einer zuvor festgelegten Seite die Weichbodenmatte an, sodass der dazwischen liegende Schüler heraussteigen kann.
Wird die Matte von allen Schülern gleichzeitig losgelassen, fällt sie mit einem Knallgeräusch auf den unten liegenden Schüler. Dies verstärkt die Herausforderung, da die Übung durch den Knall gefährlich anmutet und ein richtiges Wagnis darstellt, das von vielen Schülern Mut und Überwindung erfordert.
Die Aufgabe ist jedoch völlig ungefährlich, da beim Herabfallen der Weichbodenmatte ein Luftpolster entsteht, das den unten liegenden Schüler für einen Moment umhüllt und es erst zeitverzögert zum Kontakt mit der herabfallenden Matte kommt.

Hinweis:
Die Schüler sollen selbst entscheiden, ob sie sich zutrauen, unten oder oben zu liegen. Durch mutige Vorreiter motiviert, trauen sich im Laufe der Stunde immer mehr Schüler bei dieser Übung mitzumachen. Der Lehrer nimmt während der Durchführung eine wichtige Rolle ein, denn das gleichzeitige Anheben und Loslassen der oberen Weichbodenmatte sowie das Aufstellen der Weichbodenmatte müssen koordiniert und angeleitet werden.

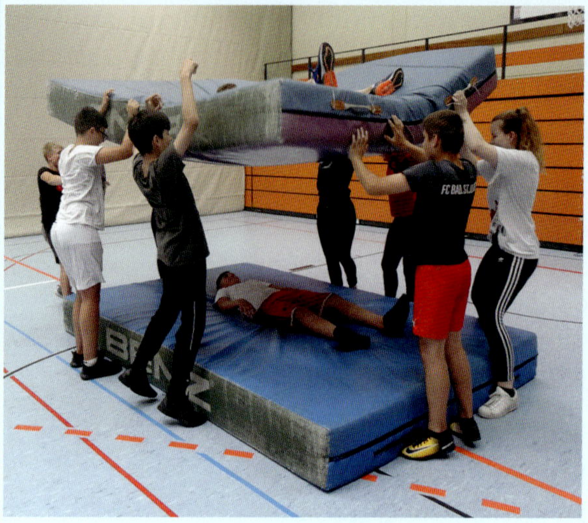

Schlussteil (20 Minuten Wettkampfspiel + 10 Minuten Abbau)	
Einteilung von 4 Mannschaften à ca. 6–7 Schüler durch Abzählen. **Gipfelrekord** Jede Gruppe soll die Aufgabe bewältigen, ein Stück Kreppband möglichst hoch oben an der Hallenwand anzubringen. Jede Gruppe erhält zur Bewältigung der Aufgabe die Möglichkeit, ein Turngerät, das sich bereits in der Halle befindet, zu verwenden. Die Gruppen bekommen 1–2 Minuten Zeit eingeräumt, sich zu beraten. Anschließend hat jede Gruppe zwei Versuche, den Kreppstreifen hoch an der Wand anzubringen. Es ist kreatives Zusammenwirken und geschicktes Auswählen erforderlich, um zu entscheiden, wer welche Position im „Klettergerüst" übernimmt und welches Turngerät verwendet wird. **Reflexion und Abbau** Nach einer kurzen Reflexion über die vorgestellten verschiedenen Ergebnisse räumen die Schüler gemeinsam alle Geräte in den Geräteraum zurück.	Niedersprung- und Weichbodenmatten zur Absicherung an eine Hallenwand legen.

Stundenbild 2: Trainingscamp für Mannschaftsturner

Ort: Sporthalle
Zeit: 4–5 Doppelstunden

Phasen	Fotos, Abbildungen, Geräte- und Materialbedarf
Einstieg (10 Minuten Aufbau + 10 Minuten Erwärmung mit Dehnen)	
Aufbau Nach einem ausgelegten Aufbauplan bauen je drei Schüler eine Station an der durch eine Pylone markierten Stelle auf. **Ausprobieren** Die Schüler probieren anhand ausliegender Beschreibungen **(s. S. 90–93)** die Übungen ihrer Station aus. Der Lehrer gibt erste Hinweise und Korrekturen. **Erwärmung** Die Schüler laufen im Metrum der Musik kreuz und quer durch die Sporthalle und überwinden/überspringen die Hindernisse. Bei Musikstopp führen die Schüler einfache, vom Lehrer angekündigte Zusatzaufgaben aus (Armkreisen vorwärts und rückwärts, Laufen rückwärts, Seitgalopp, weit springen, Froschhüpfen, etc.). **Dehnen** Die Schüler versammeln sich in einem Innenstirnkreis und führen verschiedene Dehnübungen auf ruhige und leise Musik aus. Der Lehrer benennt Körperareale, beginnend bei den Armen gefolgt vom Rumpf und Beinen, die in von den Schülern frei gewählten Übungen gedehnt werden sollen.	Musikanlage, Turnmatten, 1 Barren, 4 Langbänke, 1 großer Turnkasten, 4 Kastendeckel, 6 kleine Turnkästen, 3 Sprungseile, 1 Tennisball, 1 Basketball, 1 Pezziball, 2 Reckstangen oder Hanteln, 1 Reck, 1 Thera-Band, Schaukelringe/Schwungringe, 1 Wackelbrett oder 1 Rollbrett, 1 Koordinationsleiter, Mini-Hürden, Pylonen
Hauptteil (320 Minuten)	
Der Fitness-Zirkel Der Fitness-Zirkel ist so konzipiert, dass an verschiedenen Arealen im Wechsel Kraft-, Koordinations- und Ausdauerübungen angeboten werden. Je 3 Schüler bilden ein Team und fangen in einem der Areale gemeinsam an zu üben. Da individuell trainiert wird, spielt die Zusammensetzung der Teams keine Rolle. Die Kraft- und Koordinationsübungen sind nebeneinander in Kreisform aufgebaut. Die Ausdauerübungen können je nach Hallensituation in einem zweiten Hallendrittel, neben den Stationen oder um die Stationen herum ausgeführt werden.	

Hauptteil (130 Minuten)

Der Wechsel zwischen den verschiedenen Arealen folgt nach folgendem Schema:
- Auf 3 Kraft- bzw. Koordinationsstationen folgt eine Ausdauerstation, dann folgen wieder 3 Kraft- bzw. Koordinationsstationen und wieder eine Ausdauerstation etc.
- Der Wechsel zwischen den einzelnen Kraft- bzw. Koordinationsstationen erfolgt immer nach genau 60 Sekunden.
- Für den Stationswechsel und das Vorbereiten der neuen Station haben die Schüler 30 Sekunden Zeit, dann beginnen sie für weitere 60 Sekunden mit ihrer neuen Übung.
- Die Ausdauerschulung dauert immer genau 240 Sekunden, also genau 4 Minuten.

Die Trainingszeit mit 3 mal 60 Sekunden an den Kraft- und Koordinationsstationen zusammen mit den Wechselpausen à 30 Sekunden dauert damit genauso lang, wie ein Durchlauf im Ausdauerbereich (240 Sekunden) dauert. Die exakte Einhaltung dieser Zeiten, verbunden mit einem zügigen Wechsel, sind für den reibungslosen Ablauf im Stationsbetrieb unverzichtbar.

Der Ablauf für einen Schüler im Überblick:
- • Station 1: Kraft/Koordination (60 Sekunden) => Pause + Wechsel (30 Sekunden)
- – Station 2: Kraft/Koordination (60 Sekunden) => Pause + Wechsel (30 Sekunden)
- • Station 3: Kraft/Koordination (60 Sekunden)

⇨ Ausdauertraining (4 Minuten)

- • Station 4: Kraft/Koordination (60 Sekunden) => Pause + Wechsel (30 Sekunden)
- – Station 5: Kraft/Koordination (60 Sekunden) => Pause + Wechsel (30 Sekunden)
- • Station 6: Kraft/Koordination (60 Sekunden)

⇨ Ausdauertraining (4 Minuten)

- • Station 7: Kraft/Koordination (60 Sekunden) => Pause + Wechsel (30 Sekunden)
- – Station 8: Kraft/Koordination (60 Sekunden) => Pause + Wechsel (30 Sekunden)
- – Station 9: Kraft/Koordination (60 Sekunden

⇨ Ausdauertraining (4 Minuten) ...

Aufbau des Fitness-Zirkels in 1/2 Hallen-Dritteln

KR = Kraft KO = Koordination A = Ausdauer

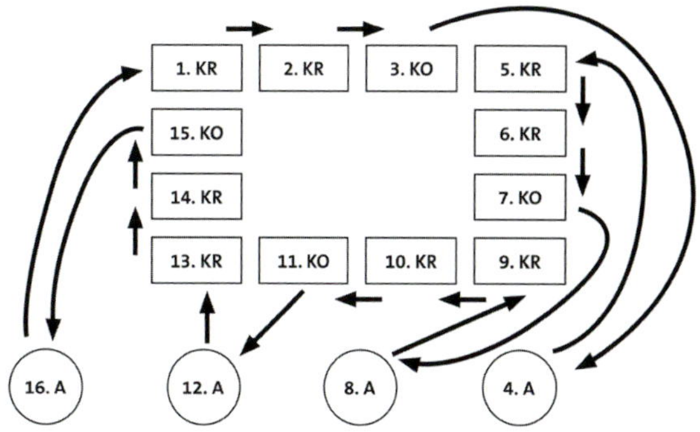

Während an den Stationen immer nur ein Schüler üben kann, absolvieren immer drei Schüler gleichzeitig, wenn auch jeweils um 1 Minute zeitversetzt, ihr vierminütiges Ausdauertraining. Das ist dem Umstand geschuldet, dass ein Schüler nach seiner letzten Stationsübung direkt in das Ausdauertraining einsteigt, während ein anderer Schüler das Ausdauertraining nach seiner vierminütigen Trainingszeit dafür verlässt. Zwei weitere befinden sich schon im Ausdauertraining, diese werden vor dem neuen Schüler zeitversetzt aufhören, um erneut in den Stationsbetrieb zu wechseln.
Kommt es zu Zeitverzögerungen sind die Schüler an den Ausdauerstationen die Leidtragenden, da sich dann die Trainingszeiten verlängern.

Ein zeitlich reibungsloser Wechsel ist garantiert, wenn das Üben auf präparierte Musik-Zeitintervalle ausgeführt wird.
Dazu muss die Musik so geschnitten sein, dass diese 60 Sekunden ertönt und im Wechsel für 30 Sekunden pausiert, anschließend wieder 60 Sekunden läuft, etc. Während der Musikzeit sollen die Schüler versuchen, die komplette Zeit zum Üben zu nutzen. Dazu müssen sie je 60 Sekunden an Kraft-/Koordinationsstationen und 240 Sekunden beim Ausdauerlauf durchhalten.

Abhängig von der Gruppengröße und der Anzahl der Stationen kann der Fitness-Zirkel während einer Doppelstunde zwei- bis dreimal durchlaufen werden. Spürbare Entwicklungspuren zeichnen sich erst nach etwa 3 bis 4 Wochen ab, sodass es wichtig ist, dieses Trainingscamp über mehrere Schulwochen laufen zu lassen.

Vorschläge für einen das Turnen, Turnspiele und Turnwettbewerbe unterstützenden Fitness-Zirkel:

Station 1: Kräftigung der Rückenmuskulatur
Im Barren/Reck mit oder ohne Hilfe (kleiner Turnkasten) mehrfach in den Stütz stemmen und Position halten.

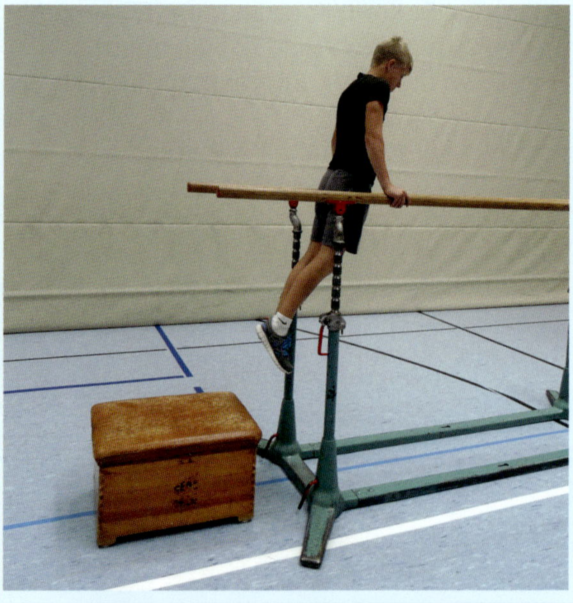

Varianten
- Im Barren/Reck mit oder ohne Hilfe (kleiner Turnkasten) mehrfach in den Stütz stemmen abspringen und von vorn starten
- Im Stütz am Reck/Barren nach rechts oder links, vorwärts oder rückwärts stützeln
- Stemmen in den Stütz am Reck und Hüftabzug zurück in die Ausgangsposition und wieder von vorn starten

Station 2: Kräftigung der Brustmuskulatur (Überzüge)
Mit dem Rücken auf einem kleinen Turnkasten liegend eine Reckstange/Hantel o.ä. mit gestreckten Armen von der Brust über den Kopf führen.

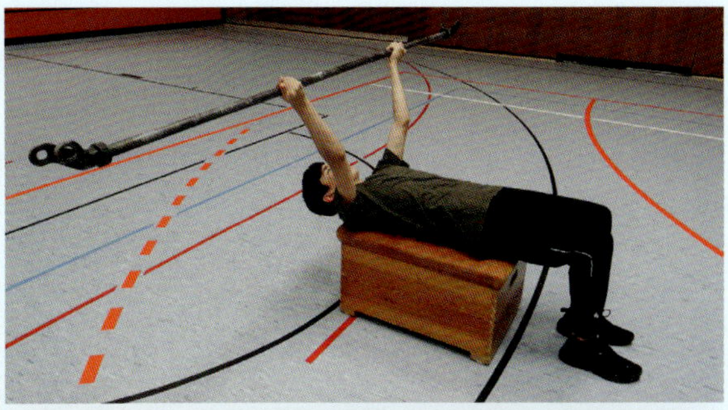

Station 3: Bizepskräftigung
Mit einer Reckstange, mit Kurzhanteln mit verschiedenen Gewichten oder einem mit dem Fuß gehaltenen Thera-Band Bizeps-Curls durchführen.

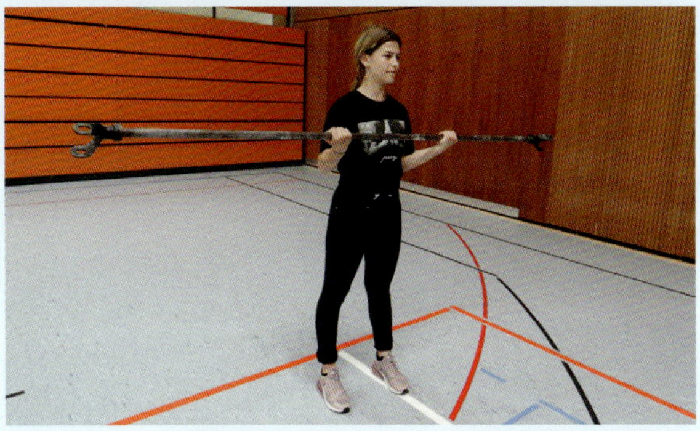

Ausdauerstation I: Joggingrunde
Lockerer 4-Minutenlauf ohne Pause um markiertes Feld.

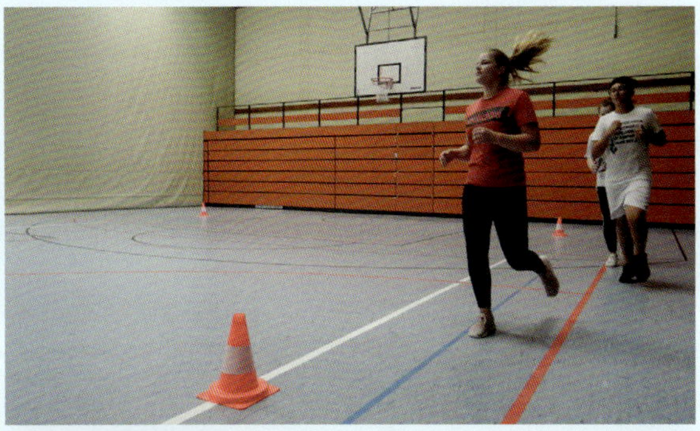

Station 4: Kräftigung von Rückenmuskulatur & Bizepskräftigung
Mit und ohne unterstützende Hilfe (von kleinem Turnkasten abdrücken/abspringen) und Klimmzüge am Reck ausführen.

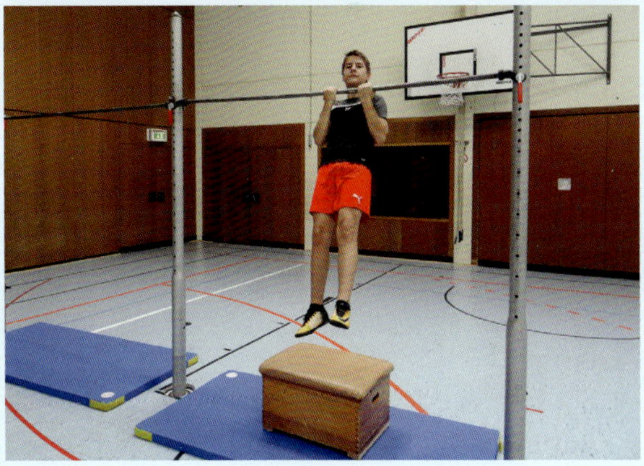

Varianten
- An weit herabgelassenen Schaukelringen in schräger Körperlage (der Winkel bestimmt den Schwierigkeitsgrad), mit Körperspannung und mit gestreckten Armen an den Ringen hochziehen
- Hängen und Klimmzug im Wechsel ausführen
- Nach rechts oder links hangeln und Klimmzug im Wechsel ausführen

Station 5: Kräftigung der Bauchmuskulatur
Die Beine sind im rechten Winkel auf einem kleinen Turnkasten abgelegen. Auf dem Rücken auf einer Turnmatte liegend, den Oberkörper anheben und wieder ablegen, ohne dabei zu pausieren.

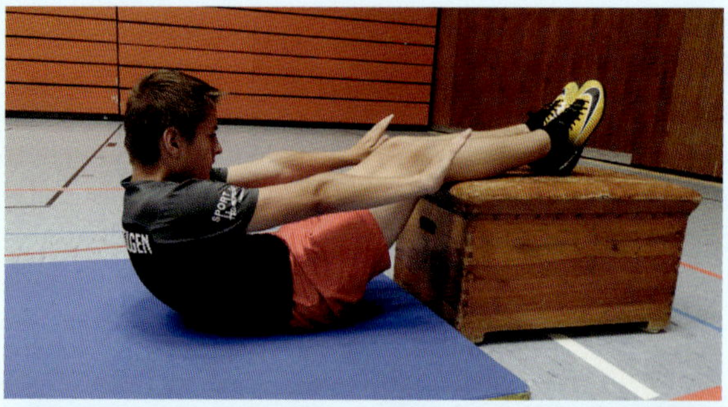

Station 6: Kräftigung der Bein- und Pomuskulatur
Beidbeiniger Auf- und Absprung aus der tiefen Hocke. Zur Differenzierung der Absprunghöhe können hier ein kleiner Turnkasten, ein Kastendeckel, eine Langbank oder ein großer 3-teiliger Turnkasten bereitgestellt werden.

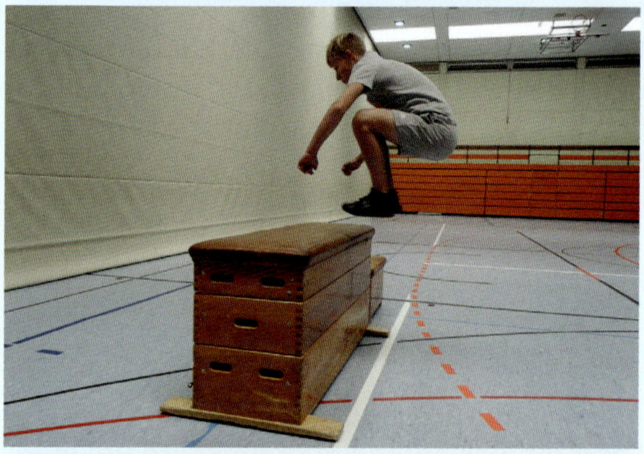

Ausdauerstation II: Ausdauer-Koordinations-Parcours
Lockerer 4-Minutenlauf, bei dem bei jeder Runde zusätzlich durch eine Koordinationsleiter und über eine Reihe aufgestellter Mini-Hürden (Rhythmisierung) gesprungen wird.

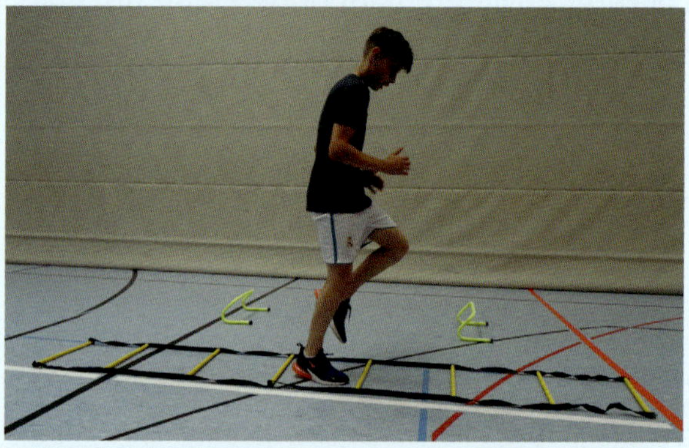

Station 7: Kräftigung der Rückenmuskulatur
Längs auf dem Bauch auf einem Turnkastendeckel liegend, die gestreckten Beine und Arme für einige Sekunden anheben und langsam wieder absenken. Der Kopf bleibt dabei mit Blick zum Boden in der Verlängerung der Wirbelsäule gehalten.

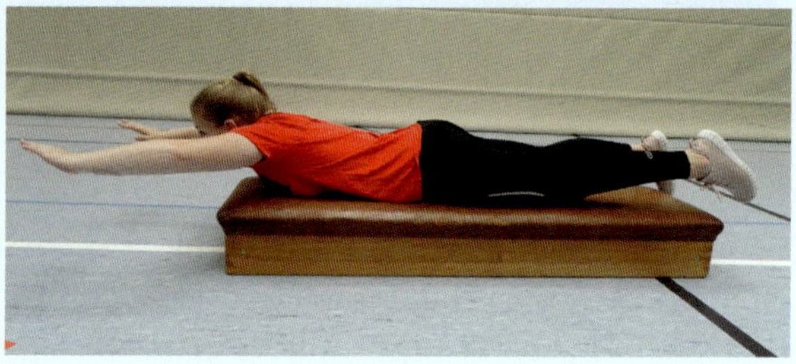

Variante
- Ständig wiederholende Zappelhandstände auf dem Kastenoberteil ausführen

Station 8: Kombiübung für Trizepskräftigung und Brustmuskulatur
Über eine Langbank als Auflage für die Arme auf dem Boden oder an niedrig positionierten Reckstangen Liegestütze ausführen.

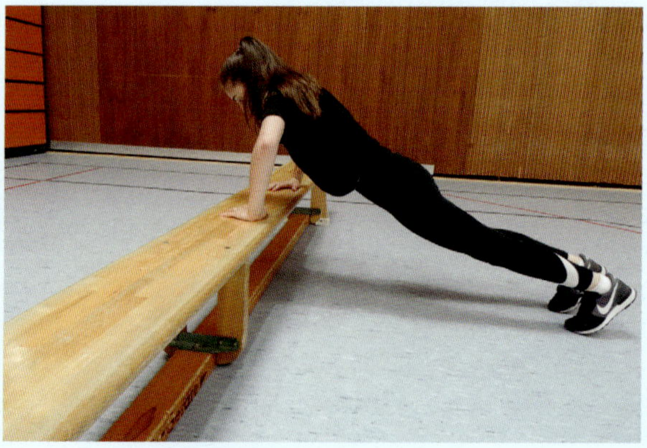

Varianten
- Erleichterung: die Übung in kniender Position ausführen
- Steigerung: die Beine auf die Langbank auflegen
- Ständig wiederholendes Überradeln der Langbank von der einen zur anderen Seite mit festem Handaufsatz

Station 9: Kräftigung der Bein- und Pomuskulatur
In Rückenlage auf einer Turnmatte liegend, wird ein mit Gewichten gefüllter, umgedrehter kleiner Turnkasten auf einer in die Sprossenwand eingehängte Langbank langsam nach oben geschoben und dann langsam wieder nach unten abgelassen.
In der Ausgangsposition sind die Knie mindestens im rechten Winkel angewinkelt, am Ende der Ausführung sind die Beine völlig gestreckt.

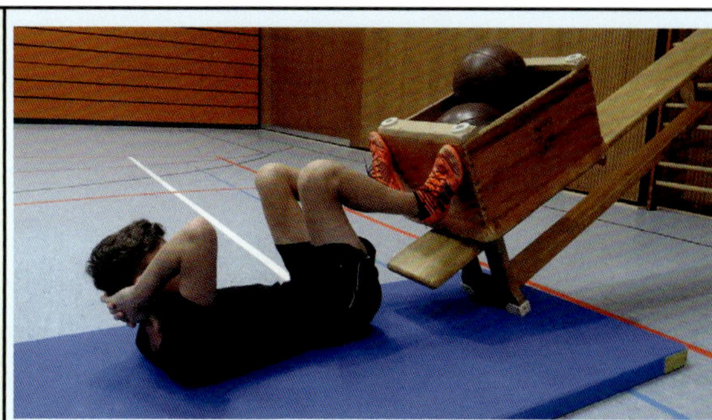

Variante zur Steigerung

- die Langbank an höheren Sprossen der Sprossenwand einhängen, sodass ein steilerer Winkel die Übung erschwert
- weitere Gewichte in den kleinen Turnkasten füllen

Ausdauerstation III: Seilspringen
Ziel: sollte es sein, Seil zu springen in langsamem Tempo und ohne Unterbrechung.
Bei dieser anstrengenden Station sind auch Pausen zur Regeneration erlaubt.

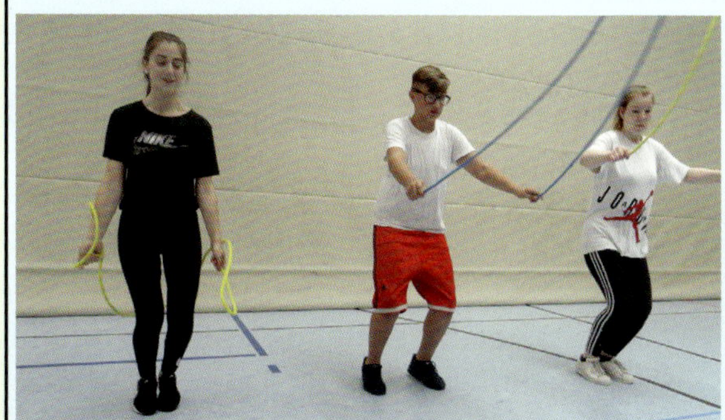

Station 10: Koordinationsübung 1 (Gleichgewicht)
Aus der Hocke auf die schmale Fläche einer umgedrehten Langbank springen. Auf der Langbank einen Sprung in die Höhe ausführen. Nach der Landung von der Langbank absteigen und von vorne beginnen.

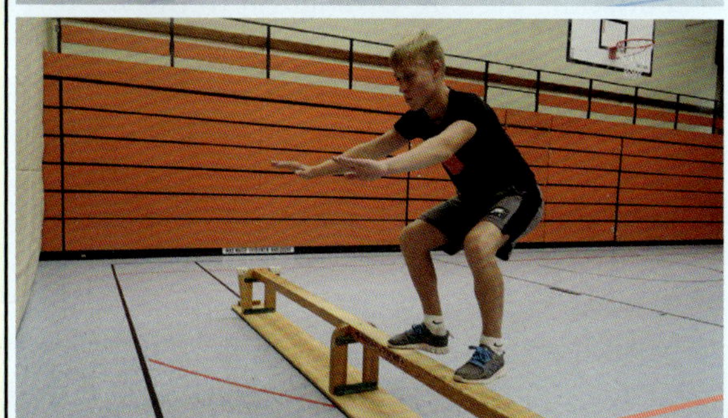

Station 11: Koordinationsübung 2 (Differenzierungsfähigkeit)
Mit stark angewinkelten Beinen in Rückenlage nahe an der Wand liegen. Die Füße zeigen zur Wand. Einen Ball (Pezziball, Basketball, etc.) mit den Füßen an der Wand hoch- und wieder herabrollen.

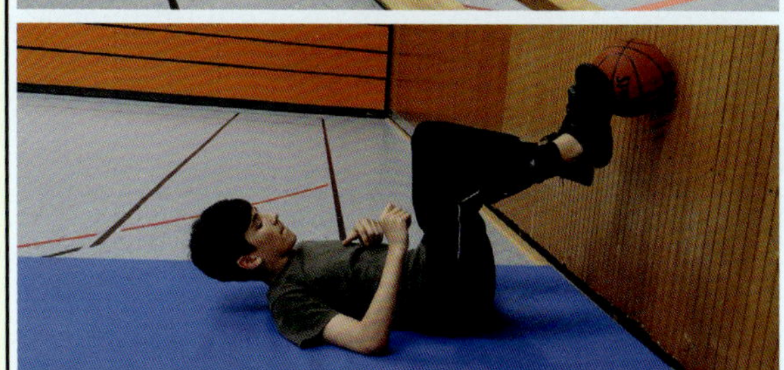

Station 12: Koordinationsübung 3 (Gleichgewicht und Differenzierungsfähigkeit)
Mit einem Bein auf einem Wackelbrett stehend wird ein Tennisball mit einer Hand hochgeworfen und wieder aufgefangen.
Alternativ kann diese Übung auch auf einem Rollbrett durchgeführt werden.

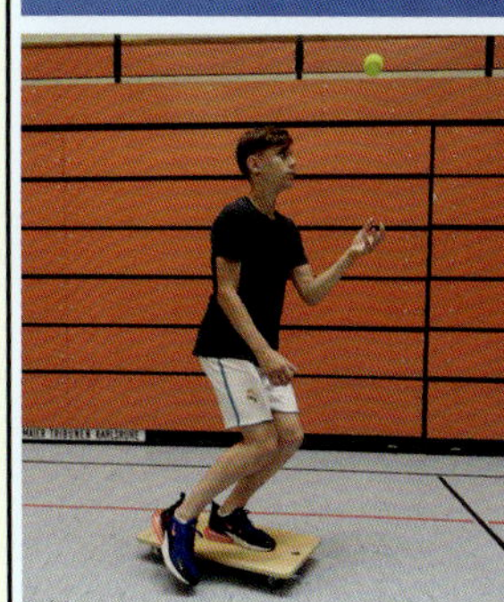

„Ausdauerstation IV": Chillout-Zone
Nach drei Ausdauerstationen und insgesamt 12 Kraft- und Koordinationsübungen dürfen die Schüler sich auf den Turnmatten in der Chillout-Zone regenerieren. So wird eine Erholungspause eingelegt, bevor der zweite Durchgang beginnt.
In diesem Parcours können sich 24 Schüler gleichzeitig betätigen.
Jeweils 3 Schüler befinden sich in einer der 4 Ausdauerstationen und 12 Schüler trainieren an den Kraft- bzw. Koordinationsstationen.

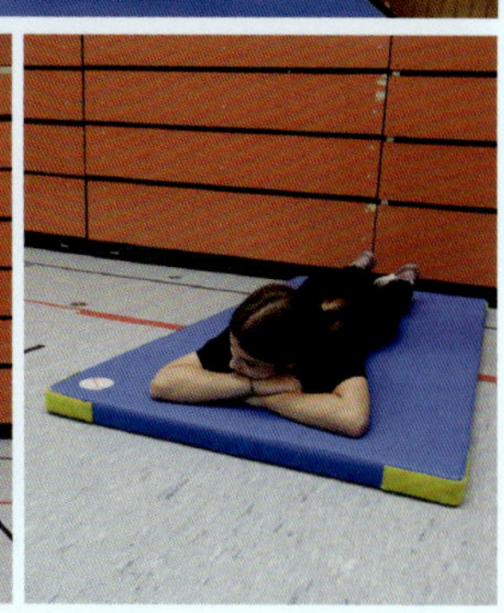

Schlussteil (10 Minuten Abbau + 10 Minuten Entspannung mit Musik)	
Um- und Abbau Bis auf die Turnmatten werden sämtliche Geräte und Materialien aufgeräumt. Es bietet sich an, dass diejenigen Schüler, deren letzte Station eine Kraftstation war, diese gemeinsam abbauen. Die Schüler aus den Ausdauerstationen bauen ihre Station ab, etc. Anschließend werden die Turnmatten gemeinsam in der Halle verteilt. **Entspannung** Zur Entspannung teilen sich immer zwei Schüler eine Matte. In Rücklage werden die Augen geschlossen, im Hintergrund läuft ruhige Musik. Der Lehrer leitet Atem- und Entspannungsübungen an: – Legt eure Hände auf die Brust und spürt eurer Atmung nach. – Legt die Hände auf den Bauch und spürt hier eurer Atmung nach. – Atmet bewusst durch die Nase ein, atmet durch den leicht geöffneten Mund aus. – Führt ein Knie mit beiden Händen zum Brustkorb, haltet es bei der Dehnung fest und atmet ruhig und gleichmäßig ein und aus. – Führt die gleiche Übung mit dem zweiten Knie durch. Achtet dabei auf eure Atmung. – Winkelt die Beine leicht an, umfasst eure Hände vor der Brust und streckt nun die Arme bis hinter den Kopf. Führt sie nach kurzer Pause wieder langsam zum Brustkorb zurück. Atmet dabei ruhig und gleichmäßig ein und wieder aus. – Streckt eure Arme und Beine und spannt euren Körper an. Bleibt einen Moment in dieser Streckung, dann entspannt ihr euch und atmet abschließend einmal ganz tief ein und wieder aus. Nach der Entspannungsphase räumen die Schüler ihre Matten ab.	

Stundenbild 3: Turnspiele

Ort: Sporthalle
Zeit: 1–2 Doppelstunden

<table>
<tr><th>Phasen</th><th>Fotos, Abbildungen, Geräte- und Materialbedarf</th></tr>
<tr><td colspan="2">Einstieg (5 Minuten Aufbau + 10 Minuten Erwärmung)</td></tr>
<tr><td>Voraufbau
Zusammen mit dem Lehrer werden die Turngeräte aus dem Geräteraum geräumt. Die Geräte werden in Kreisform mit ca. 2 m Abstand zur Wand beliebig in der kompletten Halle aufgebaut.
Hinter Barren, Trapez, Tauen und Kästen befinden sich Niedersprung- und Turnmatten zur Absicherung. Der Innenraum oder der Rand der Halle bleibt frei. Hier legt der Lehrer in einem großen Kreis für jeden Schüler einen Gymnastikreifen aus.

Erwärmung
Rechts – Links – Geht ab!
Die Schüler stehen im Innenstirnkreis in jeweils einem Gymnastikreifen. Der Lehrer steht in der Mitte des Kreises und gibt die auszuführenden Befehle vor:
Rechts = alle Schüler wechseln gleichzeitig in den rechten Reifen.
Links = alle Schüler wechseln gleichzeitig in den linken Reifen.
Geht ab! = in einen beliebigen Gymnastikreifen wechseln, während in die Reifen rechts und links der Schüler nicht gewechselt werden darf.
Bei Geht ab werden schrittweise zusätzliche Befehle hinzugezogen. Die Befehle müssen vor dem Wechsel in die Gymnastikreifen ausgeführt werden:
– Geht ab und berührt eine Wand!
– Geht ab und überspringt eine Matte!
– Geht ab und überwindet ein Hindernis!
– Geht ab und führt eine Rolle vorwärts aus!
– Geht ab und balanciert über eine Langbank!
– Geht ab und schwingt einmal am Trapez!
– Geht ab und führt einen Zappelhandstand aus!
– Geht ab und führt 3 Froschhüpfer aus!
– Geht ab und führt eine Kerze aus!
– Geht ab und stützelt am Barren!

Sobald das Platzwechselspiel funktioniert, spielt der Lehrer beim Befehl Geht ab! mit, indem er versucht, beim Wechsel selbst in einen Gymnastikreifen steigen. Der Schüler, der keinen Gymnastikreifen erwischt, wird zum Spielleiter und gibt den nächsten Befehl aus. Sobald der spielleitende Schüler wieder einen Gymnastikreifen erobert hat, wird der nächste Schüler ohne Gymnastikreifen zum Befehlsgeber.</td>
<td>Turnkästen (klein und groß),
4 Langbänke,
Turnmatten,
2 Niedersprungmatten,
2 Barren,
2 Weichbodenmatten,
Schwungringe mit Trapez,
Klettertaue,
Gymnastikreifen in Anzahl der Schüler,
Tennisringe,
2 Pylonen,
1 Hand- oder Basketball,
Softbälle

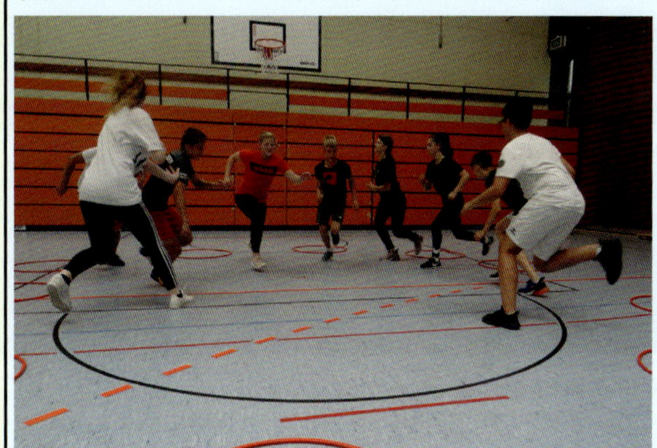</td></tr>
</table>

Hauptteil (60 Minuten)

Umbau
Die Schüler bauen die Geräte am Hallenrand so um, dass ein in Kreisform angeordneter Hindernisparcours entsteht, der in einem Lauf überwunden werden kann.
Die Anordnung der Geräte ist beliebig.
Achtung: Sinnvoll ist es, dass sich Sprungstationen (Kästen), mit Schwungstationen (Trapez, Taue) und Stütz-/Stützel-Stationen (Barren) abwechseln.
Alle Geräte werden in den Landezonen mit den passenden Matten (Niedersprungmatten) abgesichert.
Im Halleninneren wird ein großes Quadrat aus 4 Langbänken aufgebaut.

Einteilung von 2 Mannschaften
Die Klasse wird in zwei Mannschaften (Team A und Team B), die gegeneinander spielen, eingeteilt.

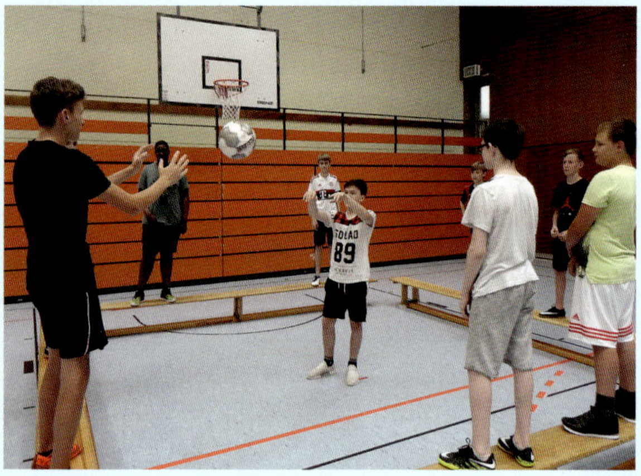

Rock around the clock
Team A (Läufermannschaft) muss den Hindernisparcours durchlaufen und dabei alle Hindernisse überwinden. Die Schüler stehen dazu am Start des Parcours in einer Schlange hintereinander. Es läuft immer nur ein Schüler. Der nächste Läufer startet, wenn er wie bei einem Staffellauf vom Vorgänger abgeschlagen wurde. Wer den Parcours bereits durchlaufen hat, setzt sich am Ende der Team-Schlange hin.

Team B (Werfermannschaft) stellt eine Uhr dar. Bis auf einen Schüler in der Mitte, stehen alle Schüler mit dem Gesicht nach innen, in etwa gleichem Abstand auf den Langbänken. Der Schüler in der Mitte wirft einem beliebigen Schüler aus seinem Team auf der Langbank einen Ball zu. Der Schüler passt den Ball wieder zurück. Dann läuft die *Uhr*, indem der Ball im Uhrzeigersinn jedem Schüler auf den Bänken nacheinander zugeworfen und wieder zurück geworfen wird. Kann ein Ball nicht gefangen werden oder wird die Balance auf der Langbank nicht gehalten, kostet das Zurückholen, das den Stand auf der Langbank Ausbalancieren und das Zurückwerfen des Balles Zeit, die der gegnerischen Mannschaft zugutekommt.
Ist der Ball wieder beim ersten Schüler angelangt, ruft Team B gemeinsam „eine Stunde". Das bedeutet, dass die *Uhr* jetzt eine Stunde geschlagen hat, die zweite, dritte, vierte ... Stunden folgen.

Pro vollendeter Runde wechselt der nächste Schüler der Reihenfolge in die Mitte und wird zum *wandernden Uhrzeiger* (Werfer in der Mitte).

Sobald jeder Schüler aus Team A den Parcours einmal durchlaufen hat, stoppt die Uhr und die Zeit wird festgestellt. Stoppt die Uhr nicht bei einer vollen Stunde, zählt jeder erreichte Schüler eine Minute.
Team A und Team B wechseln ihre Rollen, sodass jetzt Team B die Läufermannschaft und Team A die Werfermannschaft bilden.
Gewonnen hat die Mannschaft, bei der die Uhr mehr Stunden und ggf. noch mehr Minuten gelaufen ist.

Varianten

- Es startet ein zweiter Durchgang, mit umgedrehten Bänken, sodass das Gleichgewichthalten und Ausbalancieren auf der Schmalseite der Langbänke eine anspruchsvollere Herausforderung für die Gleichgewichtsschulung darstellt.
- Es startet ein weiterer Durchgang nach beliebiger Eingabe der Schüler für die Geräteanordnung im Parcours.
- Es startet ein weiterer Durchgang mit Sitz der Werfermannschaft auf den Langbänken. Die Schüler fangen den Ball im Sitzen, springen über die Langbank hin und zurück, setzen sich wieder ab und werfen den Ball anschließend erst zurück.

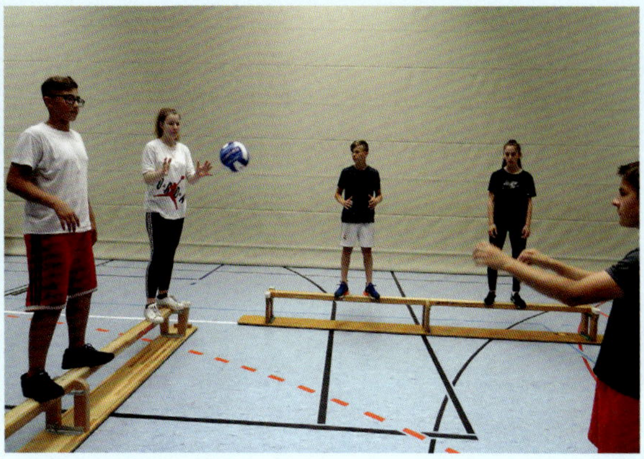

Umbau

Die Schüler räumen bis auf das Trapez, 2 Langbänke, 2 kleine Turnkästen, 3–4 Turnmatten, 1 Weichboden- und eine Niedersprungmatte, alle Geräte auf.
Zwei große Turnkästen werden später noch gebraucht, sie werden am Hallenrand abgestellt.
Entlang des Schwungbereiches des Trapezes, in einem Abstand von etwa 8 m, werden die beiden Langbänke in Längsrichtung aufgestellt und umgedreht.
Die Innenseite der Langbänke bildet ein Balldepot, in dem kleine Softbälle deponiert werden.
Für den Start am Trapez wird ein kleiner Turnkasten benötigt. Zielpunkt bildet in ca. 3–4 m Entfernung ein kleiner Turnkasten. Dazwischen liegen 3–4 Turnmatten zur Absicherung. Direkt hinter dem Ziel-Turnkasten steht eine auf der Längsseite aufgestellte Weichbodenmatte, die von den Mitspielern der Läufer-Mannschaft festgehalten wird. Eine Niedersprungmatte liegt auf dem Boden und sichert das Überwinden ab.

Mission possible
Gespielt wird auf Zeit.
Team A ist die Werfer-Mannschaft, rüstet sich mit Softbällen aus und steht hinter den Langbänken. Ein Schüler aus Team B steht bei Spielbeginn auf dem Start-Kasten, etwa 6–8 Mitspieler stehen dahinter. Zwei Schüler aus dem B-Team halten die am Zielkasten zu überwindende Weichbodenmatte fest. Die restlichen Schüler stehen ebenfalls nahe der Weichbodenmatte. Sie sind zunächst Helfer, die dem Läufer beim Überqueren der Matte helfen.
Die Mission lautet: *Schwinge dich über den Fluss, überquere die Grenzmauer und hole den geraubten Schatz (Tennisring) zurück.*

Wird ein Schüler beim Schwingen abgeworfen, wird er zum Helfer, ein anderer Schüler begibt sich zum Startpunkt und versucht, die Mission zu erfüllen.
Damit alle Schüler zum Missions-Einsatz kommen, ist es sinnvoll, die Schüler eines Teams durchzunummerieren.
Wird der zweite Turnkasten erreicht, muss die Weichbodenmatte überklettert werden. Hierbei helfen alle Schüler des Teams mit.
Die Mission der Läufer-Mannschaft ist erfüllt, wenn ein Schatz (Tennisring) zum Startkasten gebracht wurde.
Der nächste Schüler startet, sobald der Tennisring am Startkasten abgelegt oder der Schüler abgeworfen wurde.
Nach 5 Minuten wird gewechselt. Nun soll Team A die Mission erfüllen.
Gewonnen hat das Team, das am Ende eine größere Anzahl an geraubten Schätzen (Tennisringe) erobert hat.
Weitere Durchgänge können folgen.

Umbau
Für das Abschlussspiel werden 2 Kästen und 2 Pylonen benötigt, alle anderen Geräte werden aufgeräumt.

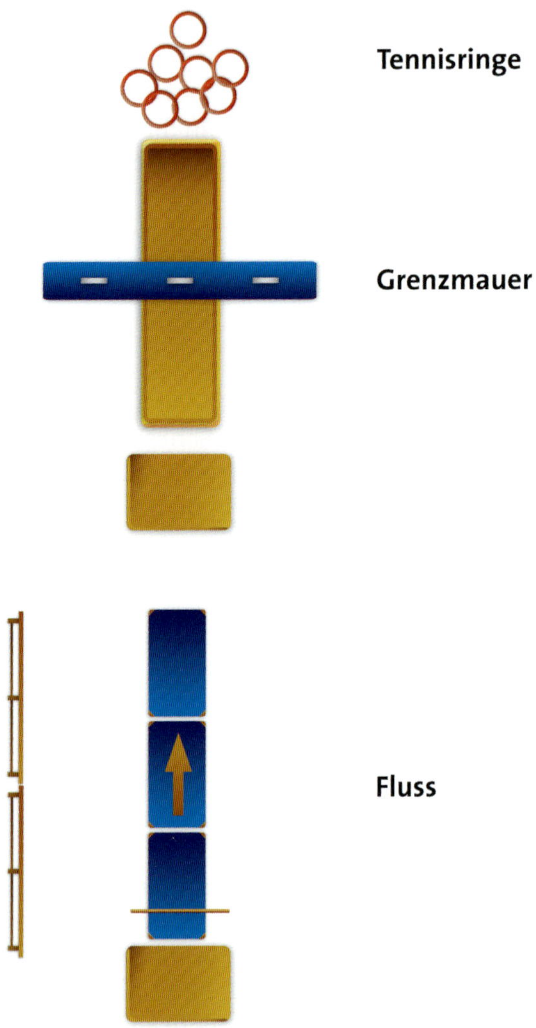

Schlussteil (10 Minuten + 5 Minuten Abbau)

Turnkastenstaffel II
Die Turnkastenstaffel II ist die Erweiterung der im Kapitel *Turngeräte-Checker* beschriebenen Version.
Die beiden Teams stehen jeweils hinter einer Pylone, zwei Turnkästen stehen in ungefähr 15 m Entfernung zur jeweiligen Pylone.
In jedem Turnkasten sitzen zwei Schüler, mit dem Kastendeckel wird der Turnkasten verschlossen.
Pendelstaffel: Auf ein Signal starten je zwei Schüler der beiden Teams und laufen zu ihrem jeweiligen Turnkasten. Sie heben den Kastendeckel ab und legen ihn neben dem Turnkasten ab. Die im Turnkasten *Gefangenen* klettern aus diesem heraus, die Läufer klettern in den Turnkasten und setzen sich im Turnkasten ab. Die beiden *Befreiten* verschließen den Turnkasten wieder mit dem Kastendeckel und laufen zu ihrem Team zurück. Die nächsten beiden Läufer starten durch ein Wechselritual (Abklatschen, Anschieben, etc.) und laufen zum Turnkasten, befreien die Schüler im Turnkasten, steigen in den Turnkasten, etc.
Nach einem Probelauf wird den Teams eine Minute Zeit für Absprachen eingeräumt, bevor das Spiel startet.
Das Spiel endet, sobald ein Team 10 (11, 12, 13, etc.) Paare aus dem Turnkasten befreit hat. Jedes Paar sollte mindestens einmal gelaufen sein und einmal im Turnkasten gesessen haben.

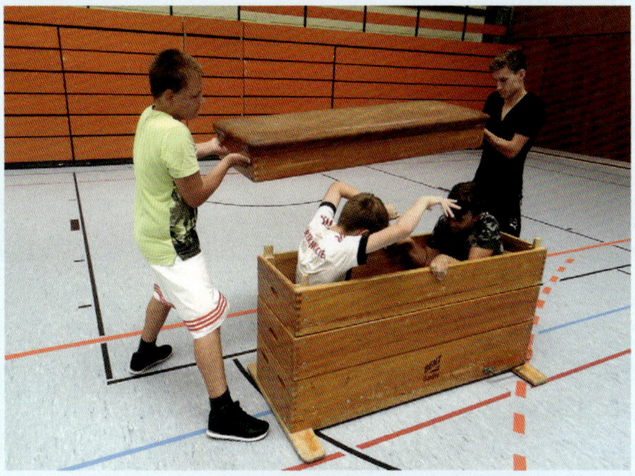

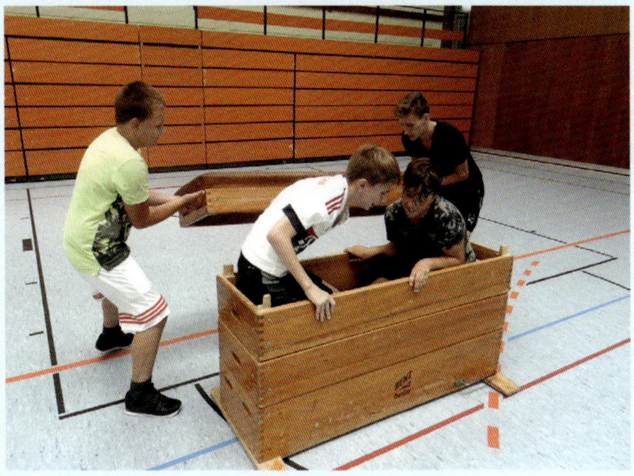

Abbau
Nachdem das letzte Paar aus dem Turnkasten befreit wurde, werden die Sieger geehrt, eventuell noch die jeweilige Taktik der Teams besprochen und bewertet. Anschließend werden die beiden Kästen und die Pylonen von den Schülern aufgeräumt.

Stundenbild 4: Turnwettbewerbe

Ort: Sporthalle
Zeit: 2 Doppelstunden

<table>
<tr><th>Phasen</th><th>Fotos, Abbildungen, Geräte- und Materialbedarf</th></tr>
<tr><td colspan="2">Einstieg (10 Minuten Aufbau + 10 Minuten Erwärmung)</td></tr>
<tr><td>Aufbau
Schnell umgezogene Schüler bauen zusammen mit dem Lehrer nach einem Aufbauplan und mit Hilfe von Stationskarten die Turnstationen auf.
Dazu müssen u.a. auch schwierigere Geräte wie Schwungringe herabgelassen und ein Trapez angebracht, die Sprossenwand ausgeklappt, die Klettertaue ausgefahren und ein Reck mit einem etwas höheren und einem niedrigeren Holm aufgebaut werden.
Immer 3–4 Schüler sind für eine ihnen zugewiesene Station verantwortlich.
Alle Stationen sind mit Niedersprungmatten, Weichbodenmatten und Turnmatten abzusichern.

Explorieren
Die Schüler explorieren unter Einhaltung von Sicherheitsregeln an den verschiedenen Stationen.
Für das freie Explorieren an den Geräten gelten folgende Regeln:
– An jedem Gerät turnt nur ein Schüler.
– Überschlagbewegungen sind nicht erlaubt.
– Übende Schüler werden nicht von den anderen Schülern gestört oder abgelenkt.
– Vor dem Wechsel zu einer nächsten Station wird der Ausgangszustand wieder hergestellt.
– Mutig sein ist gut, sich überfordern bzw. überschätzen nicht.
– Die geturnten Übungen sollen einfach gelingen und sich zum Warm-Up eignen.

Erwärmung
Lauf- und Turnparcours
Auf die Spielfeld-Linien in der Sporthalle werden an einigen Kreuzungspunkten Pfeile und Karten mit Laufanweisungen und Turnübungen ausgelegt. Zur Motivation und Anpassung des Lauftempos läuft Musik.
Die Schüler starten auf einer beliebigen Linie und bewegen sich auf der Linie mit lockerem Lauftempo fort. Turnstationen auf den Linien sollen in beliebiger Richtung überwunden werden.
An den Kreuzungspunkten biegen die Schüler ab, liegt dort eine Karte mit Turnübungen aus, führen sie die beschriebene Turnübung an der dazugehörigen Station oder die Laufbewegung aus. Ist die Turnübung absolviert oder die nächste Kreuzung erreicht, laufen sie locker weiter bzw. befolgen die Turnanweisungen auf der nächsten Karte.</td><td>Musikanlage,
Stationskarten (anhängen),
Lauf- und Turnkarten,
1 Barren,
1 Reck,
Turnkästen (klein und groß),
1 Sprossenwand,
1 Mini-Trampolin,
Klettertaue,
Schwungringe mit Trapez,
Niedersprungmatten,
Weichbodenmatten,
Turnmatten,
Langbänke,
Basketball,
Tennisringe,
Pylonen</td></tr>
</table>

Beispiele für Laufbewegungen und Turnübungen:
- Lauft im Hopserlauf
- Lauft mit Armkreisen vorwärts/rückwärts
- Lauft im Seitgalopp
- Geht in großen Schritten und mobilisiert dabei eure Arme
- Lauft im Kniehebelauf
- Führt 10 Präzisionslandungen auf der Langbank aus
- Überradelt eine Langbank
- Führt vom einen Ende einer Langbank bis zum anderen Ende Hockwendesprünge aus
- Macht 10 Liegestützen am niedrigen Reck
- Stützelt euch einmal durch den Barren
- Hängt euch für ca. 20 Sekunden in die Sprossenwand und hebt dabei die Beine an
- Springt am höheren Reck in den Stütz und haltet die Position für ca. 15 Sekunden
- Überspringt den Turnkasten mit einer Hockwende
- Probiert 3–4 längere Zappelhandstände auf einer Linie aus
- Führt 2–3 Rollen vorwärts auf einer Matte aus

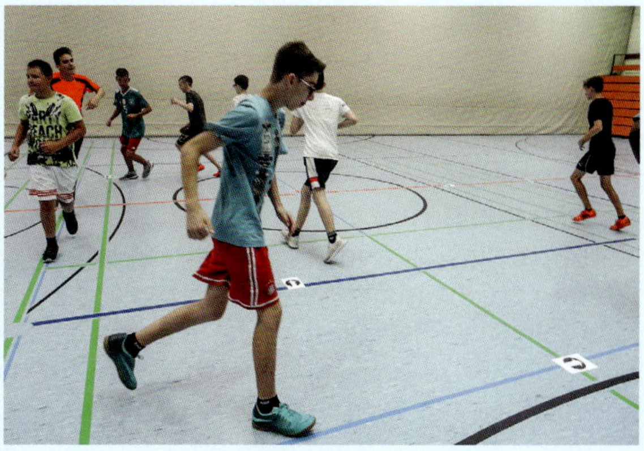

Hauptteil (60 Minuten)

Turnwettbewerb
Schlag das gegnerische Team

Für den Turnwettbewerb werden zwei möglichst gleichstarke Teams gebildet. Dafür bieten sich folgende zwei Möglichkeiten an:
1. Der Lehrer teilt aufgrund seiner Kenntnisse über den Leistungsstand der Schüler diese in gleichstarke Teams ein. Wichtig: Die Einteilung wird im Vorfeld vorgenommen und erfolgt nicht spontan!
2. Zwei gute Turner werden zu Riegenleitern und verteilen die Schüler in zwei Teams. Die Zuteilung wird unter Ausschluss der Klasse vorgenommen. Den Mitschülern wird dann nur das Ergebnis mitgeteilt.

Der Turnwettbewerb wird nach dem aus der Sendung *Schlag den Raab* bekannten Zählmodus gespielt:
Für das erste Spiel gibt es einen Punkt, für das zweite Spiel zwei Punkte, für das dritte Spiel drei Punkte usw. In jedem Spiel gibt es einen Punkt mehr als im vorhergegangenen Spiel.
Insgesamt werden 120 Punkte vergeben. Gewonnen hat das Team, das sich zuerst mehr als 60 Punkte erturnt hat.
In zwei Doppelstunden können maximal 15 Turnwettbewerbe ausgetragen werden.
Die Turnwettbewerbe der ersten Doppelstunde werden vom Lehrer ausgewählt. In der ersten Doppelstunde kann noch kein Gewinner ermittelt werden. Sind 7 oder 8 Spiele gespielt, so kann selbst ein Team, das alle Spiele gewonnen hat, nur 28 oder 36 Punkte auf seinem Konto verbuchen.

Abgebildet (grün markiert) sind hier 32 erreichte Punkte

1	2	3	4	5	6	7	8	9	10	11	12	13	14	15
16	17	18	19	20	21	22	23	24	25	26	27	28	29	30
31	32	33	34	35	36	37	38	39	40	41	42	43	44	45
46	47	48	49	50	51	52	53	54	55	56	57	58	59	60
61	62	63	64	65	66	67	68	69	70	71	72	73	74	75
76	77	78	79	80	81	82	83	84	85	86	87	88	89	90
91	92	93	94	95	96	97	98	99	100	101	102	103	104	105
106	107	108	109	110	111	112	113	114	115	116	117	118	119	120

Für die zweite Doppelstunde muss sich jedes Schüler-Team ein Turnspiel ausdenken, von dem es glaubt, besser als das gegnerische Team zu sein. Da es für das zuerst stattfindende Spiel einen Punkt weniger gibt, startet am zweiten Turniertag das Team, das die meisten Punkte am ersten Turniertag erspielt hat, mit seinem ausgewählten Spiel.
Um den Spielstand zu visualisieren, wird für jedes Team ein DIN A3-Plakat, auf dem ein Rechteck mit 120 Kästchen (8 Reihen mit jeweils 15 Kästchen) aufgedruckt ist, gut sichtbar an der Hallenwand befestigt. Die vierte Reihe, die mit dem 60. Kästchen endet, ist fett unterstrichen. Nach jedem Spiel malt das Sieger-Team für die gewonnenen Punkte die entsprechende Anzahl an Kästchen farbig aus. Sobald mehr als die Hälfte aller Kästchen ausgemalt sind, also die 60-Punktemarke überschritten wurde, ist das Spiel gewonnen und das Siegerteam des Turnwettbewerbs steht fest.

Hinweis

- Die Turnwettbewerbe stellen eine Auswahl dar, die sich beliebig erweitern, modifizieren und auf den Gerätebestand und die Gegebenheiten in der eigenen Schulsporthalle anpassen lassen.
- Für die Reihenfolge der Turnwettbewerbe gilt es zu beachten, dass sich zeitintensive Wettbewerbe oder Spiele mit großem Auf- und Abbauaufwand mit Spielen abwechseln, die weniger Zeit beanspruchen.
- Bei Wettbewerben, die von den Teams nicht gleichzeitig gespielt werden können, starten die Teams von Wettbewerb zu Wettbewerb abwechselnd.

Turnwettbewerbe

1. Schwingstaffel am Trapez

Die Schüler von Team A stehen in einer Riege hinter einem 3–4-teiligen Turnkasten, von dem aus mit dem Trapez auf einen kleinen Turnkasten in etwa 4 m Entfernung geschwungen werden muss. Nach der Landung auf dem Turnkasten schwingt der Schüler das Trapez zum nächsten Starter auf dem Turnkasten zurück und läuft an das Ende der Riege. Sobald alle Schüler am Trapez geschwungen sind, wird die Zeit gestoppt. Team B versucht anschließend, die erreichte Zeit zu unterbieten.

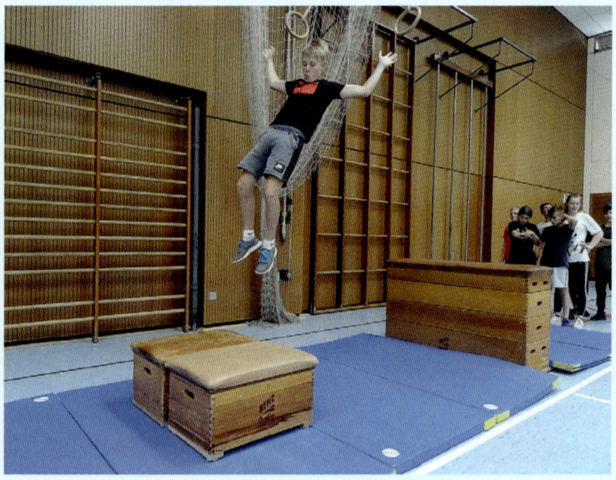

2. Einen hohen Turnkasten gemeinsam überwinden
In einen Turnkasten werden drei weitere Kastenteile eingebaut, sodass ein hohes Hindernis entsteht. Hinter dem Turnkasten liegt eine große Niedersprungmatte. Von einer Startpylone aus laufen alle Teammitglieder zum Turnkasten und versuchen, diesen möglichst schnell zu überwinden. Die Schüler sollen sich hierbei unterstützen und Hilfestellung leisten. Wer den Turnkasten überwunden hat, darf nicht mehr auf die Vorderseite des Turnkastens zurückkehren. Für einige Schüler ist nicht nur der Aufstieg, sondern auch der Abstieg eine Herausforderung, da sie sich nicht zutrauen, vom Turnkasten auf die dahinter liegende Niedersprungmatte zu springen.
Für Teamabsprachen wird den Schülern zwei Minuten Zeit eingeräumt, um einen passenden Plan für den Auf- und Abstieg entwickeln zu können.
Es gewinnt das Team, das schneller auf der Niedersprungmatte hinter dem Turnkasten steht.
Damit der Lehrer einen besseren Überblick für die Teambewertung behält, ist es sinnvoll, dass die Teams dieses Spiel nicht zeitgleich durchführen.

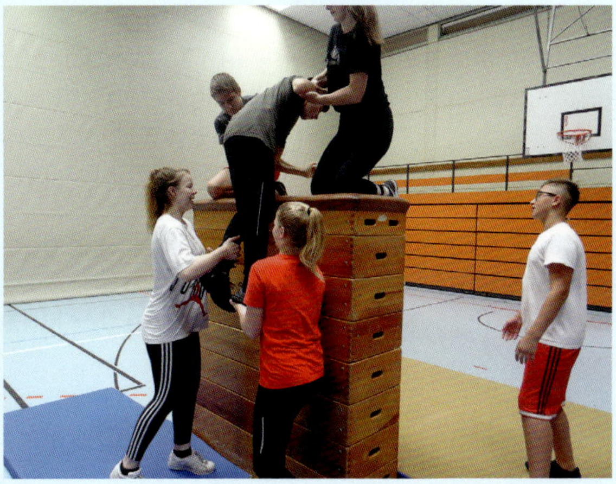

3. Sprossenwand-Run
Die Schüler überklettern zwei ausgeklappte Sprossenwände, rennen zurück an den Start zu ihrem Team und lassen den nächsten Schüler starten.
Hinter jeder Sprossenwand liegt eine Niedersprungmatte, so können mutige Schüler nach dem Übersteigen direkt auf die Matte springen. Gewonnen hat diejenige Mannschaft, die die Aufgabe in der kürzesten Zeit bewältigt.

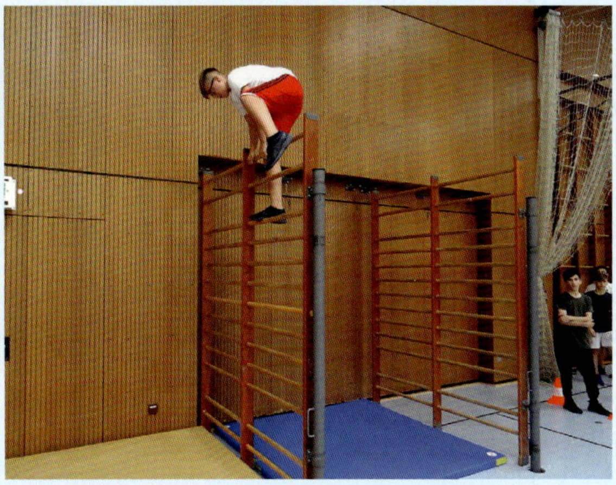

4. Basketball-Dunks mit Minitrampolin
Nach einem Sprung vom 3-teiligen großen Turnkasten, der auf der 3-Punkte-Linie steht, versucht ein Schüler, sich über das Mini-Trampolin möglichst hoch zu katapultieren und einen Mini-Basketball im Korb zu versenken. Für die Landung liegt unter dem Korb eine große Niedersprungmatte.
Jeder Schüler hat zwei Versuche. Gewonnen hat das Team mit den meisten Treffern.

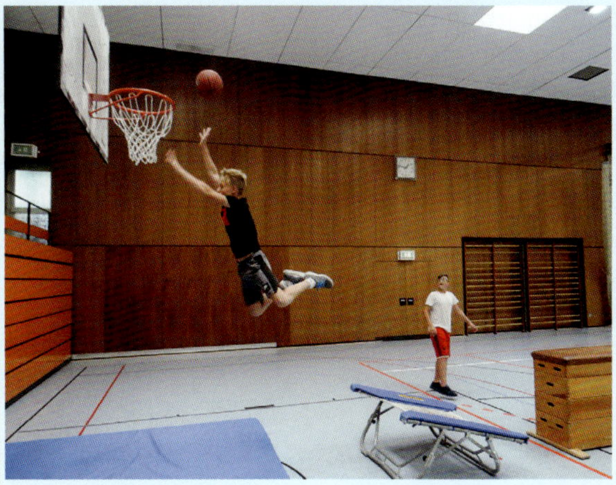

5. Balancierstrecke
Die Teams laufen über eine am Stufenbarren eingehängte Langbank hoch, balancieren entlang des unteren Holms (am oberen Holm finden sie mit den Händen Halt) und springen anschließend auf eine Niedersprungmatte ab.
Sie laufen zum Start zurück und schlagen den nächsten Schüler für seinen Lauf ab.
Welches Team schafft die Aufgabe in der kürzeren Zeit?

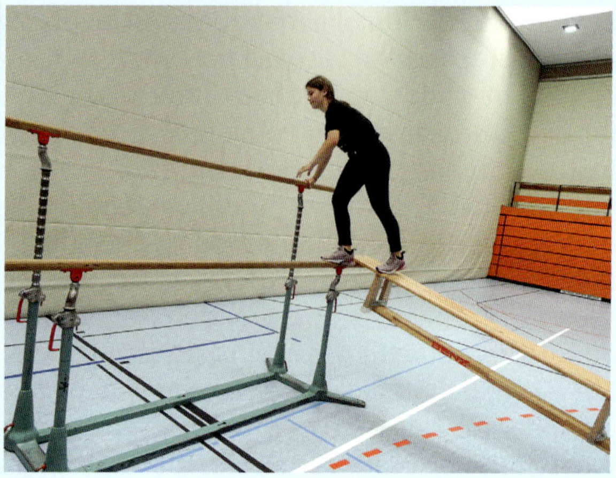

6. Stütz-Stafette
Jedes Teams teilt sich in zwei Gruppen auf. Die ersten beiden Schüler eines Teams stehen direkt am Barren auf einem kleinen Turnkasten. Das Spiel beginnt, sobald der eine Schüler sich von seinem Turnkasten im Barren in den Stütz drückt und sich solange wie möglich mit gestreckten Armen aufrecht hält. Sobald er einknickt oder aufgibt, startet der gegenüber wartende Schüler mit dem Stütz im Barren. Die frei gewordene Position wird vom nächsten Schüler eingenommen. Es wird so im Wechsel ermittelt, wie lange sich ein Team im Stütz halten kann. Sieger ist das Team, das länger durchgehalten hat.

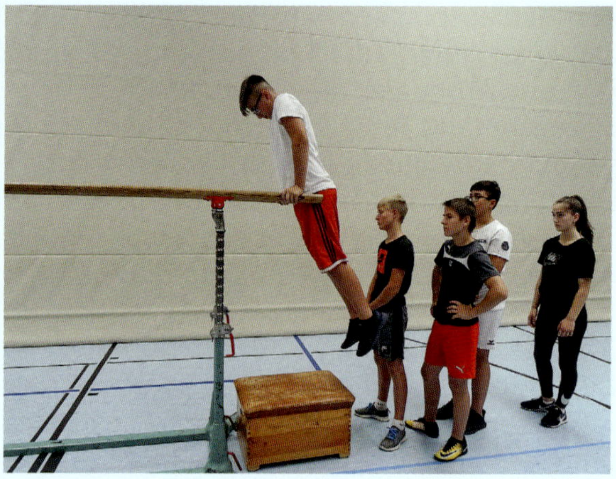

7. Hüftabzug in den Stand
Es werden zwei unterschiedlich hohe Recks aufgebaut. Unter den Reckstangen liegen zur Absicherung Turnmatten.
Beim in etwa schulterhoch eingestellten Reck soll ein Hüftabzug ohne Hilfe, beim etwa brusthohen zweiten Reck sollen zwei Hüftabzüge in den Stand mit oder ohne Hilfe ausgeführt werden.
Die Teams bekommen für dieses Spiel 2 Minuten Zeit zur Beratung eingeräumt, um einen Plan für eine gute Reihenfolge festzulegen.
Die Schüler warten hinter einer Pylone, bis sie an der Reihe sind, nur die ausgewählten Helfer stehen nach ihrem Durchgang am niedrigeren Reck zur Hilfestellung bereit. Wer seine Übung geturnt hat, läuft um das Reck herum und schlägt den nächsten Schüler in der Reihe ab. Das schnellere Team gewinnt dieses Spiel.

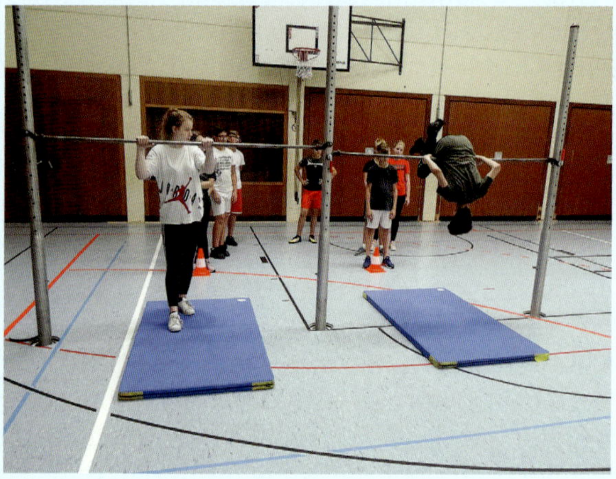

8. Mattenrutschen
Jedes Team muss durch einen gezielten Sprung auf eine Weichbodenmatte diese vorwärts rutschen lassen. Es springt immer nur ein Schüler. Die Schüler eines Teams warten an der Längsseite der Halle hinter einer Pylone und laufen immer dann los, wenn sie vom zurückgekehrten Mattenspringer abschlagen wurden.
Die Matte wird bis zur gegenüberliegenden Wand und wieder zurück gerutscht. Sobald die Matte auf dem Rückweg die Startlinie überquert, wird die Zeit gestoppt.
Das Spiel kann gleichzeitig durchgeführt werden, dann ist eine Zeitmessung nicht erforderlich.

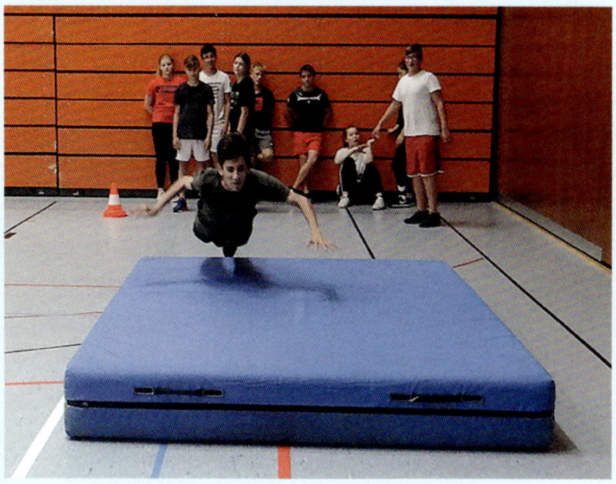

9. Kastenstaffel
Die bereits in den Turnspielen ausführlich beschriebene Kastenstaffel (s. S. 99) wird auch bei *Schlag das gegnerische Team* gespielt.
Das Team, das als erstes eine zuvor festgelegte Anzahl an Wechseln erreicht hat, gewinnt dieses Spiel. Beide Teams spielen hier gleichzeitig gegeneinander.

10. Kasten besteigen
Welches Team schafft es schneller, gemeinsam auf einem Turnkasten zum Stehen zu kommen? Es finden maximal 8–10 Schüler Platz auf einem Turnkasten, somit ist es je nach Anzahl der Schüler pro Team notwendig, dass sich die Teams in zwei Gruppen aufteilen. Sobald die erste Gruppe eines Teams die Aufgabe erfüllt hat und zurück am Start ist, läuft die zweite Gruppe los. Sobald die zweite Gruppe auf dem Turnkasten steht, wird die Zeit gestoppt. Auch hier bekommen die Teams nach der Erklärung Zeit eingeräumt, Gruppen zu bilden und sich taktisch abzusprechen. Dieses Spiel kann zeitgleich durchgeführt werden.

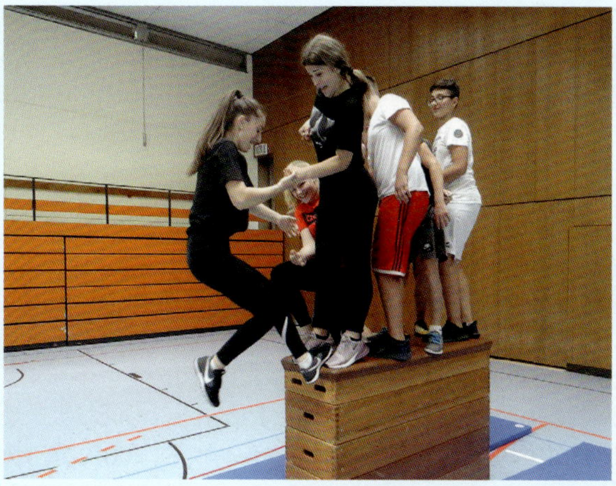

11. Fluss-Überquerung
Jedes Team erhält 2 Turnmatten. Auf den Turnmatten muss die gesamte Gruppe von einer Hallen-Längsseite zur anderen Seite gelangen. Dabei darf kein Schüler den Boden berühren. Passiert dies doch, erhält das Team für jeden Bodenkontakt 5 Strafsekunden verrechnet.
Besteht ein Team aus mehr als 10 Schülern, ist es für die Fluss-Überquerung sinnvoll, eine dritte Matte zur Verfügung zu stellen.
Das Team, das die Aufgabe schneller bewältigt, gewinnt.

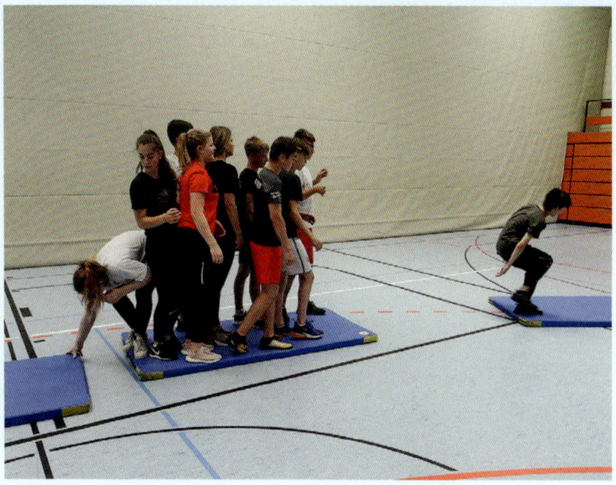

12. Präzisionssprung
Ein Schüler springt von einem kleinen Turnkasten auf eine umgedrehte Langbank, landet dort auf beiden Füßen, dreht sich auf der Langbank um und springt wieder zurück.
Die Langbank steht ca. 50 cm vom Turnkasten entfernt. Die Schüler springen nacheinander. Wer den Sprung nach zwei Versuchen nicht geschafft hat, muss sich wieder hinten anstellen. Das Team, das zuerst 15 gültige Versuche hat, gewinnt dieses Spiel.

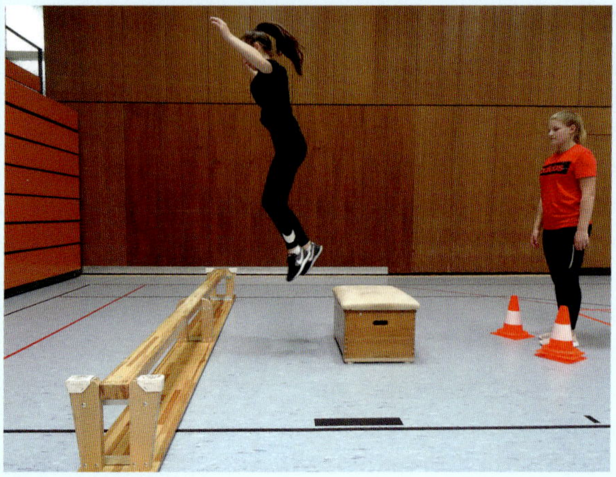

13. Langbank-Run
Alle Schüler eines Teams stehen an der Hallenlängsseite auf einer Langbank, davor steht eine zweite Langbank. Nur mit Hilfe der beiden Langbänke soll das Team zur anderen Hallenseite gelangen. Ob die Bänke über Kopf nach vorne transportiert oder im Wechsel geschoben werden, liegt in der Entscheidung der einzelnen Teams.
Nach einer 1-minütigen Beratungszeit startet der Wettbewerb mit beiden Teams gleichzeitig. Berührt ein Schüler den Boden, muss das Team für 5 Sekunden pausieren. Das Team, das schneller auf der anderen Seite angelangt ist, hat gewonnen.

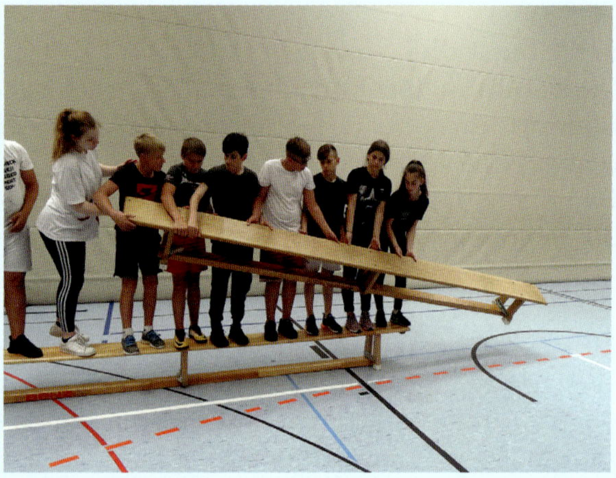

14. Blindflug mit Mattenwagen
Ein Schüler, dem die Augen verbunden wurden, steuert einen Mattenwagen durch einen mit 10 Pylonen gesteckten Parcours. 5–6 Schüler des Teams sitzen auf dem Mattenwagen. Ein Schüler geht neben dem Mattenwagen und dirigiert den Schüler, der den mit Schülern beladenen Mattenwagen schiebt, durch den Parcours. Am Ziel stehen die anderen Teammitglieder, sie wechseln möglichst schnell auf den Mattenwagen und werden zum Start zurückgefahren. Das Team, das den Parcours schneller durchfahren hat, gewinnt. Werden die Pylonen beim Durchfahren berührt und verrückt, erhält das Team 5 Strafsekunden.

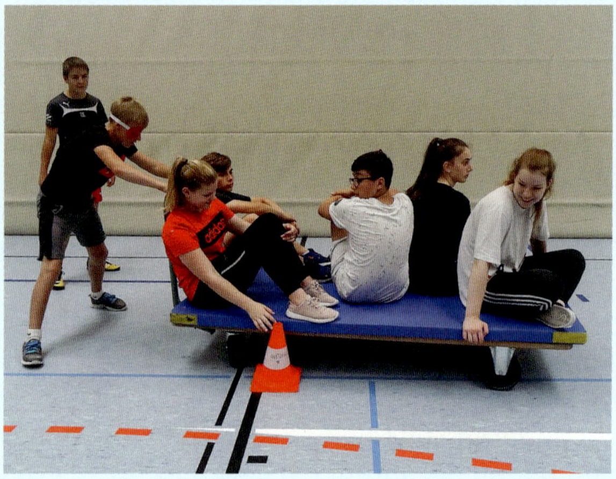

15. Ringetransport am Klettertau
Jeweils in 2 m Abstand vom Klettertau stehen zwei kleine Turnkästen. Auf einem der Turnkästen wird gestartet und gelandet.
Der zweite Turnkasten ist umgedreht und dient als Ziel.
Zwischen den beiden Turnkästen liegen Turnmatten. Alle Schüler eines Teams stehen hinter dem Start-Kasten, neben dem 15 Tennisringe liegen. Immer ein Schüler nimmt sich einen Tennisring und schwingt mit dem Tau vom Turnkasten aus zur anderen Seite, dort versucht er den Tennisring in den umgedrehten Turnkasten fallen zu lassen und wieder auf seinen Turnkasten zurückzuschwingen. Schafft er es nicht, den Tennisring in den Turnkasten zu befördern, gibt es keinen Punkt.
Misslingt nach einem gelungenen Wurf die Landung auf dem Startkasten, ist der Versuch ungültig und der Tennisring wird nicht gezählt.
Es gewinnt das Team, das zuerst 15 gültige Tennisringe in den Turnkasten befördert hat.

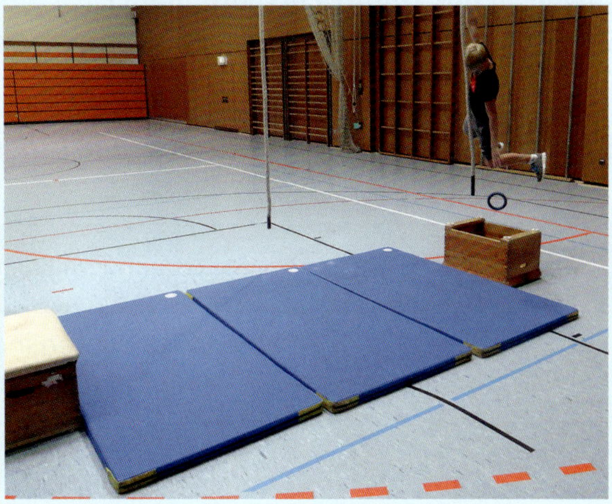

Schlussteil (10 Minuten)

Abbau
Team A und Team B bauen die ihnen zugewiesenen Turngeräte ab und räumen alle Geräte und Materialien in die Geräteräume.

Beratung
Am Ende der ersten Doppelstunde wird der bisherige Verlauf besprochen und noch einmal darauf hingewiesen, dass jedes Team sich für die nächste Stunde ein Spiel ausdenken soll.

Siegerehrung
Nach dem Abbau der Geräte in der zweiten Doppelstunde findet eine Siegerehrung statt.

Bewerten des Unterrichtsvorhabens: Sich im Turnen verständigen, beim Turnen kooperieren und wettkämpfen

Bewertungsmatrix für die prozess- und produktbezogene Lernentwicklung

Lernprozess: Körperbildende Kriterien	Schüler-Namen	Note 1–6
– Turnräume erschließen und Turnzeiten individuell nutzen – Geräte, Materialien und Medien sachgerecht auswählen und nutzen		
Lernprozess: Gruppenbezogene Kriterien		
– Helfen und Sichern und sich helfen lassen – Turnwettbewerbsrollen verstehen – Turnspiele inszenieren und spielen		
Lernprodukt: Gruppenbezogene Kriterien		
– Sich in Turnspielen und Turnwettkämpfen mit Partnern abstimmen – Bedeutung von spezifischen Angriffs- und Verteidigungsaufgaben in Turnspielen und Turnwettbewerben verstehen und spielsituativ handeln – In Turnspielen und Turnwettbewerben die Turnrollen situativ erkennen, anpassen und erfolgreich nutzen		

Unterrichtsvorhaben für die Oberstufe

Sich durch Turnen ausdrücken und Turnen in Gruppen gestalten

Fachdidaktische Hinweise

Die pädagogische Perspektive *sich körperlich ausdrücken und Bewegungen gestalten* tritt in einem mehrperspektivisch inszenierten Sportunterricht üblicherweise mit dem Inhaltsbereich *Tanzen, Gestalten, Darstellen* in Beziehung. Doch sind Lernende wie Lehrende im Sportunterricht nicht immer an strukturell passenden Beziehungen interessiert; vielmehr entscheiden die Vorlieben für Inhalte mit.

In welche Richtung sich eine kreative Bildung im Turnunterricht an Sekundarschulen bewegt, steht in Abhängigkeit zu Entsprechungen mit akzeptierten und praktizierten Bewegungswelten von Jugendlichen. Einige Jugendliche treffen sich vielleicht gerne zum Breakdance in informellen Settings, um Bewegungsprozesse mit turnverwandten Bewegungselementen auszuprobieren, zu kombinieren oder darbietungsreif auszugestalten.

Die Suche nach förderlichen Hinweisen in Turnkontexten, nach formalen oder informellen Gestaltungsstrukturen oder nach kulturellen Ansprüchen für eine geglückte und von Zuschauern bestaunte Choreografie soll in diesem Unterrichtsvorhaben durch Bewegungskreativität fördernden Turnunterricht dargeboten werden.

Hier sind die Lehrkräfte aufgefordert, etwa Aufgaben zur Ausdrucks- und Gestaltungsförderung in den Gegenstandbereichen Bewegungskünste, Le Parkour, Zirkuskünste, Breakdance, Spiel, Akrobatik, Tanz, aber auch im Synchron- und Gruppenturnen zu erschließen.

Terminologischer Exkurs zur Bewegungsgestaltung

Die pädagogische Perspektive *sich körperlich ausdrücken, Bewegungen gestalten*:

Beim *Gestalten* und *Ausdrücken* handelt es sich weder um zwei verschiedene unterrichtliche Bewegungsanlässe, noch sind die Begriffe auf gleicher Ebene einzuordnen. Körperliche Ausdrucksfähigkeit ist eine Teilkompetenz, um Gestaltungsprozesse zu veranlassen und zu verdeutlichen. Bewegungsgestaltung kann als Überbegriff verstanden werden, unter dem sich viele weitere Äußerungen, auch die Ausdrucksfähigkeit, darstellen.

Da sich jede Bewegungsgestaltung unterschiedlich entwickelt, äußern sich Vorgehensweisen in gestalterischen Prozessen nicht in Routineabläufen, sondern divers. Aufgaben zu Bewegungsinterpretationen, zum Entfalten von Bewegungsausdruck und Bewegungsstil und zum Einbinden von Geräten, Partnern, Rhythmus, Musik oder Materialien greifen während der Gestaltungsprozesse im Gruppenturnen ineinander.

Ob eine Gestaltung gelingt, steht in methodischer Abhängigkeit zum Grad der Vorstrukturierung und Stufung spezifischer Kompetenzentwicklung. Lernende sind beim Gestalten aufgefordert, Turnelemente zu einem neuen Muster oder einer neuen Struktur zusammenzufügen.

Für den Einstieg in ein Unterrichtsvorhaben mit Gestaltungsanfängern eignen sich Formen reproduktiver Lehr-/Lernformate, die zudem eine Entwicklung vorwiegend turn-technischer Kompetenzen vorantreiben. Zur Förderung der gestalterischen Reflexionskompetenz sollen dann zunehmend selbstgesteuerte Lehr-/Lernprozesse zur Anwendung kommen, die Methoden des kooperativen Lernens favorisieren.

Der Weg zur Gestaltung/Choreografie ist einerseits durch methodische Lernziele hierarchisch gestuft und andererseits abhängig vom kreativen Potenzial und der Bereitschaft der Schüler, selbsttätig ihre Gestaltungsentwicklungen zu befördern.

Das Nachgestalten einer Bewegungskombination, die von einer Lehrkraft, einem Tutor, einem externen Choreografen oder einem Videoclip vorgegebenen ist, kann als einfaches Gestalten eingestuft werden, während das selbstgesteuerte kreative Auffinden von Bewegungslösungen durch Um- oder Neugestalten einer höheren Entwicklungsstufe zuzuordnen ist. Das Nachahmen einer spezifischen Bewegungsfolge ist damit der schnellste Start in den Gestaltungsprozess.

Empfohlene Reihenfolge für Handlungsschritte bei Gestaltungsprozessen

Gestalten
Bedeutung: Von Gruppe zu Gruppe verschiedenes und von Normvorstellungen losgelöstes, aber im Team erzieltes Eingreifen in die Geräte-, Partner- und Gruppenumwelt bei bewusster und Kriterien geleiteter Veränderung des Bewegungsprozesses. Individuelle und gruppenbezogene Bewegungsideen und Bewegungsausdruck zulassen und in ein interdependentes Verhältnis zwischen Entwicklungsprozess und Endprodukt, der Choreografie/Turngruppengestaltung, stellen.

Anwendung: Dieses Prozesskriterium ist frei von jeder methodischen Reihung und in jedem Stundenbild zur Entwicklung einer Gruppengestaltung anwendbar. Das Gestalten ist oberstes Bildungsprinzip auf dem Weg zu einer Turndarbietung in Gruppen und kreist insofern über allen anderen Handlungsschritten.

Recherchieren
Bedeutung: Fehlende choreografische und turntechnische Sach-Informationen von Lehrpersonen oder Mitschülern erhalten sowie aus Web- oder Literaturrecherche ermitteln und bereitstellen.

Anwendung: Hier ist zu klären, was eine Gruppenturngestaltung ist. Das Recherchematerial soll noch vor Unterrichtsbeginn in der Sporthalle vorliegen und kann als Hausaufgabe vergeben oder in Recherchearbeit im Klassenzimmer/Medienraum gesucht werden. So kann mit dem Wechsel in die Sporthalle der Sportunterricht in seiner Funktion als Ort überwiegend praktischer Betätigung und Inszenierung gewahrt werden.

Bauen
Bedeutung: Bewegungsumwelt, Bewegungsanlässe und Bewegungsrepertoire, Turngeräte und geeignete Materialien durch Lehrperson oder Schüler auswählen.

Anwendung: Es soll eine Turnarchitektur hergestellt und Turnanlässe mit Partner und in Gruppen gesichert werden. Dazu sollen die Schüler offen auf die materiale Bewegungswelt zugehen, um Bewegungsanlässe selbsttätig bauen und erschaffen zu können.

Ausprobieren
Bedeutung: Gestaltungs- und Turnaufgaben im Bewegungsvollzug klären sowie Ziele auf dem Bewegungsweg zur Zielerreichung abrufen.

Anwendung: Im praktischen Ausprobieren und beim Bewegen an Geräten können Bewegungsprobleme entdeckt und analysiert werden.

Kombinieren
Bedeutung: Reproduzieren vorgegebener oder selbstgewählter Turnelemente und verbinden, verknüpfen, montieren oder collagieren von Bewegungssegmenten.

Anwendung: An dieser Stelle eignet sich der Rückgriff auf die Recherchearbeit und/oder ein Nachgestalten eines Lehrer-, Schüler- oder Expertenvorbilds aus der Literatur, dem Internet, einer vorturnenden Lehrperson, eines vorturnenden Schülers oder einer Einladung eines Experten zum Sportunterricht als Einstieg. Das vorgegebene Material kann anschließend über Kombinationstechniken verbunden, verändert und weiterentwickelt werden.

Improvisieren
Bedeutung: Offener, nicht vorhersehbarer Prozess der Bewegungserfindung und Bewegungsformung, dessen Handlungsvorgänge einer ständigen Wandlung und Veränderung unterliegen. Die Bewegungsimprovisation ist ein explorativer, spielerischer Erfahrungsprozess, ein Suchen, Ausprobieren, Experimentieren mit turnbezogenen Bewegungs- und Ausdrucksmöglichkeiten des Körpers.

Anwendung: Hier sind eng geführte Improvisationsaufgaben zu erteilen, nach denen die Schüler ihre angelegte Bewegungskombination umgestalten und kurze Sequenzen auch neugestalten können. Dabei können die Schüler auf Distanz zum vorgefertigten und reproduzierten Resultat gehen, indem etwa Wiederholungen vermieden, Räume verändert, ungewöhnliche Lösungen ausprobiert oder Partner- und Gerätebeziehungen gewechselt werden.

Interessieren
Bedeutung: Einsatz von Themen, Geräte- und Partnerbeziehungen und/oder Cross-Over-Techniken, die bei Schülern ankommen und als zeitgemäß wahrgenommen werden.

Anwendung: Durch Expertenbeiträge können die bereits angelegten Turnkombinationen und Turneinfälle weiterentwickelt werden. Dabei können zufriedenstellende Lösungen wiederholt, verändert, geübt und perfektioniert werden.

Unterscheiden
Bedeutung: Verteilen unterschiedlicher Turnrollen, damit sich die Schüler in ihren besonderen und heterogenen

Begabungen angesprochen fühlen, um ihr Turnkönnen zu zeigen und weiterzuentwickeln.

Anwendung: Die Schüler sollen verschiedene Ideen durch Feedback kennen und bewerten lernen und zufriedenstellende Bewegungslösungen auswählen, weiterentwickeln und darstellen können.

Putzen

Bedeutung: Ideen elaboriert ausgestalten und zum Turngruppengestaltungsende führen.

Anwendung: Nachdem der choreografische Turnrahmen angefertigt ist, kann die Weiterentwicklung durch stetige Wiederholung mit Beratungsimpulsen von Mitschülern und der Lehrkraft bis zur Aufführungsreife gebracht werden.

Präsentieren

Bedeutung: Inszenierte und perfektionierte Endprozesse darstellen.

Anwendung: Hier sollen Präsentationen diszipliniert und konzentriert synchronisiert und an Musik angepasst werden. Danach können die Schüler den Prozess selbsttätig und gruppenbezogen mit Souveränität, Ausdruck und Ausstrahlung zeigen.

Der Aufbau dieses Unterrichtsvorhabens zum Turngruppengestalten orientiert sich an dieser strukturellen Reihenfolge und wählt für den Gestaltungsvorgang geeignete Handlungsschritte aus, die von der Unterstützung in Prozessen bis zum Endprodukt, der gruppenchoreografischen Präsentation, führen.

Eine anspruchsvolle Turngruppengestaltung muss über ein Unterrichtsvorhaben von vielen Einzel- und/oder Doppelstunden vorbereitet werden. Ein solches Vorhaben mit einer Turngruppen-Show zum Abschluss eignet sich gut für eine Turn-Arbeitsgemeinschaft, in der interessierte und talentierte Schüler über einen längeren Zeitraum gemeinsam gestalten.

Für den alltäglichen Turnunterricht können auch ausgewählte Ausschnitte aus dem Unterrichtsvorhaben herausgelöst werden und in Form von Kurzgestaltungen oder Unterrichtsergebnissen zu spontanen Präsentationen führen. So lassen sich auch schon in einer Doppelstunde Teamfolgen entwickeln, die sich die einzelnen Gruppen am Ende der Stunde gegenseitig vorführen können.

Die Handlungsschritte Recherchieren, Bauen und Ausprobieren sind Gegenstand des Gestaltens bei den *Turnarchitekten*.

Die *Turnstreber* nehmen das Kombinieren zum Gestaltungsanlass.

Die *Turnästheten* gestalten mit Interessieren & Improvisieren.

Bei den *Turnchoreografen* wird durch das Unterscheiden der Gestaltungsprozess abgeschlossen und beim Putzen bis zur Aufführungsreife geübt.

Und die *Turnartisten* stellen das Präsentieren einer beendeten Turngruppengestaltung in den Vordergrund.

Praktische Tipps

Das Gestaltungslernen ist auf der Seite der Lehrkräfte wie auf der Seite der Schüler an zahlreiche Kompetenzansprüche gebunden, die bei der Planung berücksichtigt und in das Unterrichtsvorhaben integriert werden müssen.

Lehrkräfte erweitern in diesem Unterrichtsvorhaben ihre choreografische Befähigung, indem sie

- das individuelle sowie das Turnkönnen mit Partner/n und in der Gruppe veranlassen,
- turnerische Bewegungssequenzen an verschiedenen Geräten und Gerätekombinationen vorgestalten,
- die Schüler befähigen, einzeln und mit Partner/n nachzugestalten, umzugestalten, neu zu gestalten,
- Weiterarbeit effektiv anhand von Gestaltungskriterien beraten und unterstützen,
- von den Schülern gefundene Turnkombinationen folgerichtig weiterentwickeln,
- Objekte und thematische Aufforderungen (Geräte, Themen, Partner, etc.) zu Gestaltungszwecken deuten,
- konstruktive Empfehlungen für die Weiterarbeit aussprechen, fachspezifisch beraten und von Schülern gefundene Lösungen turnspezifisch deuten und bewerten,
- entsprechende individuelle Turnfertigkeiten sowie Partner- und Gruppenturntechniken auswählen und in Inszenierungssituationen anwenden lassen und
- geeignete Musik auswählen, strukturieren und analysieren und an von Schülern gefundene Bewegungslösungen anbinden.

Schüler erweitern in diesem Unterrichtsvorhaben ihre choreografische Befähigung, indem sie

- Gerätearrangements bauen und beim Turnen umbauen,
- Körper, Materialien, Geräteumgebung wahrnehmen und als Anlass zum Turnen erkennen,
- das individuelle sowie das Turnkönnen mit Partner und in der Gruppe anwenden, verschieden und auch divergierend assoziieren und Turnerfahrungen und Turnkönnen in spezifischen Anpassungssituationen erweitern,
- Turnfolgen synchron und gruppenvariant nachgestalten,
- eigenständig nach-, um-, aus- und neu gestalten,
- Gruppenarrangements Kulissen/Szenen (um) bauen und inszeniert darstellen,
- Gestaltungskriterien & Gestaltungsmittel anwenden,
- sich an und mit Geräten, an und mit Partner/n darstellen,
- Turnfolgen synchron ausführen,
- Techniken aus Akrobatik, Bewegungskünste, Le Parkour, B-Girling/B-Boying, Tricking oder Hip-Hop erlernen und einbeziehen,
- geeignete Musik auswählen, (Körper-)Rhythmen erkennen und wiedergeben, strukturieren und gefundene Bewegungslösungen anbinden.

Unterschiedliche Groß- und Kleingeräte können Anlässe zum Gruppengestalten im Turnen bieten. Es empfiehlt sich, die Anzahl auf wenige attraktive Geräte mit Aufforderungscharakter zu beschränken, um eine ausreichende Inspirationsquelle hervorzubringen. Die Ideenfindung kann erleichtert und Bewegungssicherheit gewährleistet werden, wenn das Bewegen an vorausgewählten Geräten stattfindet, an denen die Schüler in ausreichendem Maße über turnerische Vorerfahrungen verfügen.

Geeignete Turngeräte
Turnkasten, Doppelreck, Langbank, Sprossenwand, Bodenläufer, Weichbodenmatte, Niedersprungmatte, Bodenläufer-T (2 Bodenläufer zu einem T ausgelegt), Bodenläufer-X, Bodenläufer-V, Bodenläufer-L, Turnbock, Schwungringe, Trapez oder Vertikaltuch.

Geeignete (Turn-)Kleingeräte, Sportgeräte und Turn-/ Akrobatikmaterialien
Sporthocker, Barrenholm, Sprungbrett, kleiner Turnkasten, Pedalo, Rollbrett, Rope-Skipping-Seil/Sprungseil, Stuhl, Barhocker, Badmintonständer, Reckstange, Einrad, Jonglierball/-tuch, Roller oder Skateboard.

Aus einer solchen Geräte- und Materialfülle sollen die Lehrer und/oder Schüler ein zum Choreografieren geeignetes Arrangement auswählen und für Turnzusammenhänge passende Anlässe zusammenführen. Um dabei beim Turngestaltungsanfänger eine architektonische Überforderung zu vermeiden, kann der Gerätespielraum reduziert werden. Je kleiner die Geräteauswahl, desto enger und übersichtlicher erscheint der Improvisationsspielraum und dementsprechend schneller eröffnen sich Handlungsspielräume.

Geschickte Wahl von Gerätearrangements

- Ein Bodenläufer, ein großer Turnkasten und ein Sporthocker
- 2 Rope-Skipping-Seile, 2 Bodenläufer und eine Niedersprungmatte
- Rollgeräte (Roller, Skateboards, Rollbretter, etc.), ein kleiner Turnkasten, eine Langbank und ein Sprungbrett
- ein Bodenläufer-V (2 Bodenläufer ausgelegt als V), X, V, T, L oder II, eine Niedersprungmatte und ein schiefer Schwebebalken
- ein Turnkasten, ein Bodenläufer-X und eine Weichbodenmatte
- ein Bodenläufer-V, ein Barrenholm, eine Langbank und eine Weichbodenmatte

Hinweis: Dieses Geräte-Arrangement zeigt die Auswahl der Geräte für das im Folgenden ausführlich beschriebene Unterrichtsvorhaben an.

Auf einen Blick

Unterrichtsvorhaben	**Stundenbild 1** Turnarchitekten	**Stundenbild 2** Turnstreber	**Stundenbild 3** Turnästheten	**Stundenbild 4** Turnchoreografen	**Stundenbild 5** Turnartisten
THEMEN	**Recherchieren, Bauen, Ausprobieren & Gestalten** Beim Recherchieren Turnprobleme und Turnaufgaben erkennen und Sachen klären Turngeräte & -anlässe auswählen und (auf) bauen & zu geeigneten Arrangements sicher zusammenfügen Sich motorisch durch vielfältige Bewältigung des Arrangements an Geräte, Partner und Turnaufgaben annähern	**Kombinieren & Gestalten** Partnerschaftlich synchron ausgeführte und individuelle Turnelemente am Arrangement erlernen, ausarbeiten und formen Einfache Gestaltungskriterien anwenden (etwa: Solo, Duett, Trio, aufeinander zu turnen, voneinander weg turnen & an und über Partner/Geräte turnen), geeignete Lösungen auswählen und Entscheidungen für eine Kurzgestaltung treffen und auswählen	**Improvisieren Interessieren, & Gestalten** Einüben, festigen und entwickeln von Gruppenturnelementen & Turnverbindungen Spezifisches Cross-Over-Können, etwa Artistik/Akrobatik, Capoeira, Hip-Hop, Kampfsport, Le Parkour, Skaten, Tanzen, etc. mit Turntechniken kombinieren und in die Gruppengestaltung einbeziehen Gestaltungsanfang und Gestaltungsende selbständig entwickeln	**Unterscheiden, Gestalten & Putzen** Variationen erarbeiteter Gruppenturnelemente finden und anwenden Eine Präsentation in Gruppen ausgestalten, wiederholen, Entscheidungen treffen, sich einigen und üben (etwa: Räume, Zeiten, Dynamiken und Formen festlegen)	**Präsentieren** Beratungsstrategien (Lehrperson, Mitschüler, Experten, World Wide Web, etc.) annehmen Den Gestaltungsprozess formen und abschließen sowie in einer Turngruppen-Aufführung präsentieren

Stundenbild 1: Turnarchitekten

Geräteauswahl
Ort: Klassenzimmer und Sporthalle
Zeit: 3 Doppelstunden

<table>
<tr><th>Phasen</th><th>Fotos, Abbildungen, Geräte- und Materialbedarf</th></tr>
<tr><td colspan="2">Einstieg (60 Minuten Theorie)</td></tr>
<tr><td>
Start im Klassenzimmer
Die Schüler recherchieren und bilden Gruppen noch vor Beginn des Unterrichtsvorhabens in der Sporthalle:
– Die Schüler schauen sich verschiedene Gruppenturngestaltungen in Videomaterial, einschlägigen Fachzeitschriften/Turnliteratur oder beim Besuch von Zirkusvorstellungen oder Turnshows an.
– Sie bilden Gruppen aus 6–7 freiwillig zusammengefundenen Schülern.

In Gruppen
In Zusammenarbeit innerhalb der Gruppen entwickeln die Schüler ein Drehbuch (Ablaufplan) für die Gruppengestaltung mit der Beratung durch den Lehrer. Dazu sollen sie die Aufgaben, Anforderungen und Probleme einer Gruppenturngestaltung anhand der Handlungsschritte für Gestaltungsprozesse erkennen.

Einige praktische Abläufe können theoretisch vorbereitet und diskutiert sowie Vorentscheidungen getroffen werden:
– Zum Bauen: Aus den ausgewählten Geräten entwerfen die Schüler die Architektur eines geeigneten Gerätearrangements, indem Besonderheiten der Sicherheit und Anreize beim Bewegen an den vorausgewählten Geräten besprochen und Möglichkeiten der gruppenindividuellen Zusammenführung der Geräte zu einem Gerätearrangement im Hinblick auf die Bewegungseignung geprüft und das gewählte Arrangement aufgezeichnet werden.

– Zum Interessieren: Die Schüler wählen eine Darbietungsform, etwa Artistik/Akrobatik, Capoeira, Gang-Style, Hip-Hop-Style, Le Parkour-Verfolgung, Partnering, Kampfsport, Tanzstil oder ein Motto, etwa Ganoven-/Verbrecherjagd, Disco-/Club-Szene, Abitur, An-einem-Strang, Individuum versus Gruppe, Neuseeland, Afrika, Hürden überwinden, Grenzen erfahren, Hindernisse bewältigen.
</td><td>
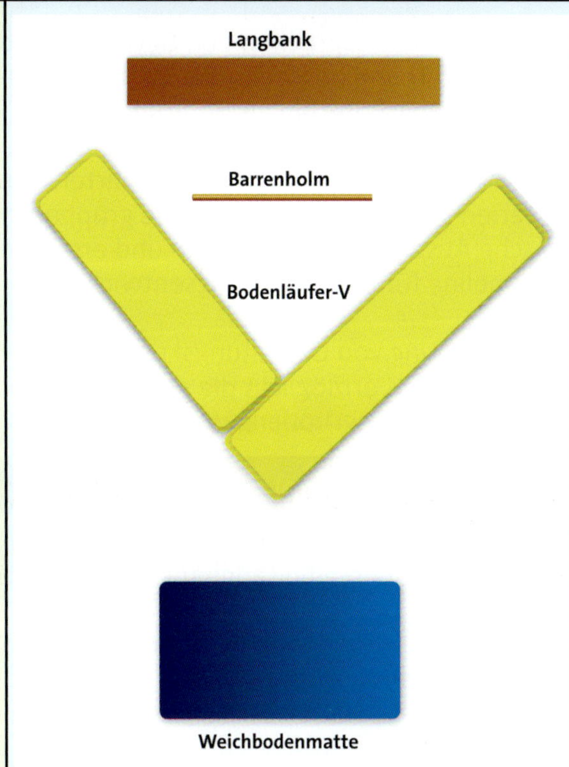

</td></tr>
</table>

Sie verständigen sich über Musik im langsamen 8/4-Takt, etwa Film-, Welt-, Elektromusik, Hip-Hop-, Pop-, Jazzmusik oder klassische Musik.

- Zum *Unterscheiden*: Die Schüler legen ihre spezifische Begabungen als Tänzer, Hip-Hopper, Instrumentalist, Akrobat, Capoeirista etc. offen und besprechen Formen der Integration in eine Turngruppengestaltung (Soli, Duette).

- Die Schüler besprechen den Bewertungsbogen **(s. S. 153)** und begreifen die darin aufgeführten Bewertungskriterien als Beratungslinie für die praktische Gestaltungsentwicklung. Sie wandeln die im Bewertungsbogen aufgeführten Prozesskriterien in Arbeitsaufträge für die gruppendynamische Auseinandersetzung um und erstellen eine Timeline für die Gestaltungsentwicklung.

Die Einbindung von Gestaltungskriterien in den Gruppenturnprozess ermöglicht die gemeinsame Fortentwicklung der Turngruppengestaltung.

Hauptteil (160 Minuten)

Aufbau
Je 3 Schüler bauen eine Langbank (insgesamt 3 Langbänke) auf.
Je 4 Schüler lehnen 3 Weichbodenmatten an einer Sporthallenwand an.

3 parallel zueinander aufgereihte Langbänke, eine Weichbodenmatte pro Gruppe an einer Hallenwand anlehnen

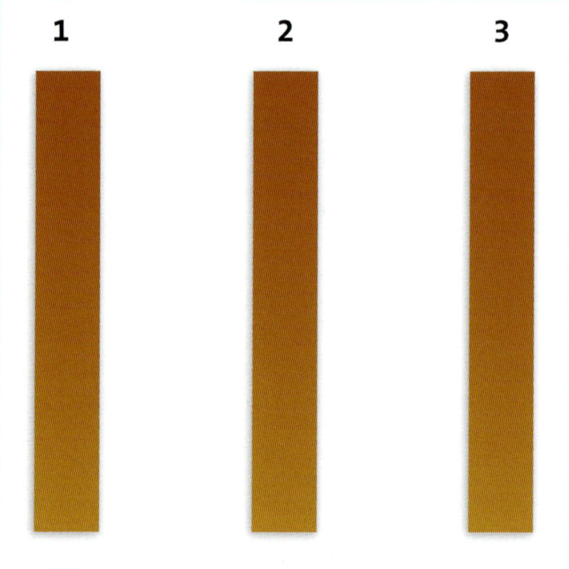

Erwärmen & Eingewöhnen an das Turnen an und mit Langbänken
Die Schüler überturnen die Langbänke längs in 3 Riegen:
- Seitsteps mit verschiedenen Armhaltungen
- Hüpfen, hockwenden, ziehen, rudern, froschhüpfen in der Fortbewegung (vorwärts und rückwärts)
- Flinke Beine: Stand seitlich rechts der Langbank, rechter Fuß steigt auf der Langbank auf, linker Fuß steigt auf, rechter Fuß steigt auf der anderen Seite ab, linker Fuß steigt auf der anderen Seite ab, etc.
- In Rückenlage nah auf dem Langbankende liegen, Kopf zeigt zum gegenüberliegenden Langbankende, Beine schieben den Körper in die Fortbewegung
- Balancieren vorwärts, rückwärts, seitwärts
- Balancieren mit Drehungen auf Füßen, Bauch, Rücken und Gesäß

Selbstständiges Dehnen
Die Schüler finden selbstständig Dehnübungen, um Muskelgruppen in der Reihenfolge vom Kopf bis zum Fuß nacheinander zu dehnen und versuchen dabei, für einige Dehnübungen die Langbank mit einzubeziehen.
Um die Schüler in ihrer Kreativität zu unterstützen, dehnt auch der Lehrer als Vorbild mit und die Schüler können, sofern sie wollen, seine Übungen imitieren.

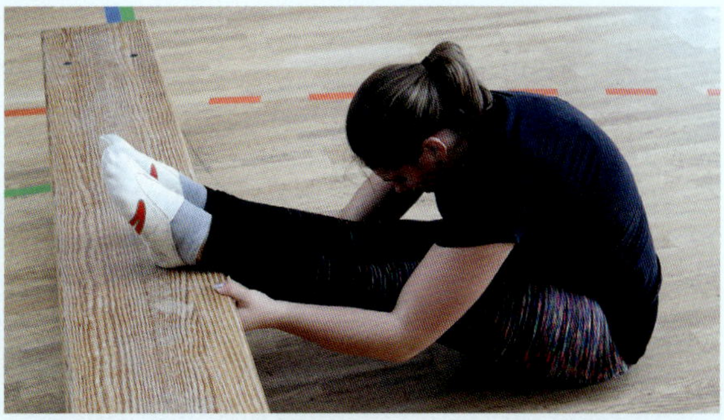

Ausprobieren an Langbänken

- 4–6 Schüler stehen auf einer Langbankseite und heben die Langbank über Kopf an, setzen sich ohne Absprachen in Fortbewegung und ändern spontan und oft die Richtung.
- Die Langbank wird von 4 Schülern senkrecht nach oben aufgestellt und stabilisiert: „Wer traut sich und kann wie hoch nach oben klettern?“
- 2 Schüler bringen die Langbank nah der Enden über Kopf, die anderen Schüler aus der Gruppe laufen, rutschen oder turnen unter der Langbank durch, anschließend stellen die beiden Schüler die Langbank wieder ab, die anderen Schüler überspringen die Langbank. Diesen Bewegungsablauf mit unterschiedlichen Formen des Unterturnens und des Drüberspringens mehrfach wiederholen (Vorsicht: Rhythmisierung für geeignete Zeitpunkte beachten!).
- Je 2 Schüler halten die Langbank an einem Ende und bringen diese ins Schwingen: Beim 3. Schwung bringen sie die Langbank über Kopf, drehen sich 180° um die Körperlängsachse und setzen die Bank wieder auf der anderen Seite ab, die anderen Schüler aus der Gruppe unterturnen die Langbank, wenn diese den höchsten Punkt erreicht.
- Die Schüler laufen im Rhythmus einer eingespielten Musik im Lauftempo (♩ = 160–180 bpm), bei Musikstopp ruft der Lehrer Körperteile auf (Füße, Bauch, Gesäß, Knie), die mit der Langbank in Berührung kommen, mit den so ausgewählten Berührungspunkten bewegen sich die Schüler an der Langbank entlang fort.
- Die Schüler springen rhythmisch über die quer zueinander ausgerichteten Langbänke: Laufsprung, Laufsprung mit halber Drehung, synchron mit einem Partner springen, springen mit Handfassung zu zweit/dritt, Pferdchensprung, Phantasiesprung, Schlusssprung, Hocksprung, von der Langbank abspringen und hinter der Langbank landen, etc.

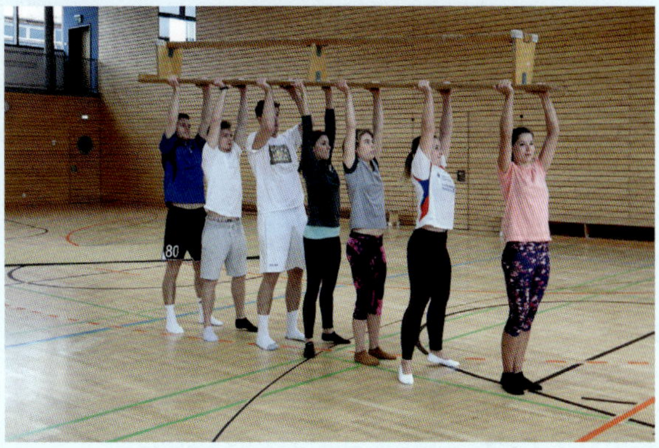

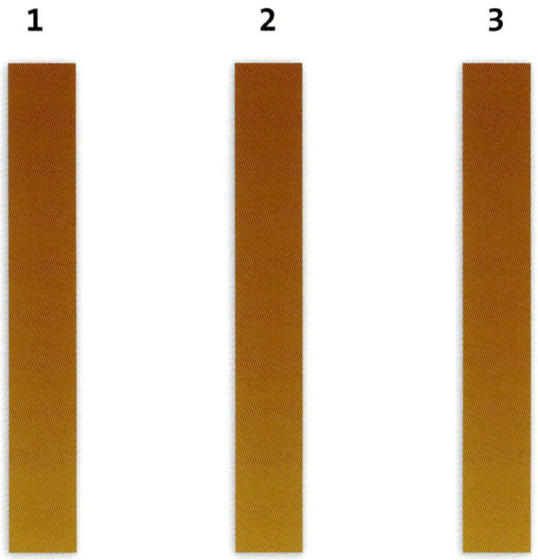

- Welche Bewegungs- und Gestaltungsmöglichkeiten ergeben sich, wenn die Langbänke in verschiedene Aufstellungsformen gebracht werden (Stern, Kreuz, Dreieck, Gasse)? Häufige Richtungsänderungen beim Überturnen vornehmen, Langbänke mit Berührung überturnen und Zwischenräume beturnen
- 2, 3 oder 4 Schüler erarbeiten an einer Langbank eine Turnfolge aus 3 Einzelelementen und bringen diese in eine synchrone Kombination.

Die Schüler erarbeiten eine kurze selbsttätig kreierte und erlernte Synchron-Bank-Kombination und merken sich den Ablauf für den Schlussteil des Stundenbildes.

Die Schüler teilen sich in Gruppen à etwa 8 Schüler und gestalten Teamkombinationen an der Langbank nach:

Kurz-Turnfolge

A und A' führen von den beiden Langbankenden zwei Hockwenden aus und begeben sich anschließend in den Vierfüßlerstand auf der Langbank.
B und B' stehen seitlich zu A und A´ und führen eine Sprunggrätsche über A und A´ aus.
A und A' springen über eine Hockwende oder einen Zappelhandstand mit Handfassung auf der Langbank ab und landen mit den Beinen auf der jeweils rechten Langbankseite.
A und A' überradeln die Langbank und reihen sich in die Gruppe B und B´ ein.
B und B' laufen währenddessen zu den Langbankenden und führen zwei Hockwenden aus, etc.

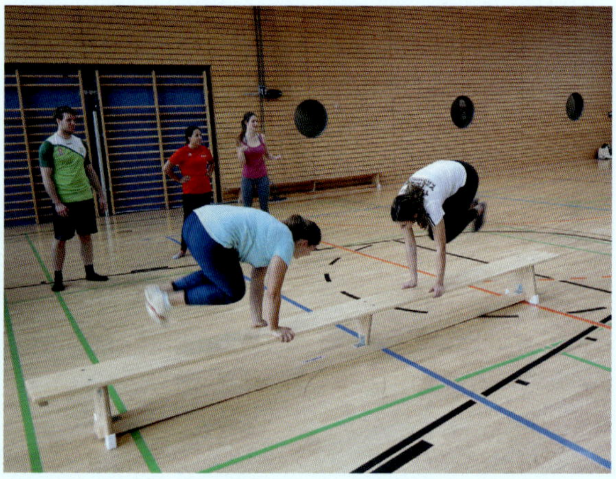

Die Schüler gestalten eine akrobatische Pyramide, mit Langbank als zusätzlichem Partner.
Die Langbank muss mit einbezogen werden und darf nur mit einem Fußende den Boden berühren.
Die Schüler stehen in beliebiger Position im *Freeze* etwa 3–4 m von der Langbank entfernt.
Sie turnen nacheinander im Kanon auf die Langbank mit Roll-, Rad- oder Handstandbewegung zu.
Bei der Ankunft des 1. Schülers an der Langbank nimmt dieser eine Position mit Berührung der Langbank ein, der 2. Schüler nimmt bei Ankunft eine Position mit Berührung der Langbank und des ersten Schülers ein, etc.

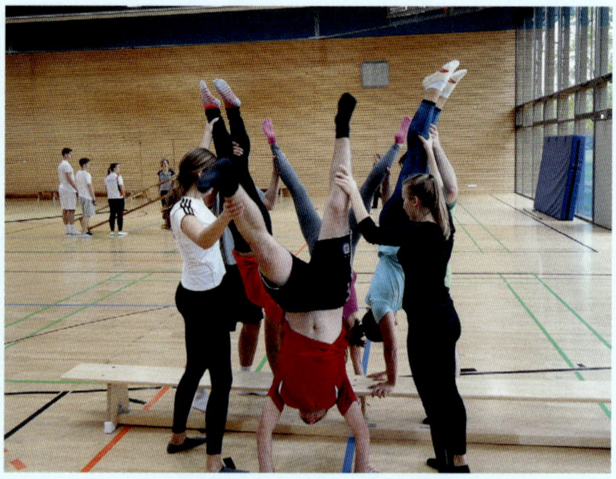

Die Schüler bringen die verschiedenen Aufgaben in eine zusammenhängende Bewegungsfolge, indem Sie auf die vorweg erarbeiteten Sequenzen zurückgreifen und schließen die Turnfolge mit einer Pyramide mit Langbanknutzung ab.

Die Schüler wiederholen die Bewegungsfolge indem sie die eingenommenen Rollen tauschen.

Sie merken sich einen Ablauf der selbsttätig kreierten und geübten Gruppen-Langbank-Bewegungsfolge für den Schlussteil vor.

Gruppeneinteilung
Etwa 8 Schüler schließen sich zu einer Gruppe zusammen. Jede Gruppe nimmt ihre an der Sporthallenwand geparkte Weichbodenmatte auf und platziert diese so, dass je 2 Schüler pro Seite um die Weichmodenmatte herumstehen können.

Die Schüler sammeln Erfahrungen mit dem Turnen mit und an einer Weichbodenmatte.

Die Weichbodenmatte liegt am Boden

- Die Schüler nummerieren sich durch und überqueren nacheinander von 1–8 die Weichbodenmatte schnell im Laufen.
- S.o. mit beliebiger Rollbewegung um beliebige Achse
- Die Schüler turnen nacheinander von 1–8 Zappelhandstände mit Handaufsatz auf der Matte. Vorsicht: Diese Übung soll zur Schonung der Handgelenke nur bei festen Weichbodenmatten ausgeführt werden.
- Zu zweit (1 mit 2, 3 mit 4, 5 mit 6 sowie 7 mit 8) überqueren die Schüler die Weichbodenmatte nacheinander und im Laufen.
- S.o. mit beliebiger Rollbewegung um beliebige Achse
- S.o. und die Paare einigen sich auf eine gemeinsame Turnrichtung, führen in diese Richtung die gleiche Rollbewegung aus und geben dem Paar, auf das sie zuturnen, durch Handabklatschen das Signal zum Ausführen der gleichen Turnaufgabe, etc.
- S.o, mit Körperkontakt (Handfassung, Schulter gegen Schulter, Rücken gegen Rücken, linkes Bein von Partner A und rechtes Bein von Partner B seitlich in Kontakt bringen, etc.) und die Weichbodenmatte von einer zur anderen Seite überqueren
- S.o. Zappelhandstände zu zweit nacheinander ausführen
- Vorsicht: Diese Übung soll zur Schonung der Handgelenke nur bei festen Weichbodenmatten ausgeführt werden.

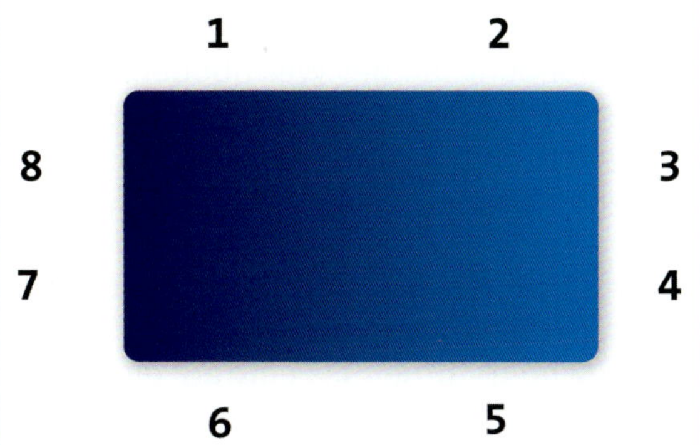

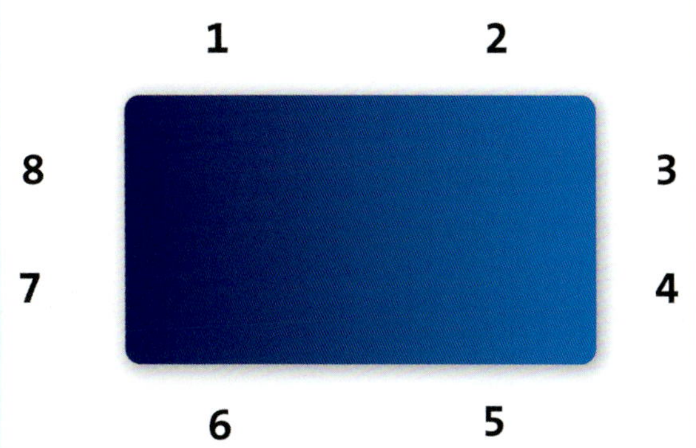

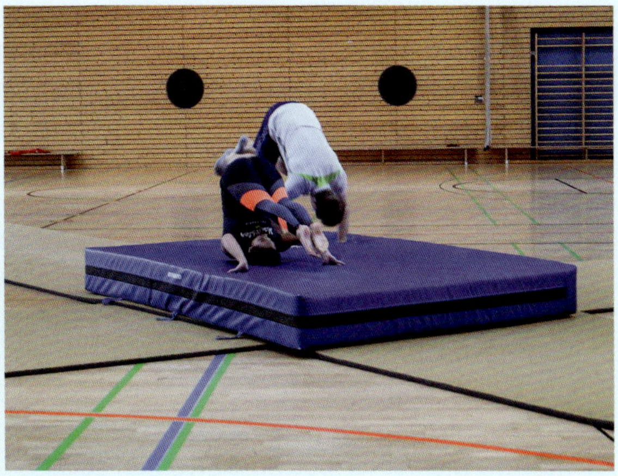

- 1 mit 2, 3 mit 4, 5, mit 6 und 7 mit 8 stehen jeweils Rücken an Rücken mit Blick eines Partners auf die Mitte der Weichbodenmatte. Der Partner, der zur Mitte der Weichbodenmatte blickt, umgreift die Oberarme des anderen Partners, nacheinander führen die Paare einen Rock'n'Roll-Überzugsalto mit Landung auf der Weichbodenmatte aus, die Partner auf der Weichbodenmatte führen eine halbe Drehung aus, greifen sich im Innenstirnkreis an den Händen und begeben sich in eine rückwärts gelehnte Balance, währenddessen führen die außerhalb der Weichbodenmatte stehenden Schüler eine Standwaage aus.
- Die Schüler turnen beliebig auf die Weichbodenmatte rauf.
- Die Schüler nehmen auf der Weichbodenmatte eine akrobatische Position/Pyramide ein.
- Der Lehrer zählt/trommelt einen gleichmäßigen Beat im 4/4-Takt oder spielt Musik ein. Zu zweit starten die Schüler immer auf die 1. Zählzeit und wiederholen die vorherigen Aufgaben.

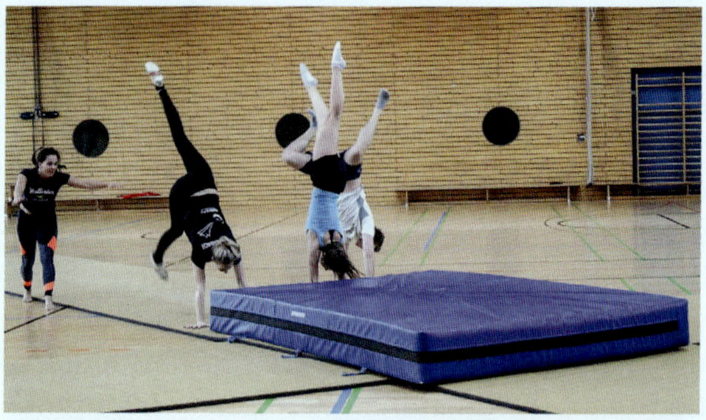

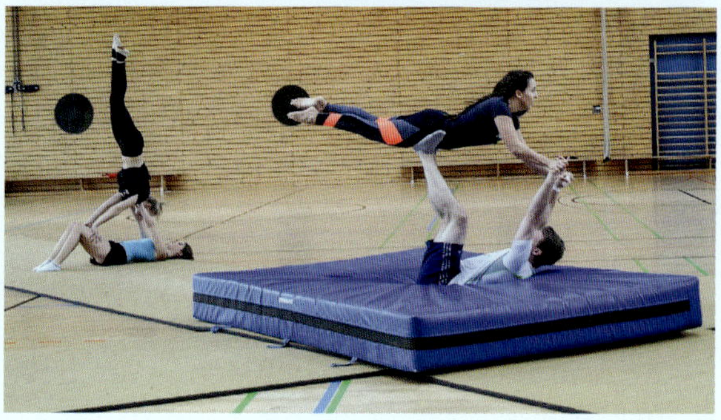

Die Weichbodenmatte ist auf den Füßen der Schüler platziert

- Die Schüler liegen in einem Innenstirnkreis (Köpfe zeigen zueinander) in Rückenlage auf dem Boden.
- Die Weichbodenmatte liegt auf ihren Füßen.
- Die Schüler lassen die Weichbodenmatt nach rechts und links kreisen.
- S.o. und abheben/fliegen lassen der Matte durch gleichmäßigen Fußabdruck von der Weichbodenmatte und wieder mit den Füßen auffangen.
- S.o. und Köpfe zeigen in Rückenlage voneinander weg.

Die Weichbodenmatte steht auf der Längskante

- 5 Schüler stabilisieren die Weichbodenmatte auf einer Seite.
- 3 andere Schüler turnen einen Handstand gegen die Weichbodenmatte.
- Die stabilisierenden Schüler lassen auf ein Kommando die Weichbodenmatte los, sodass die im Handstand stehenden Schüler mit der Weichbodenmatte umfallen und in Rückenlage auf dieser landen.
- Die Schüler stabilisieren die Weichbodenmatte.
- 1–2 Freiwillige übersteigen die Weichbodenmatte von einer zur anderen Seite.
- Die Weichbodenmatte im Raum durch schieben, ziehen, kippen und wiederaufstellen bewegen.
- Die Weichbodenmatte über die Längsseite rollen/kippen.
- Freiwillige Schüler turnen mit Rad-, Roll- oder Handstandvarianten vor oder hinter der Weichbodenmatte von einer zur anderen Seite.

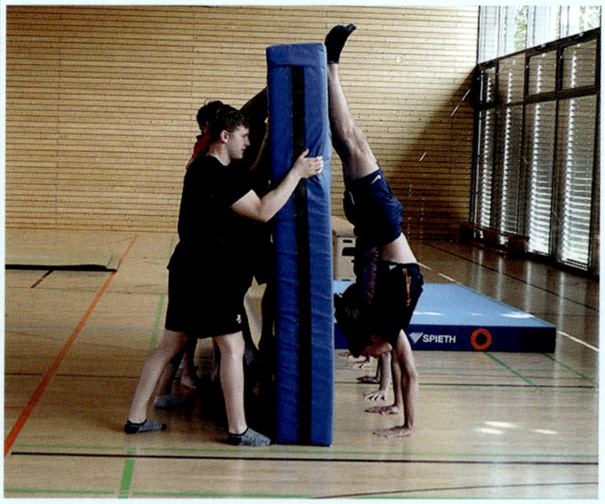

Die Weichbodenmatte an-, abheben oder fliegen lassen

- Eine Person liegt in Rückenlage auf der Weichbodenmatte.
- Die anderen Schüler heben auf ein gemeinsames Kommando die Weichbodenmatte über Kopf an, bewegen sich ein paar Schritte durch die Sporthalle und führen auf ein gemeinsames Kommando die Weichbodenmatte wieder zum Boden.
- Auf ein gemeinsames Kommando heben die Schüler die Weichbodenmatte gleichzeitig und dynamisch an, werfen diese auf ein gemeinsames Kommando in die Luft und fangen sie wieder gemeinsam auf.
- S.o. und während des Anhebens der Weichbodenmatte turnt ein/turnen zwei Schüler von einer Seite zur anderen unter der Weichbodenmatte durch.
- S.o. und während der Flugphase der Weichbodenmatte wechseln zwei vorher ausgewählter Schüler die Seite (Vorsicht: Laufrichtungen absprechen).
- S.o. und während der Flugphase der Weichbodenmatte wechselt ein vorher ausgewählter Schüler die Seite und 2 andere vorher ausgewählte und sich gegenüberstehende Schüler tauschen im Lauf außen um die Weichbodenmatte herum ihre Positionen.

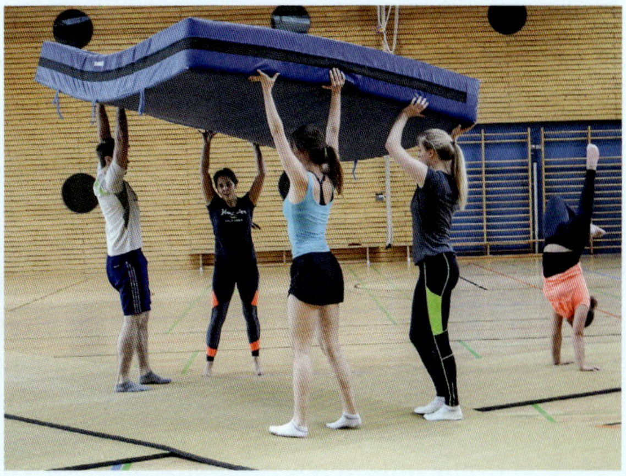

Die Weichbodenmatte schwingen

- Die Schüler heben die Matten an den Schlaufen der Längsseiten und schwingen diese in einem gleichmäßigen Rhythmus vor und zurück.
- Die Schüler heben die Matten an den Schlaufen der Längsseiten an und schwingen diese in einem gleichmäßigen Rhythmus 2x vor und zurück und lassen die Weichbodenmatte beim dritten Schwung einen Loop rückwärts ausführen und fangen die Weichbodenmatte anschließend wieder auf.

8 Schüler erarbeiten gemeinsam eine Turn-Kombination mit Weichbodenmatte, in fließenden Übergängen und in der Reihenfolge: 1. Alle Schüler frieren in einer selbstgewählten schönen Position etwa 4 m von der Weichbodenmatte entfernt ein. 2. Sie turnen zur am Boden liegenden Weichbodenmatte zu zweit (1 mit 2, 3 mit 4, 5 mit 6 und 7 mit 8) nacheinander mit einem selbstgewählten Turnelement hin. Um nicht auf die gleichen Turnelemente zurückzugreifen, stimmen sich die Paare untereinander ab. 3. 6 Schüler heben die Weichbodenmatte vom Boden ab und werfen diese auf ein gemeinsames Kommando hoch in die Luft, 2 Gruppenmitglieder turnen währenddessen unter der Weichbodenmatte mit einem selbstgewählten Turnelement durch. Die 6 Schüler fangen die Weichbodenmatte wieder auf. 4. Ein Schüler turnt mit einem selbst gewählten Turnelement auf die Weichbodenmatte zu, legt sich auf die Weichbodenmatte in Rückenlage oder eine andere stabile Position. Die anderen 7 Schüler heben die Matte an und bewegen sich ein paar Meter durch den Raum. 5. Die 7 Schüler lassen die Weichbodenmatte auf ein gemeinsames Kommando abfallen 6. Der Schüler auf der Weichbodenmatte turnt von dieser durch ein selbstgewähltes Turnelement runter. 7. Alle Schüler stellen die Weichbodenmatte senkrecht auf ihre Querkante auf. 8. 3 Schüler führen an einer Querseite einen Handstand gegen die Weichbodenmatte aus, die anderen sichern die Weichbodenmatte und verhindern, dass diese umfällt. 9. Die sichernden Schüler lassen die Weichbodenmatte auf ein gemeinsames Kommando los und die Handstandturner lassen sich mit der Weichbodenmatte in Rückenlage auf diese umfallen. 10. Die 3 Handstandturner verlassen die Weichbodenmatte turnerisch und mit Partnerhilfe durch die umstehenden Schüler. Die Schüler üben die gefundene Kombination, sodass die vorgegebene Reihenfolge in fließenden Übergängen miteinander verbunden wird. Sie merken sich diese Kurzgestaltung mit der Weichbodenmatte für den Schlussteil vor.	

Schlussteil (10 Minuten)	
Die Schüler verbinden die vorgemerkte Kurzgestaltung mit Langbank mit der vorgemerkten Kurzgestaltung mit Weichbodenmatte, sodass die beiden Kombinationen nicht hintereinander gestellt werden, sondern indem 2 Wechsel innerhalb der Kombination von der Langbank zur Weichbodenmatte und wieder zurück geturnt werden. Die Gruppen führen sich ihre Ergebnisse gegenseitig vor. Dazu spielt der Lehrer eine langsame Musik im 4/8-tel Takt ein. Die gemeinsamen Kommandos werden dabei durch markante Zählzeiten (die jeweilige 1. Zählzeit in einem Takt) ersetzt. **Abbau** Je 3 Schüler bauen die Langbänke ab. Je 4 Schüler bauen die Weichbodenmatten ab.	**Musiktipps s. S. 154**

Stundenbild 2: Turnstreber

Ort: Sporthalle
Zeit: 3 Doppelstunden

Phasen	Fotos, Abbildungen, Geräte- und Materialbedarf
Einstieg (45 Minuten)	
Aufbau Die Schüler bauen – 2x Bodenläufer-V (3 Schüler pro Bodenläufer) und – 2x Barrenholme (1 Schüler pro Barrenholm) auf. **Erwärmen und Eingewöhnen an das Turnen am Bodenläufer-V in 2 Gruppen à 2 Riegen und à 6–8 Schüler** Je ein Schüler aus Riege 1 und ein Schüler aus Riege 2 starten gleichzeitig und laufen (in den Folgeaufgaben Variationen aus Lauf-ABC anwenden) bis zu ihrer Bodenläufer-V-Spitze und führen in der Partnerbegegnung je eine der folgenden Partnerübungsformen aus. Anschließend reihen sich die jeweiligen Schüler der Riege 1 aus Gruppe 1 am Ende der Schlange beim anderen Bodenläufer-V bei Riege 1 aus Gruppe 2 ein. Dadurch ist gewährleistet, dass viele zufällige Paarbegegnungen entstehen und sich vielfältige Ergebnisse der überwiegend offen formulierten Aufgabenstellungen ergeben. **Aufgaben für die Partnerbegegnung in der Bodenläufer-V-Spitze** – Improvisationen zu Aneinander-Anlehnen im Stand: Findet Berührungspunkte, kommt in eine Gewichtsverlagerung zueinander (Gewicht vom Partner annehmen) und verharrt 3 Sekunden in der gefundenen Position: etwa Handfläche an Handfläche, Schulterseite an Schulterseite, Rücken an Rücken, Fuß an Bein, Gesäß auf Oberschenkel, Oberkörpervorderseite an Oberkörperrückseite – Improvisationen zu Voneinander-Weglehnen im Stand: Findet Berührungspunkte, kommt in eine Gewichtsverlagerung voneinander weg (Eigengewicht abgeben) und verharrt 3 Sekunden in der gefundenen Position: etwa gegenseitig eine Hand oder beide Hände fassen, ein Handgelenk oder beide Handgelenke umfassen, beidseitiger, einseitiger oder einseitig kreuzender Unter- oder Oberarmgriff, Hand/Arm umgreift einen Unter-/Oberschenkel	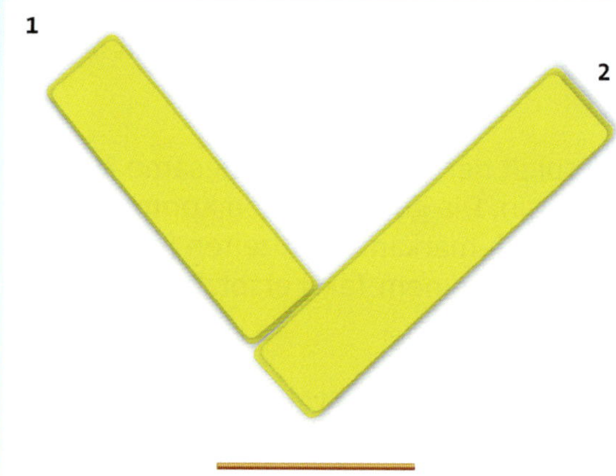  Bodenläufer können auch durch Turnmatten-Bahnen oder Judo-Matten-Bahnen ersetzt werden. 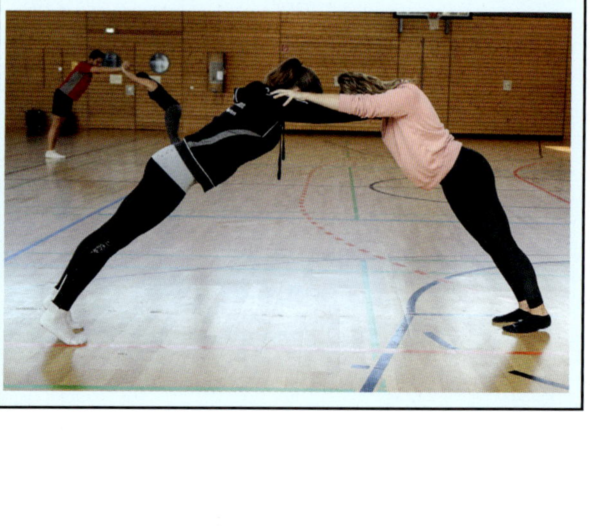

- Improvisationen zu Aneinander-Anlehnen, gemeinsam zum Boden sinken und im Bewegungsfluss vom Boden in den Stand zurückkommen
- Improvisationen zu Voneinander-Weglehnen, gemeinsam zum Boden sinken und im Bewegungsfluss vom Boden in den Stand zurückkommen
- Ein Schüler aus Riege 1 begibt sich in den Vierfüßlerstand (Stütz auf Händen und Unterschenkelvorderseite) und wird von einem Schüler aus Riege 2 übersprungen oder mit und ohne Körperberührung überturnt.
- Ein Schüler aus Riege 1 begibt sich auf alle Viere (Stütz auf Händen und Füßen) und wird von einem Schüler aus Riege 2 mit Körperberührung übersprungen oder mit und ohne Körperberührung überturnt.
- Ein Schüler aus Riege 1 trägt mit beliebiger Tragetechnik einen Schüler aus Riege 2 von dem Bodenläufer-V runter.
  Hinweis: Je mehr Körperfläche in einen gegenseitigen Kontakt kommt, umso einfacher wird das Tragen.
- Der Lehrer legt Bilder für akrobatische Positionen zu zweit, zu viert und zu sechst aus. Die Schüler bauen die abgebildeten Positionen nach.
- 2 oder 3 Paare kreieren eigene Pyramiden. Der Lehrer benennt die Anzahl der Beine und der Hände, die den Boden berühren dürfen.

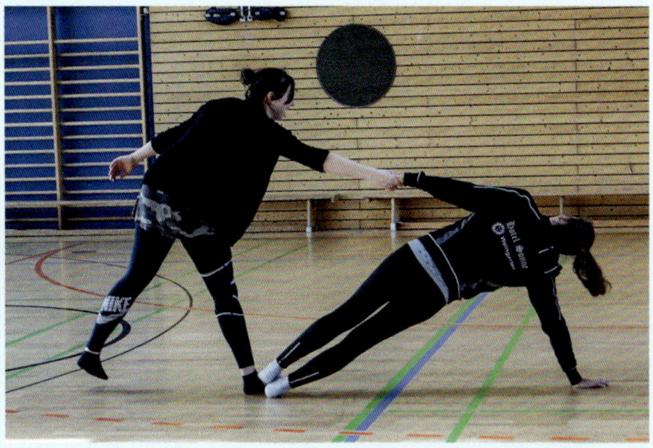

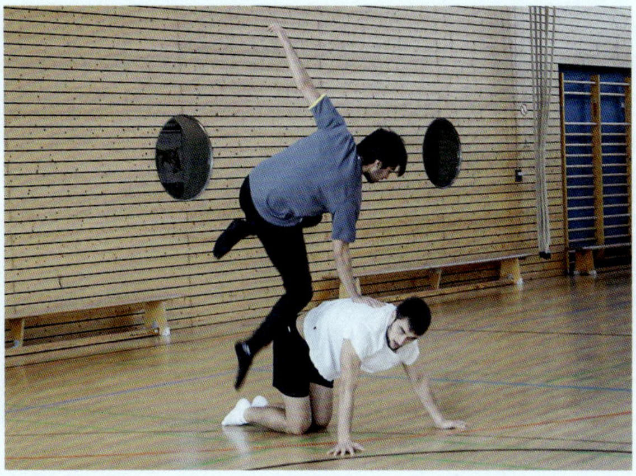

Dehnen-Reihum
Die Schüler formieren sich in einem Halbkreis. Der Lehrer steht an der Kreisöffnung und gibt 2–3 Dehnübungen vor, die die Schüler imitieren. Anschließend reiht sich der Lehrer in den Halbkreis ein. Ein nächster, freiwilliger Schüler begibt sich zur Kreisöffnung, gibt 2–3 Dehnübungen vor, die die anderen Schüler und der Lehrer imitieren, und begibt sich anschließend wieder in den Halbkreis. Ein weiterer, freiwilliger Schüler begibt sich zur Kreisöffnung, etc.

Improvisations-Aufgaben für Gruppenpyramiden in der Bodenläufer-V-Spitze oder an den Bodenläufer-V-Seiten
- Welche Gruppe baut die höchste Pyramide?
- Baut Pyramiden mit thematischem Bezug: Popkonzert, Fußballehrung, Fußball-Vereinsfoto, Liebesszene, Banken-Rettungsschirm, Brückenbau, Flugzeugstatik, Arc de Triomphe, Baum, Schloss Neuschwanstein, Bergkette, Doppelhelix, Sinuskurve, Romeo und Julia, etc.
- Je 2 Schüler bauen unterschiedliche akrobatische Paarpositionen an den Bodenläufer-V-Seiten.
- Baut geeignete Pyramiden, inspiriert aus der in der Theorieeinheit entwickelten Darbietungsform/ dem Motto.

Webhinweise:
http://www.turnkerle.de/Akrobatik_fuer_Schule1.pdf;
http://www.sportunterricht.de/akro/akrospu.html

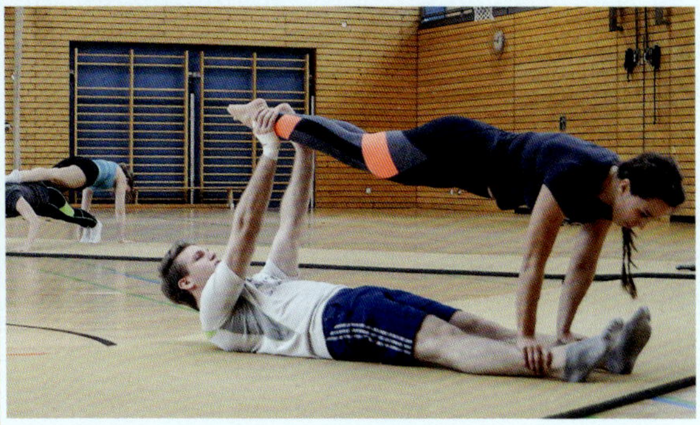

- Darbietungsform: etwa Artistik/Akrobatik, Capoeira, Gang-Style, Hip-Hop-Style, Le Parkour-Verfolgung, Partnering, Kampfsport, Tanzstil.
- Motto: etwa Ganoven-/Verbrecherjagd, Disco-/Club-Szene, Abitur, An-einem-Strang, Individuum versus Gruppe, Neuseeland, Afrika, Hürden bewältigen, Grenzen erfahren, Hindernisse überwinden.

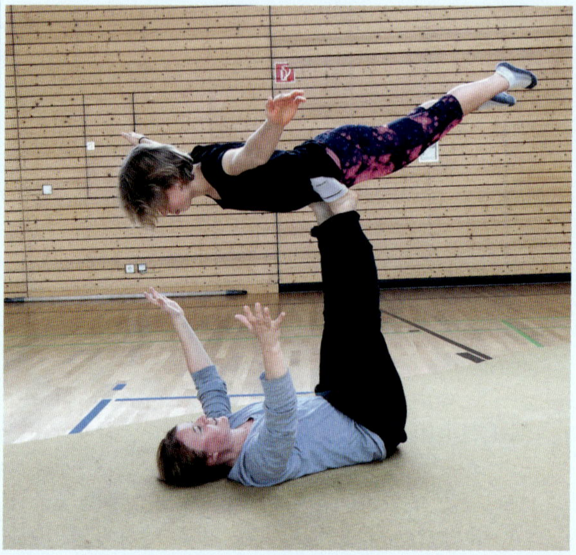

Hauptteil (180 Minuten)

Je ein Schüler aus Riege 1 und 2 starten gleichzeitig und turnen bis zur Bodenläufer-V-Spitze und führen in der Partner-/Gruppenbegegnung je eine der folgenden Individual-, Partner- und Gruppenturnübungen aus. Anschließend reihen sich die jeweiligen Schüler der Riege 2 aus Gruppe 1 am Ende der Schlange beim anderen Bodenläufer-V bei Riege 2 aus Gruppe 2 ein.

Improvisations-Aufgabe zur Individual-, Partner- und Gruppen-Gestaltung

Zwei sich begegnende Schüler wählen eine Lieblings-Gruppenpyramide aus der Einleitung dieses Stundenbildes aus.
Sie turnen vom Ausgangspunkt mit individuell ausgewählten Turnelementen nacheinander zur Spitze und finden einen fließenden Übergang zu einem beliebigen Pyramidenbau.
Sie verbleiben für etwa 3 Sekunden in der Lieblingspyramide und bauen, im Bewegungsfluss, die Pyramide wieder von oben nach unten ab. Abschließend turnen sie mit bruchlosem Übergang mit individuellen Turntechniken zum Ausgangspunkt zurück.

Diese Aufgabe wiederholen die Schüler mehrmals solange, bis sich eine Abfolge mit immer gleichen Turneinzel- und Turngruppenelementen festigt.

Der Lehrer spielt erst leise, dann zunehmend lauter eine geeignete Musik zur Gruppengestaltung im 8/4-tel Takt ein.

Musiktipps s. S. 154

Die Schüler turnen nach dem Grundschlag der Musik und erkennen einfache Strukturmerkmale in der Musik (Start, Schluss, Refrain, Strophe, Bridge) und versuchen diese in der Turngestaltung darzustellen.

Aufgaben zur Partner- und Gruppen-Gestaltung, die in der gleichen Riege von Paaren/Gruppen auf dem Weg zum Bodenläufer-V ausgeführt werden

2 Schüler turnen gemeinsam eine Doppelrolle.

2 Schüler turnen gemeinsam einen Flieger (Rollentausch zwischen A und B).

2 Schüler turnen fließende Übergänge in einen Seitflieger und wieder zurück in den Stand: Schüler A und Schüler B stehen nebeneinander mit einseitigem Schulterschluss. Die rechte Schulter von A berührt die linke Schulter von B im Stand. Sie fassen sich überkreuzt an den Händen. A führt einen weiten Schritt rückwärts aus, rollt in die Rückenlage ab und setzt seinen rechten Fuß an die linke Flanke von B und den linken Fuß an die linke Oberschenkelaußenseite von B.
A zieht B in den Seitflieger mit leicht gegrätschten Beinen.
A pendelt B anschließend wieder in den Stand zurück.
B zieht A gleichzeitig aus der Rückenlage in den Stand auf.

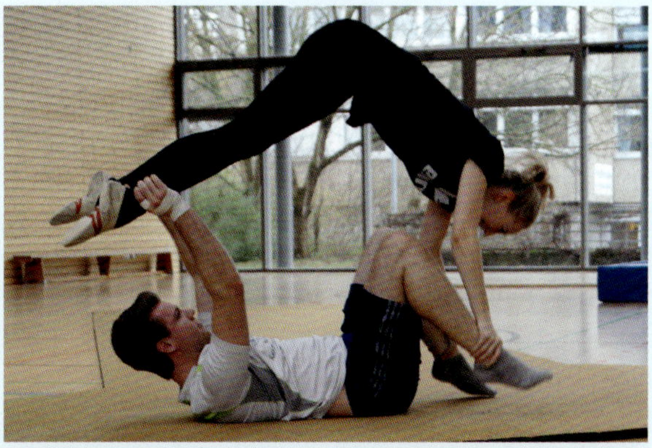

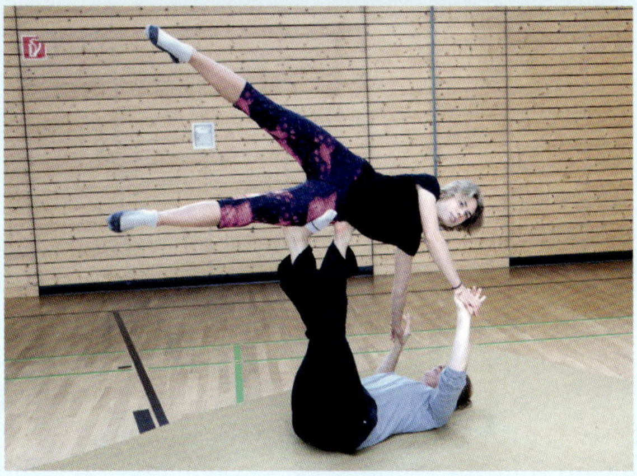

Schüler A führt einen Bocksprung über Schüler B aus.
A turnt anschließend eine Sprungrolle mit prellendem Absprung.

In der Mitte des Bodenläufers und auf beiden Bodenläufern gleichzeitig hebt ein Schüler A einen Schüler B aus dem Liegestütz in den Handstand an.
A turnt ein Handstand-Abrollen und weiter zum offenen Bodenläufer-V-Ende mit einem beliebigen Turnelement.
B turnt eine Sprungrolle mit Anlauf zur Bodenläuferspitze.
Die beiden As nehmen spontan eine der vorher erarbeiteten Voneinander-Weglehnen-Positionen ein.
Die Bs turnen eine beliebige akrobatische 2er-Pyramide.

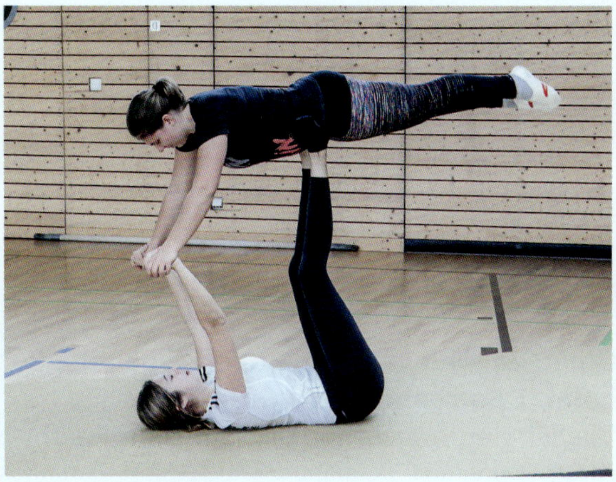

In der Mitte des Bodenläufers und auf beiden Bodenläufern gleichzeitig schwingt ein A auf den Füßen von einem B und gegen seine Hände in den Handstand auf. B stützt A, indem er seine Oberschenkelrückseite umklammert.
B führt mit A auf seinen Füßen eine halbe Umdrehung aus.
A rollt aus dem Handstand von den Füßen von B ab.
A und B führen synchron einen Strecksprung mit Drehung in Richtung Bodenläuferspitze aus.
Beide Schüler schlagen ein Rad nach rechts, dann ein Rad nach links und begeben sich in eine beliebige akrobatische 2er-Pyramide.

In der Mitte des Bodenläufers und auf beiden Bodenläufern gleichzeitig begeben sich je ein Schüler A und ein Schüler B in Rückenlage mit voneinander wegzeigenden Köpfen und führen eine Kerze aus. Sie legen bei der Abwärtsbewegung aus der Kerze die Füße aufeinander, drücken sich gegenseitig von den Fußsohlen des Partners ab und führen synchron eine Schulterrolle über die Lieblingsseite in den Kniestand aus. A steht in den Stand auf. B begibt sich vom Kniestand in den Kopfstand und wird von A dabei im Klammergriff an seinen Oberschenkeln stabilisiert. A zieht B aus dem Kopf- in den Handstand. B schwingt ab. Je ein Schüler A pro Riege fährt einen Schüler B im Schubkarren bis zur Mitte des Bodenläuferkreuzes (Vorsicht: A muss die Beine von B oberhalb der Knie an den Oberschenkeln greifen!) und führt ihn dort in den Handstand. B führt ein Handstand-Abrollen mit anschließendem Strecksprung mit halber Drehung aus. A und B führen eine Standwaage gegeneinander aus. Dabei stützen die Hände auf der Schulter des Partners auf. A und B begeben sich in den Stand und führen einen Strecksprung mit halber Drehung aus und turnen nacheinander ein Turnelement ihrer Wahl. Die Schüler wiederholen die Übungen mehrmals und tauschen dabei auch die Positionen A und B. Die Schüler merken sich die ausgewählte und geübte Synchron-Turn-Übung mit festgelegtem Partner aus ihrer Turngruppe für den Schlussteil. **Übungen mit einem am Boden liegenden Barrenholm (1 Barrenholm pro Gruppe)** Die Schüler überturnen den Barrenholm ohne Berührung. Die Schüler überturnen den Barrenholm mit Berührung. Beim Überturnen des Barrenholmes setzen die Schüler diesen in Bewegung. **Aufbau** Der Barrenholm befindet sich auf der Bodenläufer-V-Spitze. Je 2 Partner tragen den Barrenholm, heben ihn an oder legen ihn auf Körperteilen auf. Ein andrer Schüler turnt mit und am Barrenholm.	

Aufgaben für Bodenläufer-V-Spitze mit Barrenholm und einem Turner (Soli)

2 Schüler heben den Barrenholm an nur einer Seite an
Ein Schüler überturnt den Barrenholm, indem er ihn überspringt, überradelt, überrollt, etc.

Ein Schüler unterturnt diesen, indem er darunter durchrutscht, kriecht, rollt, etc.

2 Schüler heben den Barrenholm an einer Seite an und setzen ihn in Bewegung. Ein Schüler über- oder unterturnt diesen: überspringen, überradeln, überrollen, rutschen, kriechen, rollen

2 Schüler heben den Barrenholm an beiden Seiten auf Oberschenkelhöhe an
Hinweis: Um eine gute Lastenverteilung herzustellen, halten die beiden Träger den Barrenholm nicht an dessen Enden, sondern rücken in der Mitte soweit zusammen, dass eine Holmenstrecke von nur 1–1,5 m beturnt werden kann. Je weiter die Träger auseinander stehen, umso schwerer wird für die Träger die zu tragende Last.

- Der Schüler sitzt auf dem Barrenholm.
- Der Schüler hängt im einbeinigen oder beidbeinigen Kniehang im Barrenholm.
- Der Schüler steht mit Festhalten an den Trägern auf dem Barrenholm.
- Der Schüler überspringt mit Abdruck von den Trägern den Barrenholm.
- Der Schüler überspringen den Barrenholm und drückt sich von diesem dabei ab.
- Der Schüler über- oder unterrollt den Barrenholm.
- Der Schüler schiebt sich mit Festhalten am Barrenholm unter diesem durch.

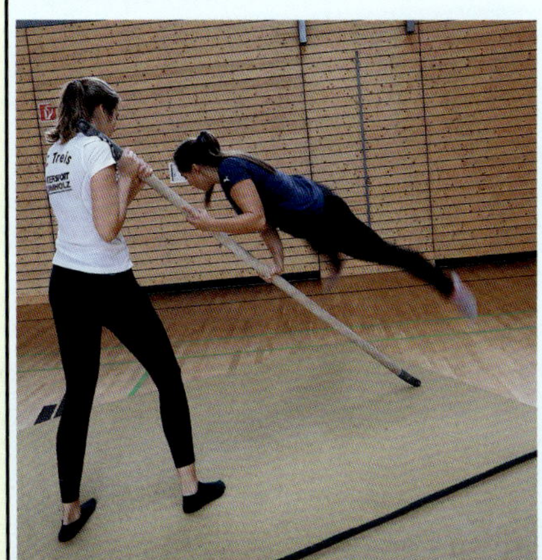

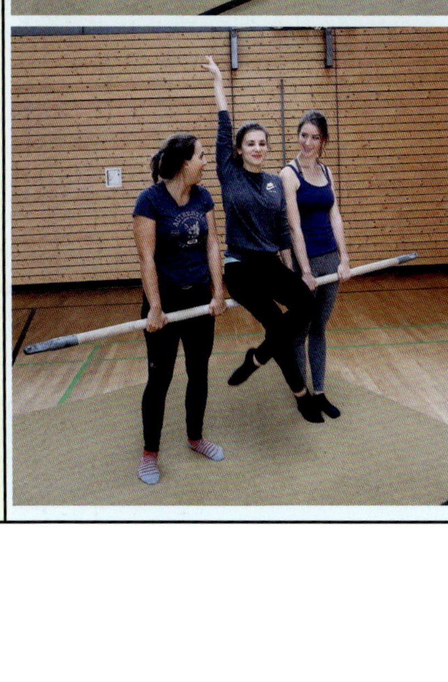

2 Schüler heben den Barrenholm an beiden Seiten auf Schulterhöhe an
Hinweis: Um eine gute Lastenverteilung herzustellen, halten die beiden Träger den Barrenholm nicht an dessen Enden, sondern rücken in der Mitte zusammen, sodass am Holm nur an einer Strecke von 1–1,5 m geturnt werden kann. Je weiter die Träger auseinander stehen, umso schwerer wird für die Träger die zu tragende Last. Auch darf der Barrenholm nicht direkt auf der Schulter aufliegen. Durch Druck der Hände von unten auf den Barrenholm sollen die Schultern entlastet werden.

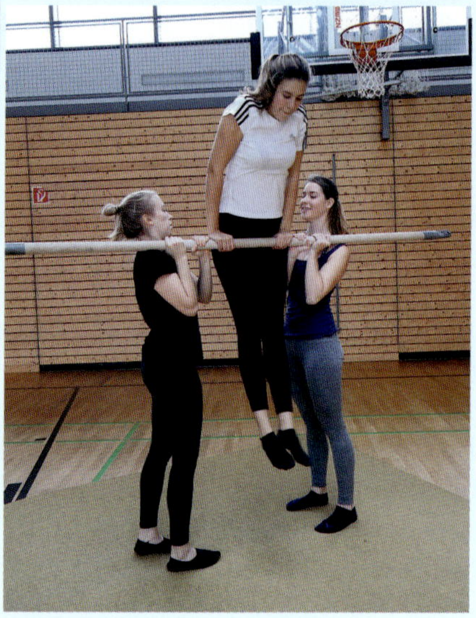

Ein Schüler über- und unterturnt den Barrenholm

- Der Schüler überturnt den Barrenholm.
- Der Schüler unterturnt den Barrenholm.
- Der Schüler über- oder unterturnt den Barrenholm mit Berührung.
- Der Schüler überspringt den Barrenholm und drückt sich dabei von diesem ab.
- Der Schüler hängt am Barrenholm an den Händen, in den Kniekehlen, im Stütz, beim Schwingen.
- Der Schüler turnt die vorausgegangenen Aufgaben nochmals. Die Träger setzen währenddessen den Barrenholm in Bewegung.

Alle 4–5 Aufgaben findet ein Austausch der Träger statt.

Aufgaben für Bodenläufer-V-Spitze mit Barrenholm und 2 Turnern (Duette)

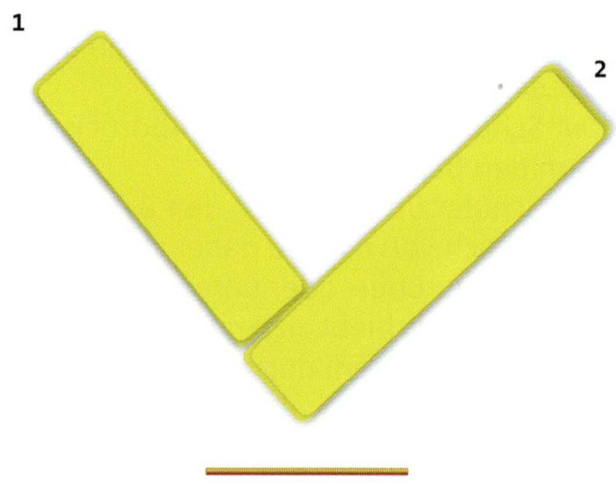

Bewegungsaufgaben zum Verändern der Tragepositionen durch 2 Träger

2 Schüler stehen Rücken an Rücken und halten den Barrenholm mit den Händen über Kopf. Sie stehen gemeinsam auf.

2 Schüler sitzen sich mit angezogenen Beinen gegenüber. Sie halten sich an den Händen fest.
Der Barrenholm liegt auf ihren Armen.
Sie stehen gemeinsam auf.

2 Schüler sitzen sich mit angezogenen Beinen gegenüber. Beide Partner umgreifen den Barrenholm in der Vorhalte. Sie verlagern sich nach hinten und ziehen sich gegenseitig vom Sitz in den Stand hoch.

2 Schüler sitzen sich im Spitzwinkelsitz mit Hand- und Fußberührung gegenüber. Sie legen den Barrenholm auf ihre Füße.

2 Schüler stehen sich gegenüber. Sie halten sich gegenseitig an den Schultern des Partners fest. Sie legen den Barrenholm auf ihre Arme auf und lehnen sich gleichzeitig zurück.
Auf ein gemeinsames Kommando lösen sie ihre Hände und greifen nach dem Barrenholm und umfassen ihn. Anschließend lehnen sie sich rückwärts mit Griff am Barrenholm und gelangen in eine Balance.

2 Schüler stützen im Liegestütz vorlings dicht nebeneinander. Sie legen den Barrenholm auf ihren Schultern auf. Auf ein gemeinsames Kommando wechseln sie in den Liegestütz seitlings mit Stütz auf dem linken Arm und richten dadurch den Barrenholm einseitig auf.

Bewegungsaufgaben für zwei Turner
Schüler A begibt sich in den Vierfüßlerstand vor dem auf Schulterhöhe angehobenen Barrenholm.
Schüler B lehnt sich bäuchlings über A mit Handstütz auf dem Boden.
A richtet sich in den Stand auf und bringt dadurch B in den Handstand.
B hakt sich mit den Kniekehlen im Barrenholm ein und wird von den Trägern eine halbe Umdrehung versetzt. Anschließend schwingt B über den Handstütz ab und in den Stand auf.

Schüler A begibt sich etwa 2 m vor dem auf Hüfthöhe angehobenen Barrenholm in den Vierfüßlerstand.
Schüler B überradelt A oder führt eine Hockwende über B aus.
B springt in den Stütz vorlings am Barrenholm und führt während der Fortbewegung der Träger einen Hüftabzug aus.

Schüler A befindet sich im Grätschsitz mit Blick zum 2 m vor dem auf Hüfthöhe angehobenen Barrenholm. Schüler B führt einen Grätschsprung über A mit Handabdruck von dessen Schultern aus und landet zwischen den gegrätschten Beinen von A.
B begibt sich in den Vierfüßlerstand auf seinen Ellbogen.
A rollt währenddessen nach hinten in die Kerze auf und anschließend wieder in den Stand hinter B zurück.
A steigt über den zusammengekauerten B in den Stütz und führt einen Hüftumschwung vorlings rückwärts aus.

Die Schüler wiederholen die Kombinationen und tauschen dabei die Positionen A und B sowie die der Barrenholmträger aus.

Die Schüler wählen eine Barrenholm-Duett-Turn-Übung mit festgelegtem Partner aus der Turngruppe aus, üben die Abfolge und merken sie sich für den Schlussteil vor.

Duette am Bodenläufer auf dem Weg zur Bodenläufer-V-Spitze (ohne Barrenholm)

Es kann an 4 Stationen pro Bodenläufer-V geübt werden

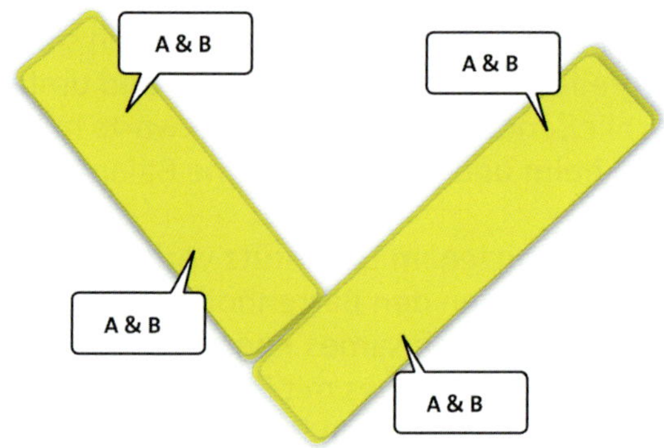

Sprünge mit Partnerunterstützung

Dirty-Dancing-Sprung
Schüler A und Schüler B stehen sich in einem Abstand von 4–5 m gegenüber.
A nimmt eine Schrittstellung mit gebeugten Beinen ein und bringt die gebeugten Arme in Vorhalte.
B läuft auf A zu, legt seine Arme auf den Schultern von B auf, stützt sich von den Schultern von B hoch und springt beidbeinig mit leichter Körpervorlage zu einem Strecksprung ab.
A umgreift B an dessen Hüfte, hebt B an und unterstützt seine Sprunghöhe in der Flugphase.
A begleitet B nach seinem Sprung in den sicheren beidbeinigen Stand zurück.
B landet am Boden durch weiches Nachgeben in seinen Sprunggelenken.

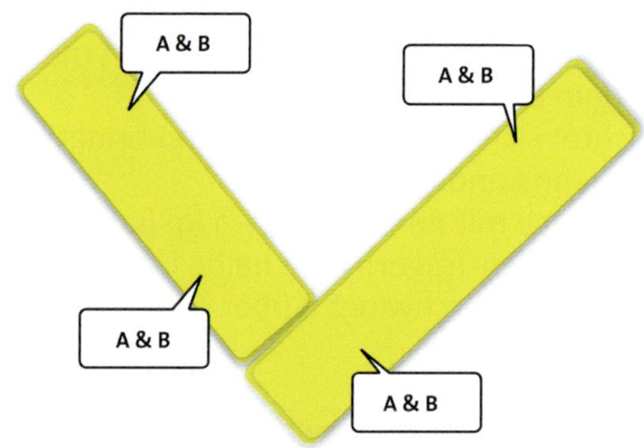

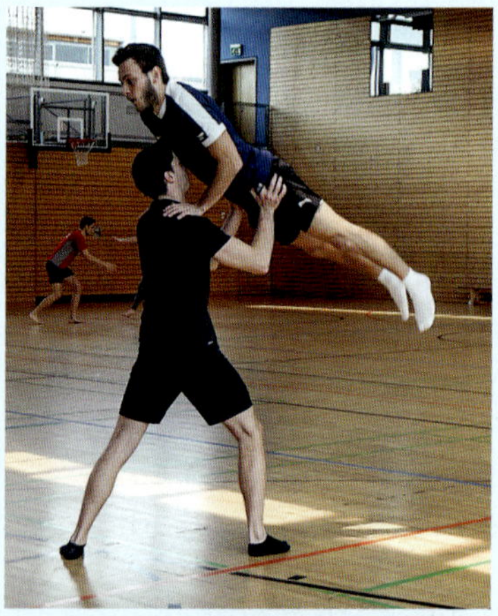

Hochzeitsprung
Schüler A steht rechts neben Schüler B im Abstand von 4–5 m.
A läuft auf B zu, legt seinen rechten Arm von hinten um den Kopf von B und führt einen Schersprung aus.
B umgreift A in dessen Flugphase mit dem linken Arm um die Oberschenkelrückseiten von oben und mit dem rechten Arm seinen Oberkörper an der Rückseite.
A kauert sich nah an den Körper von B.
B nimmt die Sprungdynamik und -richtung von A auf, dreht sich 1x nach links und setzt A wieder sicher in Schrittstellung am Boden ab.

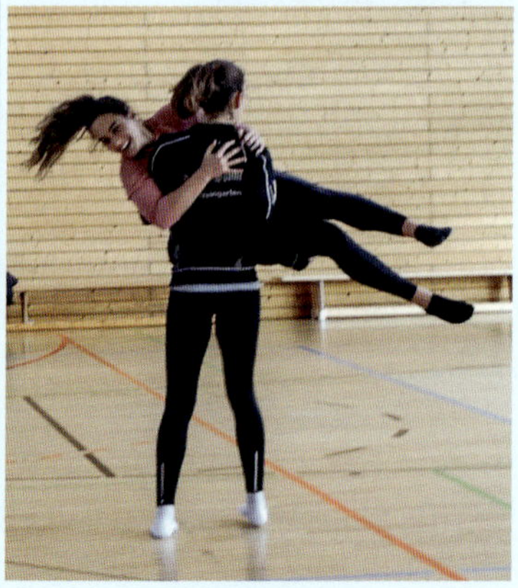

Butterfly-Sprung
Im Abstand von 4–5 m zu Schüler A nimmt Schüler B eine Flat-Back-Position ein (Standposition mit im rechten Winkel nach vorn gebeugtem Oberkörper und geradem Rücken). Seine Arme stützen dabei mit den Unterarmen auf seinen gebeugten Oberschenkeln auf. A läuft seitlich von B an, stützt seine Arme auf der Hüfte von B auf und führt einen Butterfly-Sprung (Schersprung in Horizontallage) mit Handstütz und Handabdruck von B aus.
Die Beine von A können entweder über die Hüftachse oder als schwierigere Variante über die Schulterachse von B scheren.

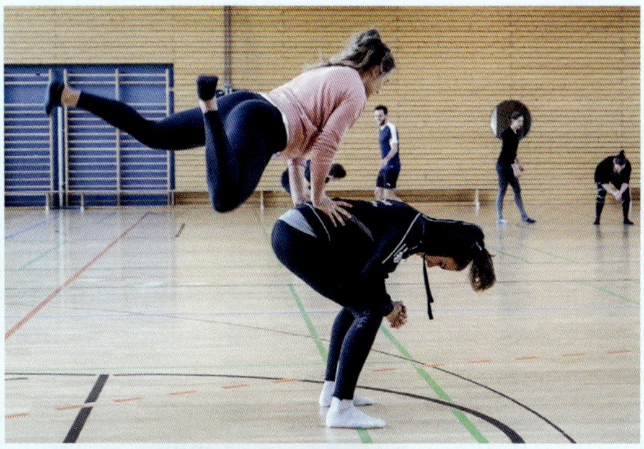

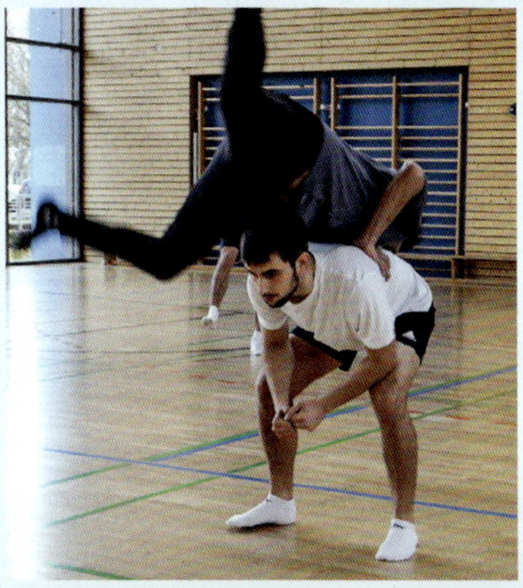

Variante
Die Schüler stehen sich gegenüber und halten sich für den Butterfly-Sprung im Doppelarmgriff an den Unterarmen.

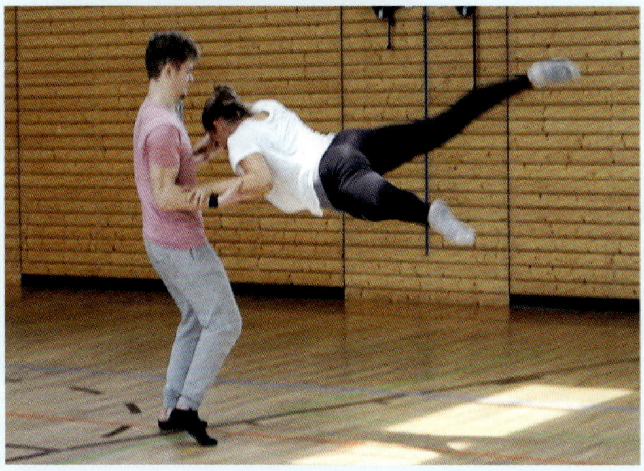

Rücken-Rolle
Schüler A steht in Flat-Back-Position und legt seine Unterarme auf seinen Oberschenkeln ab. Schüler B berührt mit seiner linken Schulter seitlich die rechte Schulter von A, bringt seinen linken Fuß dicht neben den rechten Fuß von A. B springt von seinem linken Fuß ab, rollt mit seinem Rücken über den Rücken von A und landet auf der gegenüberliegenden Seite mit dem rechten Fuß zuerst auf dem Boden.

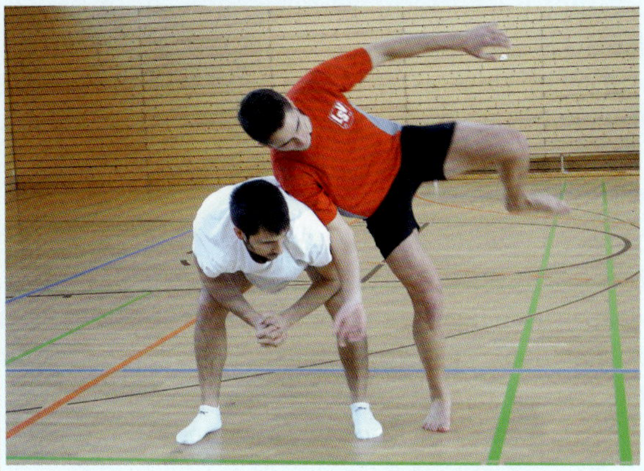

Die Schüler wiederholen die Partnerübungen und tauschen dabei die Positionen A und B mehrfach aus.

Die Schüler wählen einen Duett-Turn-Sprung mit festgelegtem Partner aus der Turngruppe aus, üben diesen und merken ihn sich für den Schlussteil des Stundenbildes vor.

Die Schüler probieren Partner-Hebungen zu zweit aus.

Flanken-Lift
Schüler A steht rechts neben Schüler B, Seite an Seite mit Körperkontakt über die gesamte Flanke.
Schüler A bringt seinen linken Arm in Hochhalte.
Schüler B packt mit seiner linken Hand das Handgelenk von A und umgreift A mit seinem rechten Arm von vorn um den Bauch.
Schüler A beugt die Beine zur Schwungunterstützung, lehnt sich gegen B und springt leicht ab.
B hebt A an, führt eine ganze Drehung aus und stellt B anschließend wieder ab.

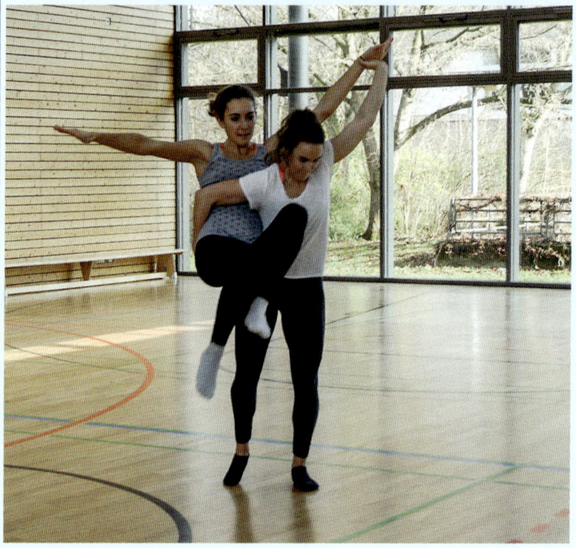

Aufstieg
Die Schüler A und B stehen sich in einem Abstand von 4–5 m gegenüber.
A begibt sich in eine leichte stabile Schrittstellung mit gestreckten Armen in Vorhalte.
B geht auf A zu, setzt seine Arme auf die Schultern von A auf und steigt an A auf, wobei ein Bein auf einem Oberschenkel und das andere auf der gegenüberliegenden Schulter aufsteigt.
Diese Position kann nicht gehalten werden, sodass B direkt wieder rückwärts von A in umgekehrter Reihenfolge absteigen muss.
Der Kletteraufstieg wird von A durch Zug- und Druckhilfe mit festem Zufassen an beiden Hüftseiten von B unterstützt.

Radpendel
Schüler A nimmt eine Flat-Back-Position (Oberkörper ist in der Hüfte um 90° nach vorn gebeugt) mit auf den gebeugten Oberschenkeln aufgestützten Unterarmen ein.
Schüler B überradelt A mit gegen- oder gleichseitigem Hüftkontakt.
A geht B anfangs entgegen und begleitet mit einer leichten Pendelbewegung das Radschlagen von B.

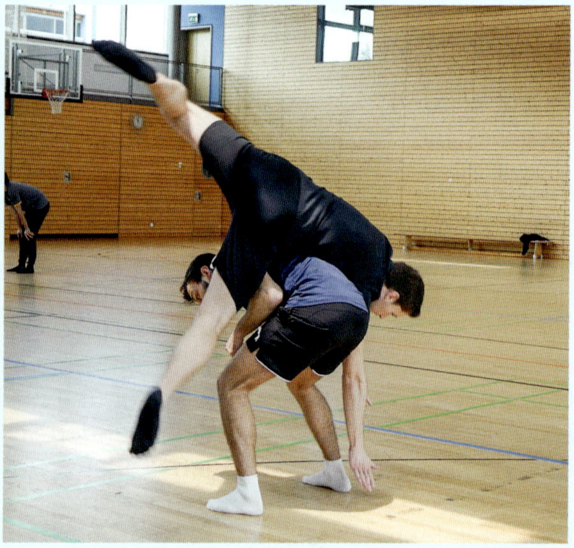

Radumarmung
Schüler A steht rechts neben Schüler B, Seite an Seite mit Körperkontakt über die gesamte Flanke.
A umgreift B mit dem linken Arm von vorn um die Hüfte und mit dem rechten Arm von hinten um die Hüfte.
B umgreift A mit dem rechten Arm von vorn um die Hüfte und mit dem linken Arm von hinten um die Hüfte und radelt am Körper von B in den Handstand auf.
Beide Schüler halten sich gegenseitig, an der Hüfte umarmt, fest.
A stellt B langsam auf seine Hände und in den Handstand und begleitet B beim Handstandabrollen in den Stand zurück.

Partner-Handstand-Impro
Die Schüler A und B erfinden Handstandhebungen am Körper des Partners.

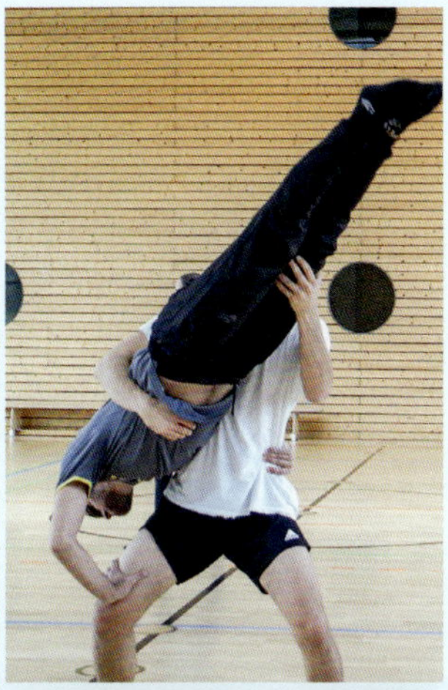

Handstandspringen mit Partnerunterstützung
Schüler A schwingt vor Schüler B in den Handstand auf und drückt sich gegen den Boden zum Handabsprung ab.
B steht in leichter Schrittstellung frontal zu A vor der Handabdruckstelle von A.
B hakt mit der einen Hand an einer seiner Schultern unter und umarmt ihn gleichzeitig mit dem gegenseitigen Arm.
Während A durch prellenden Hand- und Armabdruck vom Boden springt, unterstützt B das Anheben.
B legt A auf eine Schulterseite, führt eine halbe Drehung aus und stellt anschließend A wieder in den sicheren Stand zurück.

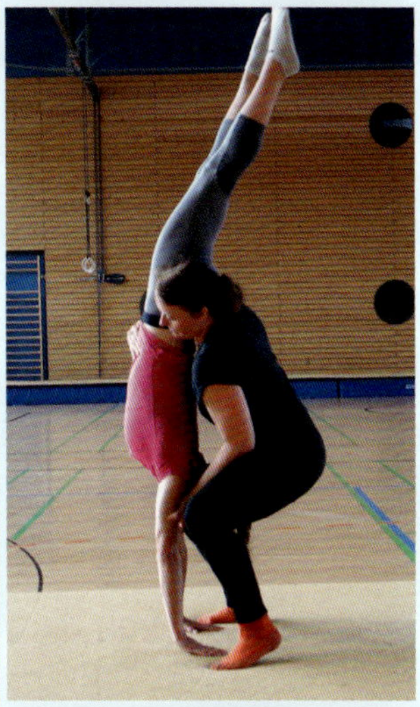

Variante
- Partner A legt seine Lendenwirbelsäule auf die rechte Schulterseite von Partner B. Dazu muss B seine Beine in Schrittstellung beugen. B umfasst A mit seinem rechten Arm um den Bauch und unterstützt mit seiner linken Hand die linke Oberschenkelrückseite von A. Auf ein gemeinsames Kommando springt A leicht vom Boden ab, während B seine Beine streckt und A nach oben liftet.

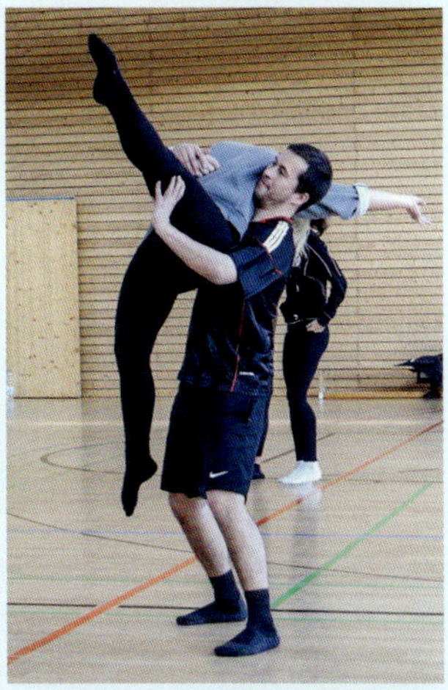

Oberarmstand auf Oberschenkeln
Schüler A nimmt einen stabilen Stand in hüftbreiter Schrittstellung und mit leicht gebeugten Beinen ein. Schüler B führt einen Oberarmstand auf den Oberschenkeln von B aus und wird von A mit Griff an beiden Oberschenkeln gestützt und wieder in den sicheren Stand zurück begleitet.

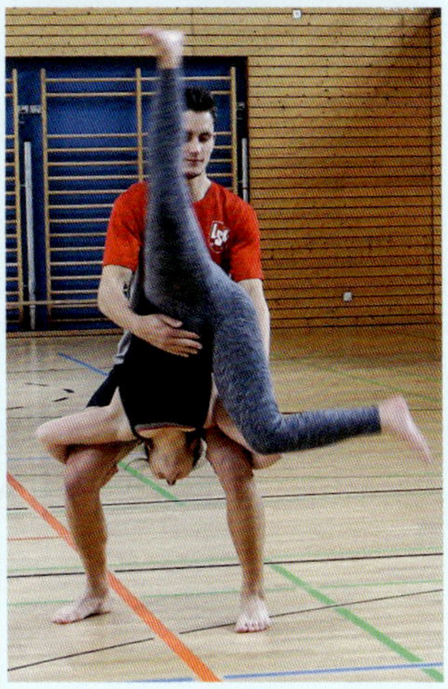

Oberarmrad auf Oberschenkeln
Schüler A nimmt einen stabilen Stand in hüftbreiter Schrittstellung und mit leicht gebeugten Beinen ein. Schüler B steht seitlich von A, radelt über seinen Oberarmstand von der einen zur anderen Seite der Oberschenkel von A und wird von A mit Griff an beiden Hüftseiten gestützt und wieder in den sicheren Stand auf der anderen Seite begleitet.
Die Schüler wiederholen die Partnerübungen und tauschen dabei die Positionen A und B mehrfach aus.

Die Schüler wählen eine Duett-Turn-Hebung mit festgelegtem Partner aus der Turngruppe aus, üben diese und merken sie sich für den Schlussteil des Stundenbildes vor.

Turnerischer Umbau Die Schüler bauen beim Turnen das Arrangement um, sodass eine neue Turnarchitektur entsteht und sich weitere Gestaltungsvarianten in neuer Umgebung und an einer neuen Geräteverbindung entfalten können.	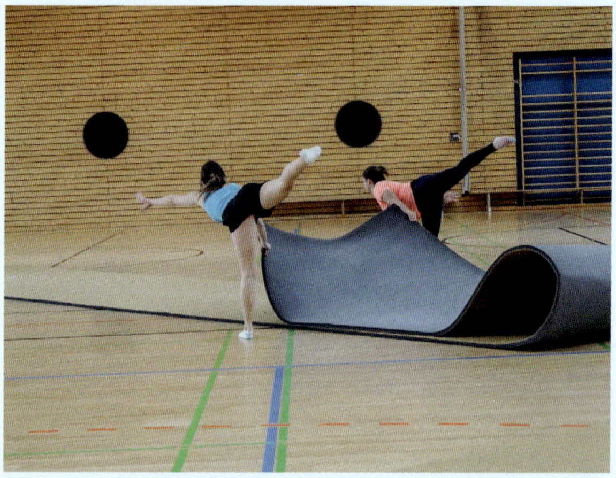
Schlussteil (35 Minuten Ergebnissicherung + 10 Minuten Abbau)	
Die Schüler verbinden die als geeignete Lösungen vorgemerkten Turnübungen und Turnkombinationen mit festgelegtem Partner aus der Turngruppe zu einer Turngruppen-Kurzgestaltung. **Hinweis** Es startet das erste Paar (A & B) aus Gruppe 1, das erste Paar aus Gruppe 2 startet einen Takt später, das zweite Paar aus Gruppe 1 startet einen Takt später, etc. Die Schüler turnen in Fortbewegung von den Öffnungen des Bodenläufer-Vs bis zur Bodenläufer-Spitze mit Barrenholmbeteiligung in der folgenden Reihenfolge: 1. Selbsttätig kreierte Synchron-Turn-Übung 2. Ausgewählter Duett-Turn-Sprung 3. Ausgewählte Duett-Turn-Hebung 4. Ausgewählte Barrenholm-Duett-Turn-Übung Die Paare üben ihre ausgewählten Partner-Aufgaben und bringen diese in eine geschickte, rhythmische Turnverbindung in Fortbewegung. Der Lehrer spielt in den Gestaltungsprozess erst leise, dann mit immer lauter werdende Musik im langsamen 4/8-Takt ein, sodass Partnerabsprachen für die Kurzgestaltung immer weniger verbal und immer mehr motorisch stattfinden können. Die Schüler wiederholen die gefundenen Lösungen mehrfach. Die Schüler veranlassen mit Unterstützung des Lehrers erste spontane Anbindungen an Grundschlag, Charakter und Struktur der Musik. Dazu muss der Lehrer Zählzeiten einfließen lassen, Auftakte durch „und“ einzählen und den Musikstart und das Musikende ankündigen.	Es können 6 Schüler pro Bodenläufer üben = 12 Schüler pro Turngruppen-Kurzgestaltung am Bodenläufer-V 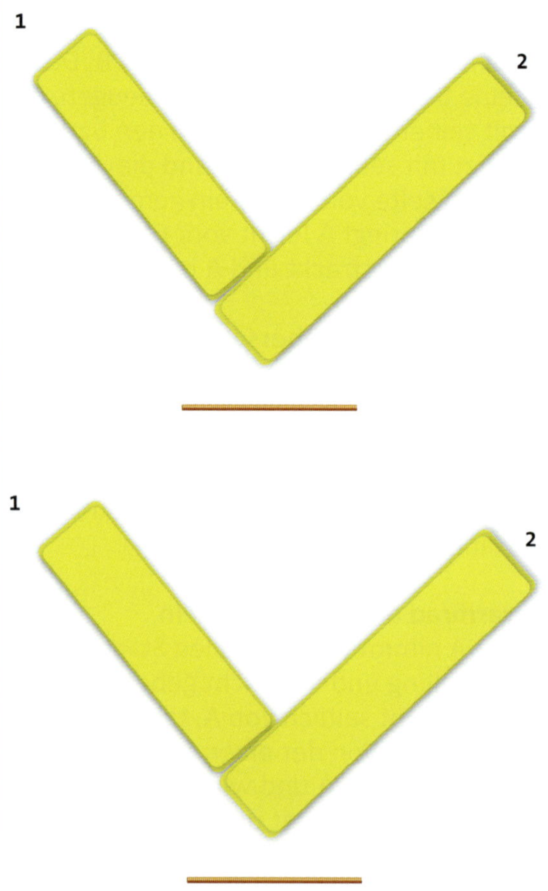 **Musiktipps s. S. 154**

Die Schüler proben den Ablauf mehrfach. Die Schüler führen eine Generalprobe durch. Die Schüler präsentieren ihre Ergebnisse: Erst führt Gruppe 1 ihr Ergebnis der Gruppe 2, dann führt Gruppe 2 ihr Ergebnis der Gruppe 1 vor. Der Lehrer zieht sich im Schlussteil zur individuellen und gruppenspezifischen Prozessbewertung anhand der Matrix in eine Beobachterposition zurück. **Abbau** Die Schüler bauen je zu dritt die 4 Bodenläufer ab. Je ein Schüler baut die Barrenholme ab.	

Stundenbild 3: Turnästheten

Ort: Sporthalle
Zeit: 2 Doppelstunden

Phasen	Fotos, Abbildungen, Geräte- und Materialbedarf
Einstieg (35 Minuten)	

Aufbau
- Je 3 Schüler bauen einen Bodenläufer auf. Insgesamt sind 4 Bodenläufer aufzubauen und je 2 zu einem Bodenläufer-V zusammen zu führen.
- Je 3 Schüler bauen eine Langbank auf. Insgesamt sind 3 Langbänke aufzubauen und in der Sporthalle zu verteilen.
- Je 4 Schüler tragen eine Weichbodenmatte. Insgesamt sind 3 Weichbodenmatten an einer Sporthallenwand anzulehnen.

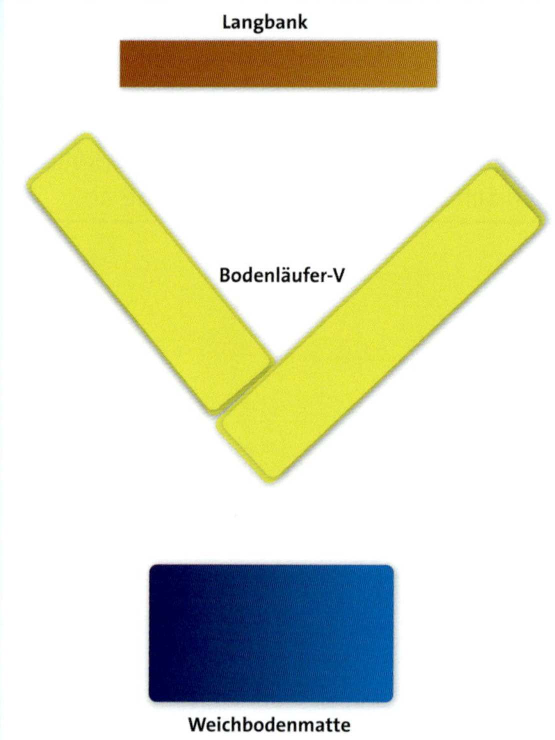

Erwärmen, Gewöhnung an Partner/Gruppe und an Improvisationsaufgaben auf dem Weg zur Turngruppengestaltung

Partner-Finden
Der Lehrer erinnert an das erste Stundenbild im Unterrichtsvorhaben und die Schüler finden sich in ihren Gruppen à 6–7 Schüler zusammen.
Die einzelnen Gruppenmitglieder finden sich in Wunsch-Paaren innerhalb ihrer Gruppe zusammen.

Improvisations-Paar-Dehnen
Sucht nach Körperkontakten, in denen ihr euch gegenseitig durch Verlagerungen oder gegenseitiges Ziehen und Drücken in Dehnpositionen bringen könnt: Rücken an Rücken, Flanke an Flanke, Füße an Füße im Grätschsitz, Rücken an Rücken im Langsitz, etc.

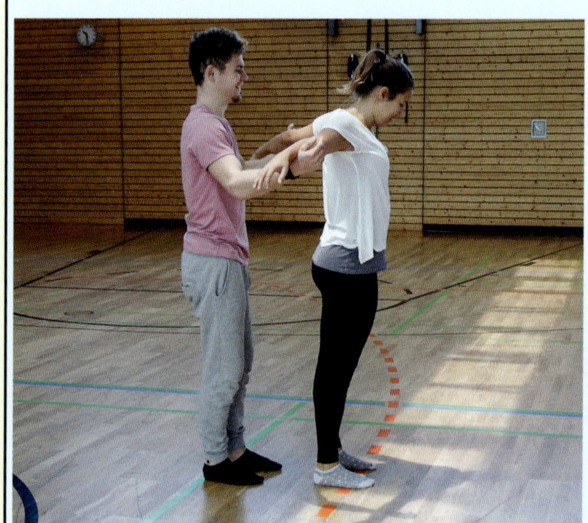

Vorsicht
Keine ruckartigen Bewegungen ausführen und nur bis zum Stoppruf des Partners dehnen.

Der Lehrer korrigiert und bringt ergänzende Dehn-Vorschläge ein.

<table>
<tr><td>

Einturnen in Gruppen

Ich packe meinen Koffer und nehme Turnelemente mit

Die 6–7 Gruppenmitglieder formieren sich im Abstand von etwa 2 m zueinander zu einem Innenstirnkreis. Ein Schüler startet die Aufgabe, indem er ein beliebiges auf dem Sporthallenboden ausführbares Turnelement auswählt und davor etwa sagt „Ich packe meinen Koffer und nehme einen Zappelhandstand mit". Alle Gruppenmitglieder turnen direkt nach Satzende, synchron ausgeführt, einen Zappelhandstand. Im Uhrzeigersinn folgt der nächste Schüler und sagt „Ich packe meinen Koffer und nehme einen Zappelhandstand und eine Standwaage mit". Alle Gruppenmitglieder turnen direkt nach Satzende, synchron ausgeführt, einen Zappelhandstand und schließen in bruchloser Kombination eine Standwaage an. Im Uhrzeigersinn folgt der nächste Schüler und sagt „Ich packe meinen Koffer und nehme einen Zappelhandstand, eine Standwaage und eine Kerze mit". Alle Gruppenmitglieder turnen direkt nach Satzende, synchron ausgeführt, einen Zappelhandstand, eine Standwaage und schließen als Bewegungsverbindung geturnt eine Kerze an, etc.

Mögliche weitere Turnelemente, die sich für eine Gruppenturnkombination eignen

- Dreh-Strecksprung mit ganzer Drehung
- Rolle vorwärts
- Schulterrolle rückwärts
- Froschhandstand
- Liegestütz vorlings, rücklings oder seitlings
- Spitzwinkelsitz
- Pferdchensprung
- Judorolle vorwärts
- Hampelmann
- Abfallen in die Bauchlage
- Abrollen in die Rückenschaukel

Die einzelnen Gruppen üben die Elemente als bruchlose Bewegungsfolge ohne Text. Der Lehrer spielt Musik ein und die Gruppe bindet die Bewegungsfolge an den Grundschlag der Musik an.

</td><td></td></tr>
<tr><td colspan="2">

Hauptteil (90 Minuten)

</td></tr>
<tr><td>

Interessieren

Die Schüler mit spezifischem turnverwandten Können (Cross-Over), etwa Artistik/Akrobatik, Capoeira, Hip-Hop, Kampfsport, Le Parkour, Skaten oder Tanzen, übernehmen Tutoren-Aufgaben zum Ausarbeiten von Gestaltungsideen für Solisten, Duette oder Trios. Die Turngruppe verbindet die turnverwandten Techniken mit Turnelementen und bezieht diese gemeinsam bei choreografischer Beratung durch den Lehrer in die Gruppengestaltung ein.

</td><td></td></tr>
</table>

Beispiel für ein Tanz-Duett (Style: Partnering) für einen stärkeren „Heber“ A und eine filigranere „Fliegerin“ B:

1. Ein 8er Vorlauf in der Musik
2. Nächster 8er:
   Schüler A und Schüler B stehen sich seitlich etwas versetzt (A vor B) gegenüber.
   A und B strecken gleichzeitig ihren rechten Arm auf die 1. Zählzeit aus, gehen aufeinander zu, bis A und B nebeneinander stehen und fassen sich an den Händen.
   A und B gehen weiter aneinander vorbei, lehnen sich voneinander weg und gelangen in eine Balance.
3. Nächster 8er:
   Mit gegenseitigem Armzug ziehen sich A und B aus der Balance, drehen sich zueinander um und legen ihre Handflächen aufeinander.
4. Nächster 8er:
   A zieht B mit halber Drehung um seine Körperlängsachse, dreht sich selbst auch um, sodass sich das Paar Rücken an Rücken anlehnen kann. Dabei befindet sich das Gesäß von A unter dem Gesäß von B.
5. Nächster 8er: A begleitet B in Richtung Boden und begibt sich dazu in den nach vorn gebeugten Fersensitz. B nimmt dazu Körperspannung mit seitlich am Körper anliegenden Armen ein. B rollt um seine Körperlängsachse vom Rücken von A ab. A rollt B um seine Körperlängsachse nach.
   B steht vor A auf.
6. Nächster 8er: A als „Heber“ und B als „Fliegerin“ führen einen beliebigen Duettsprung (s.o.) aus.
7. Nächster 8er: A als „Heber“ und B als „Fliegerin“ schließen eine beliebige Hebung (s.o.) an.
8. Nächster 8er: Mit A als „Heber“ und B als „Fliegerin“ schließt das Duett sein Partnering mit einem beliebigen 2er-Freeze ab.

Das Paar wiederholt die Bewegungsfolge so oft, bis fließende Übergänge sowie Anbindung an die in der Theorieeinheit ausgewählte Musik im langsamen 8/4-Takt gelingen.

Das Paar merkt sich ihre Bewegungsfolge für die Anwendung im Schlussteil vor.

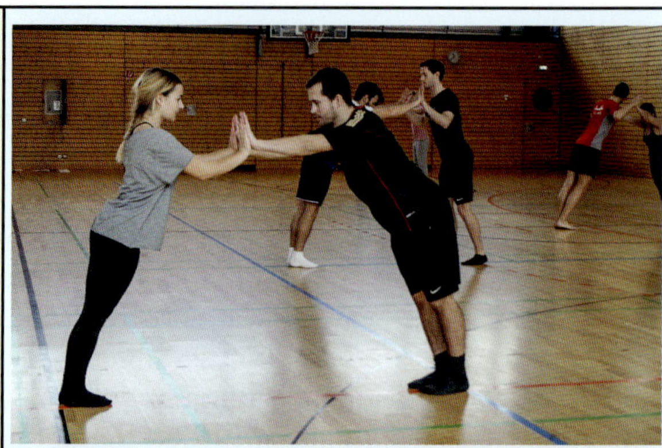

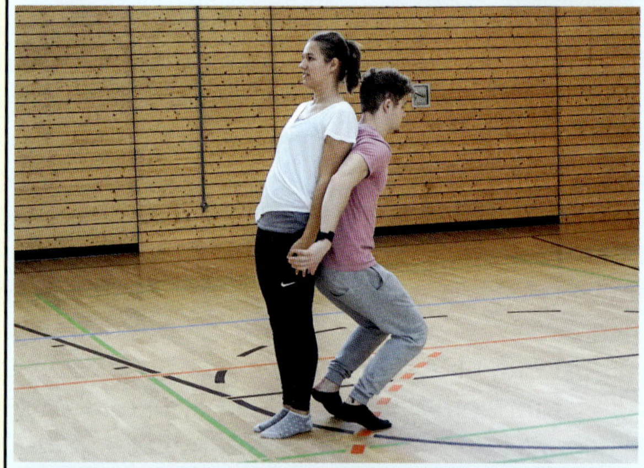

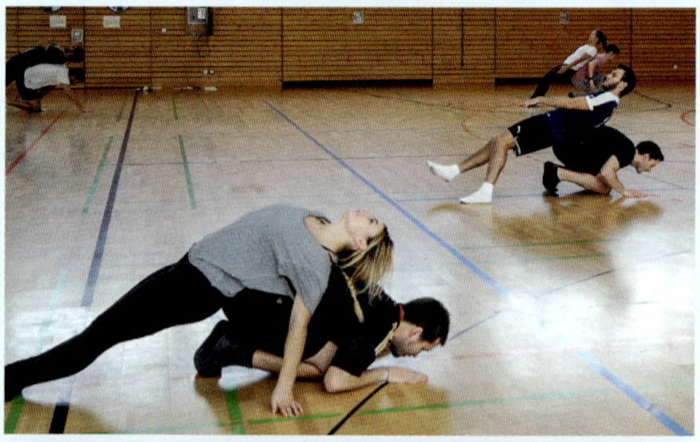

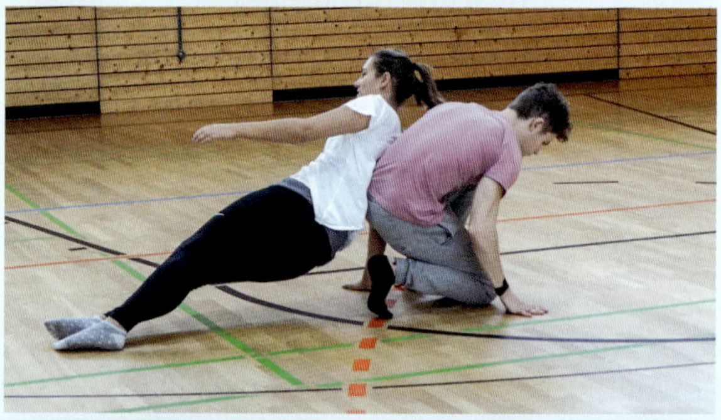

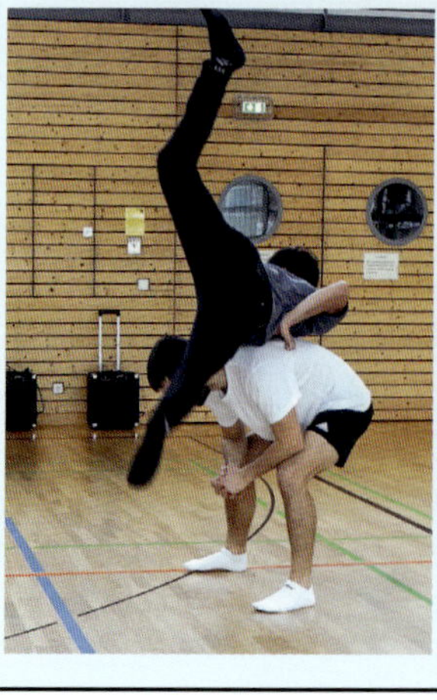

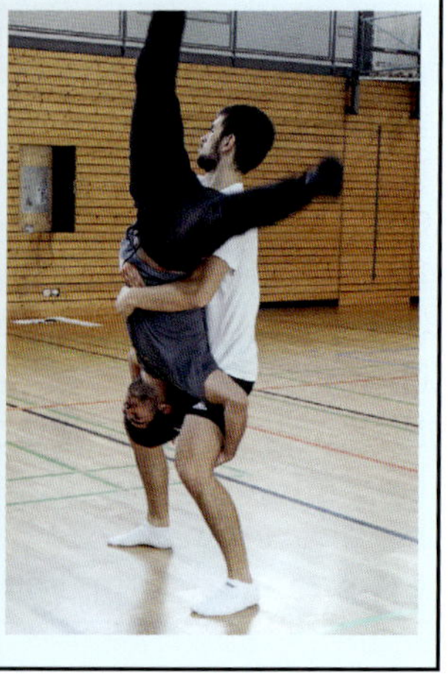

Beispiel für ein Akrobatik-Trio:

1. Schüler A und Schüler B stehen sich gegenüber und umgreifen sich an den Unterarmen im Doppelarmgriff.
   Schüler C nimmt eine beliebige Liegeposition (vorwärts, rückwärts, seitwärts, mit geschlossenen oder geöffneten, angehockten oder gestreckten Armen/Beinen) auf den Armen von A und B ein.
   A und B drehen sich mit ganzer Drehung im Kreis.
2. A und B begleiten C in den Handstand.
   C turnt ein Handstand-Abrollen in den Stand.
3. C lässt sich mit Körperspannung langsam rückwärts fallen.
   B und C fangen A noch vor Bodenberührung auf und pendeln C wieder in den Stand zurück.
4. A, B und C drehen sich dicht nebeneinander in eine Reihe und schauen in die gleiche Richtung.
   B (mittlere Position) breitet die Arme seitlich gestreckt aus.
   A und C greifen B mit der jeweils näheren Hand unter der Achselhöhle an und fassen mit der weiter entfernten Hand den Unterarm von B von unten an.
   Gemeinsam läuft das Trio an. B zählt dabei „1, 2 und 3“ ein.
   Bei „3“ springt B kräftig vom Boden ab und wird dabei in der Flughöhe von B und C unterstützt.
   B führt während der Flugphase einen Phantasiesprung aus. A und D begleiten C in den sicheren Stand und zum gemeinsamen Auslaufen.
5. B und C fassen sich an den Händen.
   A läuft seitlich auf B und C zu.
   B und C gehen A mit den Armen entgegen.
   A lässt sich in die Arme von B und C fallen und wird anschließend von B und C wieder rückwärts zurückgeschoben.
   Hinweis: Diese Übungsform soll so oft wiederholt werden, bis A sich beim Fallen zutraut, die Füße vom Boden zu nehmen und bis es B und C gelingt, A beim Zurückschwingen in eine leichte Flugphase zu katapultieren.
6. Das Trio schließt die Akrobatikfolge mit einer beliebigen 3er-Pyrmide ab.

Die Schüler wiederholen die Bewegungsfolge mehrfach, bis fließende Übergänge sowie Anbindung an die in der Theorieeinheit ausgewählte Musik im langsamen 8/4-Takt gelingen.
Das Trio merkt sich seine Akrobatikkombination für die Anwendung im Schlussteil vor.

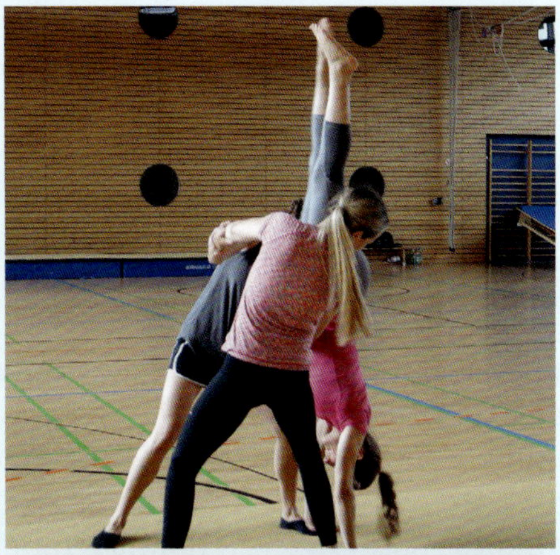

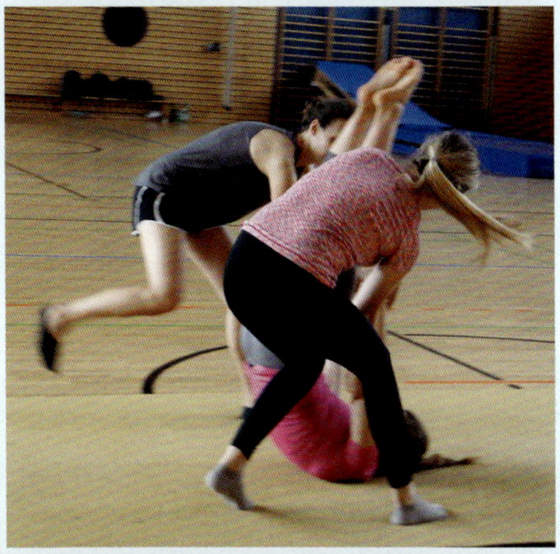

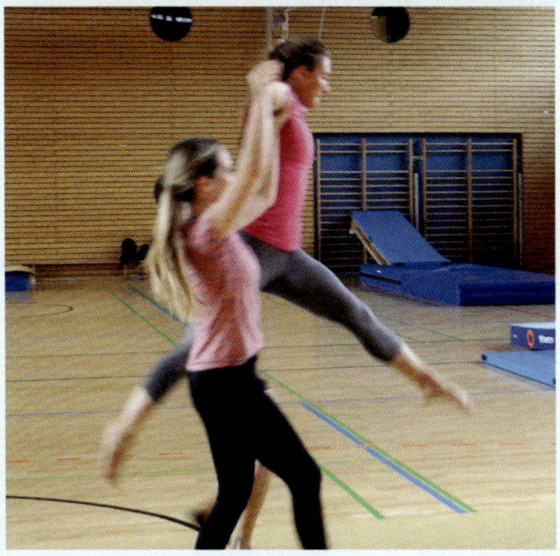

Turnimprovisationen Für Anfänger sollen Gruppenturn-Improvisationen einen engen Handlungsspielraum umfassen und einfache Lösungen hervorrufen. Mit zunehmendem choreografischem Geschick und zunehmender Gruppenturnerfahrung können die Themen offener und herausfordernder formuliert werden. **Spontanaufgabe mit Partnern und einer senkrecht aufgestellten Weichbodenmatte** Die 6–7 Schüler einer Gruppe stehen um die Weichbodenmatte herum und finden sich spontan zusammen, erst zu dritt, dann zu viert, dann zu fünft und dann alle Schüler, zu einer selbstentworfenen Statue mit Weichbodenmatte-Beteiligung. **Varianten** – 2 oder 3 Schüler dürfen den Boden nicht berühren – die Weichbodenmatte in Bewegung bringen – Die Weichbodenmatte rollt – 2 Schüler stehen auf den Händen – Keine Hand/Arm berührt die Weichbodenmatte 1 Person liegt, sitzt, steht oder nimmt eine Turnposition auf der Weichbodenmatte ein. Die weiteren Schüler lassen den Schüler auf der Weichbodenmatte durch den Raum fliegen. **Fußball-Gewinner-Ehrung** Die Schüler stehen sich in einer Gasse vor der Weichbodenmatte gegenüber und bilden durch gegenseitige Handfassung ein „Netz aus Armen“. Ein Schüler legt sich in Rückenlage in das Armnetz. Der Schüler im Netz wird 2x hochgeworfen und fliegt mit dem 3. Wurf zur Landung im Stand auf die Weichbodenmatte. Die Schüler passen die aus den Improvisationsaufgaben selbst entwickelten Turnkombinationen an die ausgewählte Musik an.	

Spontanaufgaben mit Partnern und einer Langbank

Ein Schüler liegt in Bauchlage auf der Langbank.
Die weiteren Schüler heben die Langbank an einer Seite an, sodass der Schüler vorwärts zum Langbankende rutscht und in den Handstand mit Handaufsatz am Boden aufschwingt.
Die Schüler stellen die Langbank wieder ab und nehmen den Schüler aus der Handstandposition auf und schwingen ihn erst nach vorn und dann in den Stand zurück.

Einige Schüler einer Gruppe heben die Langbank an einer Seite an, die anderen über- oder unterturnen die Langbank.

Zwei Schüler befinden sich auf der Langbank und bringen möglichst viel Körperfläche auf die Langbank, weitere Schüler überturnen die Langbank.

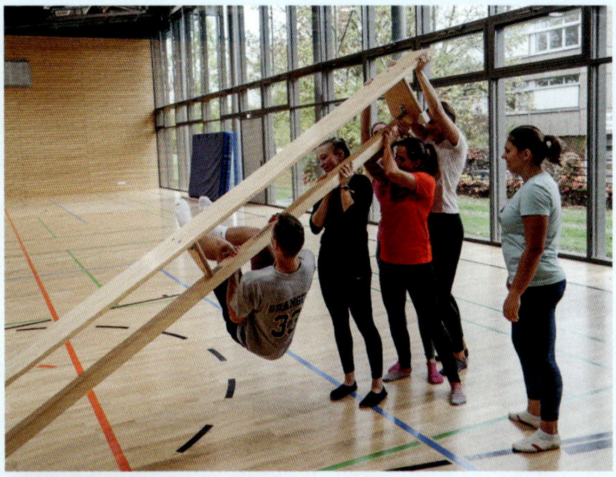

Ein Schüler nimmt eine beliebige Position auf/an der Langbank ein, weitere Schüler tragen die Langbank und bewegen sich mit ihr fort. Ohne verbale Absprachen ändern sie sehr langsam die Richtungen.

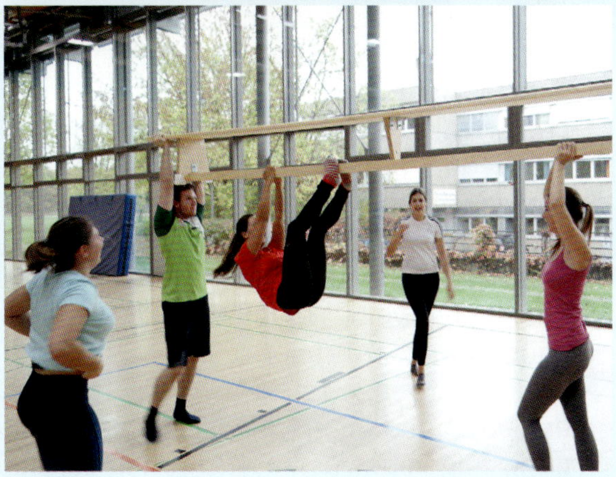

Die Schüler stehen seitlich der Langbank und nehmen eine Position mit einem Fuß- und oder Handkontakt zur Langbank ein.
Mindestens ein Schüler bewegt sich von der einen zur anderen Seite der Langbank und überquert oder überturnt die Personenhindernisse. Auch können geeignete Körperflächen betreten werden.

Die Gruppe entwickelt ein zu ihrer individuellen Turngruppenidee oder zum Turnguppen-Style passendes Schlussbild mit Beteiligung aller, mit Weichbodenmatte und Langbank in der folgenden Reihenfolge:

1. Auf die Weichbodenmatte und Langbank zuturnen
2. Erst die Weichbodenmatte, dann die Langbank turnen lassen
3. Erst an der Weichbodenmatte, dann an der Langbank turnen
4. Mit dem Umstellen der Geräte eine Akrobatik-Abschluss-Pyramide entwickeln

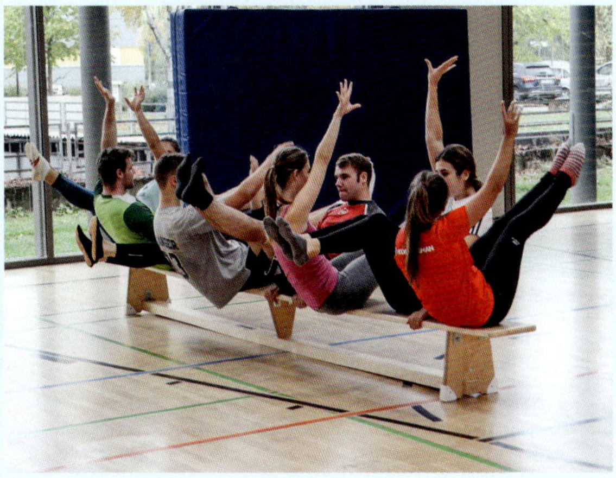

Die einzelnen Gruppen wiederholen ihren Ablauf mehrfach und passen die Turnfolge an ihre ausgewählte Musik an.

Schlussteil (35 Minuten Ergebnissicherung + 10 Minuten Abbau)	
Die Unterrichtseinheit Turnstreber mit der Unterrichtseinheit Turnästheten verbinden **Die Schüler verbinden die einzelnen Kombinationen aus den vergangenen Sportstunden miteinander in der Reihenfolge:** – das Startbild mit Weichbodenmatte einnehmen – das Gruppenergebnis aus der Turneinheit Turnstreber wiederholen und an das Startbild anknüpfen – die Cross-Over-Lösung wiederholen und an die vorrangegangene Bewegungsfolge anknüpfen – das Schlussbild mit Langbank wiederholen – die Bewegungsfolge von Startbild bis Schlussbild mehrfach wiederholen **Die ästhetisch-turnspezifische Entwicklung der Gruppengestaltung** Die Schüler steigern die Qualität der Bewegungsausführung, des Gruppenzusammenspiels und des turnchoreografischen Ausdruckvermögens, indem sie die Bewegungskombination ständig wiederholen und dabei den Fokus in der Turngruppenfolge auf eines der folgenden Kriterien richten: – Turnelemente und Partner- sowie Gruppenakrobatik strukturell richtig ausführen, verbinden und aneinander anpassen = üben – Turnspezifische Ausdrucksqualität zeigen = sich turntypisch darstellen – Turnspezifische Bewegungsweite vergrößern und Bewegungsweite, -rhythmus und -dynamik aneinander anpassen = übertreiben – Gleichzeitig angelegte Bewegungsfolgen synchron anpassen und unterschiedlich angelegte Bewegungsfolgen bewusst asynchronen darbieten = Dynamik-, Rhythmus- und Formwechsel sowie Heterogenität verdeutlichen – Übergänge von Einzelbewegung zu Einzelbewegung bruchlos verbinden und (akrobatische) Positionen pointiert einfrieren = zwischen Bewegungsstopps und Bewegungsfluss alternieren – Geräte und Partnerhilfen sachgerecht und funktionsfähig nutzen = sicher turnen – Bewegungsfolge an Grundschlag, Charakter und Struktur der ausgewählten Musik, ohne Blickkontakt zu Gruppenmitgliedern, binden = gemeinsam rhythmisch turnen – Sich vor einem fiktiven Publikum darstellen = in Szene setzen – Zwischenergebnisse den anderen Gruppen vorführen und Feedback der anderen Gruppen einholen = aufführen	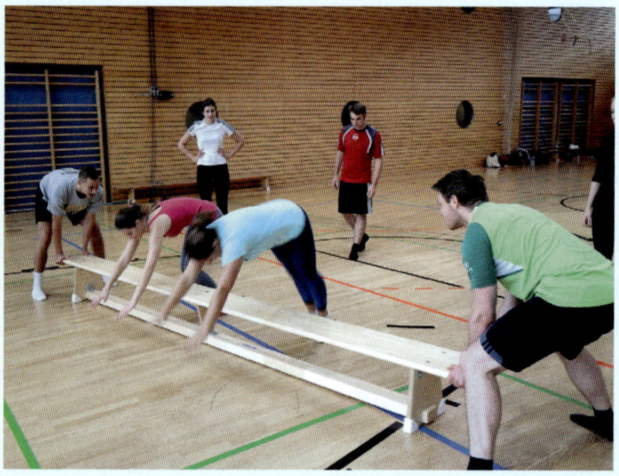

Der Lehrer zieht sich während der Bearbeitung im Schlussteil zur individuellen und gruppenspezifischen Prozessbewertung anhand der Matrix in eine Beobachterposition zurück. **Abbau** Je 3 Schüler bauen einen Bodenläufer der insgesamt 4 Bodenläufer ab. Je 3 Schüler bauen eine Langbank der insgesamt 3 Langbänke ab. Je 4 Schüler bauen eine Weichbodenmatte der insgesamt 3 Weichbodenmatten ab.	

Stundenbild 4: Turnchoreografen

Ort: Sporthalle
Zeit: 1 Doppelstunde

Phasen	Fotos, Abbildungen, Geräte- und Materialbedarf
Einstieg (10 Minuten)	
Dehnen und Mobilisieren Die Schüler laufen erst langsam, dann mit zunehmender Geschwindigkeit kreuz und quer durch die Sporthalle. Der Lehrer benennt pro Bewegungsstopp Körperareale in der Reihenfolge vom Kopf bis zum Fuß: Kopf-, Schulter-, Arm-, Finger-, Rücken-, Hüft-, Beinmuskulatur. Die Schüler finden eigene Dehn- und Mobilisationsübungen zu den genannten Körperarealen. Die Schüler finden sich innerhalb ihrer Turngruppe zu Paaren zusammen und führen gemeinsame Übungen zur Partnersicherheit- und Partnerverantwortung aus. **Partneraufgaben zu Vertrauen und Verantwortung** Schüler A und Schüler B stehen Rücken an Rücken. Partner A stemmt sich gegen Partner B und schiebt ihn in verschiedene Richtungen in die Fortbewegung und achtet dabei darauf, Kollisionen mit anderen Paaren zu vermeiden. Schüler A steht hinter Schüler B. B lehnt sich rückwärts in die Arme von A. A schiebt B in verschiedene Richtungen in und achtet dabei darauf, Kollisionen mit anderen Paaren zu vermeiden. Variante: s.o. und B torkelt als „Betrunkener" in spontan ausgewählte Richtungen. A versucht, die Bewegungsrichtungen zu erkennen, und bewahrt B durch ständiges Gegenstemmen gegen seinen Rücken vor dem Hinfallen. A steht hinter B, B wählt einen Körperkontaktpunkt aus und stößt B in eine bestimmte Richtung in Fort- und Drehbewegungen (laufen, gehen oder rollen). Bevor die Bewegung von B zum Stillstand kommt, wählt B ein anderes Körperteil für den nächsten Impuls aus, sodass sich B im Bewegungsfluss fortbewegt.	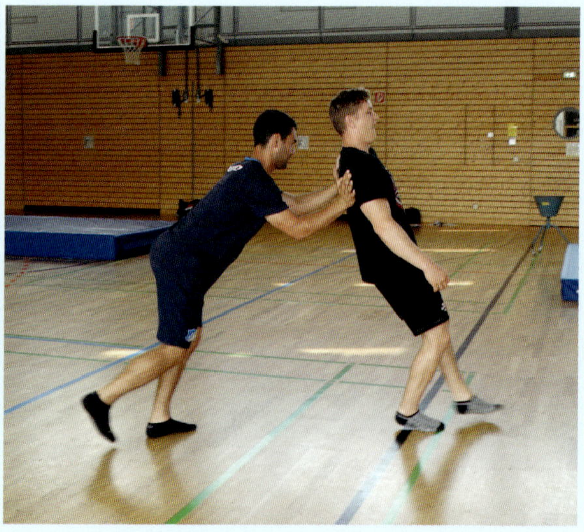

Die Schüler wiederholen die Aufgaben und tauschen dabei die Positionen A und B aus.

Gruppenaufgaben zu Vertrauen und Verantwortung
Die Turngruppe steht mit gegenseitigem Körperkontakt im Pulk nah beieinander.
Ohne dass verbale Absprachen getroffen werden, setzt sich die Gruppe langsam in Bewegung und ändert häufig die Fortbewegungsrichtung und Fortbewegungsgeschwindigkeit.
Zu keiner Zeit gibt sich derjenige, der gerade die Richtung oder das Tempo ändern möchte, verbal zu erkennen.
Die Gruppe reagiert auf Veränderungen mit schnellen Kettenreaktionen.

Variante:
- S.o. ohne Körperkontakt

Aufbau
Die Schüler finden sich in ihren Gruppen zusammen und bauen das im ersten Stundenbild des Unterrichtsvorhabens im Klassenzimmer entwickelte Gerätearrangement (Architektur) aus Bodenläufer-V, Weichbodenmatte, Barrenholm und Langbank auf.

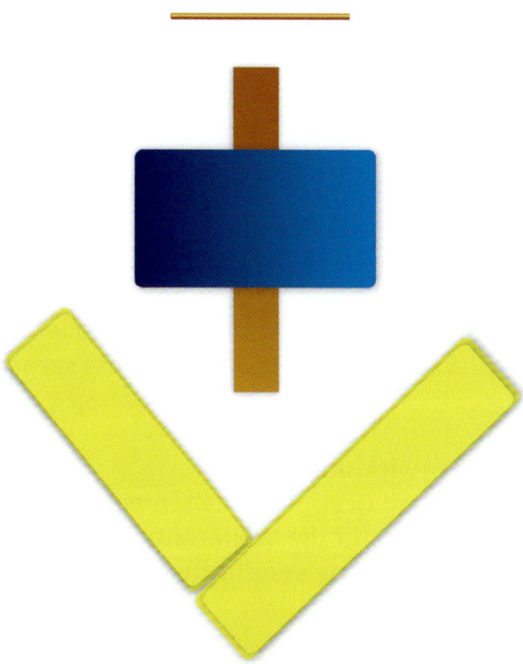

Hauptteil (45 Minuten)

Stumme Impulse
Anfänger neigen dazu, Improvisations- und Gestaltungsaufgaben erst einmal im Gespräch, bevor die Bewegungsausführung stattfindet, zu bearbeiten.
Um einen zügigen Gestaltungsfortschritt zu erlangen, eignet sich an dieser Stelle des Unterrichtsvorhabens, also wenn die Turngruppen bereits eine Bewegungsfolge angelegt haben, das *stumme* Arbeiten.
Nach dem folgend formulierten Auftrag können die Schüler Verständnisfragen stellen. Anschließend folgt eine auf den Körper konzentrierte, stille Phase der Gruppenverständigung und Bewegungsausführung ohne Sprechen.
Diese Aufgabe bietet die Möglichkeit, Experimentierfreude mit konzentrierter gegenseitiger Beobachtung zu verflechten.
Dabei müssen die Schüler bereit sein, Fehlschlägen zu widerstehen, diese sogar auszuloten und spezifische Fähigkeiten der anderen Gruppenmitglieder zu tolerieren.

Die Turngruppen wiederholen die erarbeitete Folge aus der vergangenen Turneinheit und passen diese an ihre entwickelte und aufgebaute Turngeräte-Architektur an.

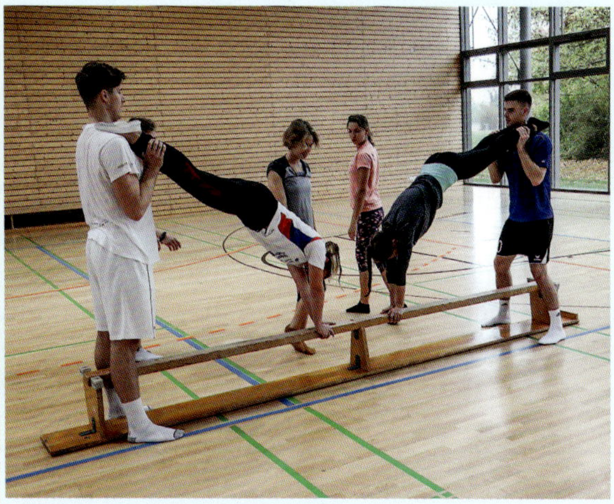

Die Reihenfolge der bereits erarbeiteten Bewegungsfolge liegt verschriftet an den jeweiligen Gruppenarrangements aus: – Das Startbild mit Weichbodenmatte einnehmen – Das Gruppenergebnis aus der Turneinheit Turnstreber wiederholen und an das Startbild anknüpfen – Die Cross-Over-Lösung wiederholen und an die vorrangegangene Bewegungsfolge anknüpfen – Das Schlussbild mit Langbank wiederholen – Die Bewegungsfolge von Startbild bis Schlussbild mehrfach wiederholen Die Schüler sind aufgefordert, die Wiederholung der Turngruppenfolge im Bewegungsfluss *sprudeln* zu lassen. **Weiterentwicklung** Die einzelnen Gruppen erhalten eine mit den folgenden Aufgaben für die Weiterentwicklung der Turngruppengestaltung verschriftete Fassung (Aufgabenblatt). Jede Gruppe wählt aus den folgenden choreografischen Aufgaben drei Aufgaben zur Weiterentwicklung ihrer Turnfolge aus: – Eine Bewegungsfolge an den Bodenläufern selbstständig und gruppendynamisch, ohne weitere Turngeräte, anfertigen – Eine weitere Bewegungsfolge mit Barrenholm selbstständig und gruppendynamisch erschaffen – Eine Bewegungsfolge mit einer Weichbodenmatte selbstständig und gruppendynamisch erschaffen – Eine Bewegungsfolge mit Barrenholm und einer Weichbodenmatte selbstständig und gruppendynamisch erschaffen – Ein neues Turngerätearrangement selbstständig und gruppendynamisch erfinden und den Umbau turnerisch, nicht handwerklich, ausführen – Einen Ruhepunkt selbstständig und gruppendynamisch durch 2 unterschiedliche 3er Pyramiden zur gleichen Zeit erzeugen. – Sind 7 Personen in einer Gruppe, kann ein Solo hinzugezogen und selbstständig ausgearbeitet werden. – Eine kurze Synchronturnfolge aller Gruppenmitglieder selbstständig und gruppendynamisch entwickeln – Eine Sitz-, Wurf- & Rollgelegenheit mit einer Weichbodenmatte selbstständig und gruppendynamisch und/oder einem Barrenholm entwickeln – Das Gestaltungskriterium Raum selbstständig und gruppendynamisch durch 2 Richtungswechsel beachten	

– Das Gestaltungskriterium Zeit selbstständig und gruppendynamisch durch 2 Wechsel des Turntempos beachten Die Schüler verlängern ihre Turngruppengestaltung in ihren Gruppen anhand 3 ausgewählter Kriterien, üben ihre gesamte Turnfolge und passen die Präsentation an die ausgewählte Musik an.	
Schlussteil (20–25 Minuten Ergebnissicherung + 10 Minuten Abbau)	
Rate mal Der Lehrer legt eine Reihenfolge zur Gruppendarbietungen fest. Die Schüler führen sich ihre Turngruppengestaltungen gegenseitig vor. Um die jeweilige Zuschauergruppe am Gestaltungsprozess der darbietenden Gruppe zu beteiligen, soll diese herausfinden, welche drei Aufgaben zur Weiterentwicklung ihrer Turnfolge von der darbietenden Gruppe ausgewählt wurden. Der Lehrer zieht sich im Schlussteil zur individuellen und gruppenspezifischen Prozessbewertung anhand der Matrix zurück. Die Schüler entscheiden in einer demokratischen Abstimmung, ob die in der nächsten Unterrichtseinheit stattfindende Präsentationsprüfung in einem kleinen Rahmen in Form einer internen Gruppenprüfung oder in einem großen Rahmen mit Einladung von Zuschauern, etwa der Parallelklasse, der Schulleitung, den Eltern und Freunden, etc. stattfinden soll. Die Schüler diskutieren, welche Kostüme sie bei ihrer Präsentationsprüfung tragen möchten. Um Kosten und Aufwand zu reduzieren und um die Bewegungsfunktionen aufrecht zu erhalten, empfiehlt sich Sport-Stretch-Kleidung mit zu einem ästhetischen Bild passenden Farbabstimmungen. Die Schüler wählen einen geeigneten Titel und einen passenden Gruppennamen für die Gruppengestaltungen aus. **Abbau** Die Schüler bauen je Gruppe ihr Gerätearrangement aus Bodenläufer-V, Weichbodenmatte, Barrenholm und Langbank ab.	

Stundenbild 5: Turnartisten

Ort: Sporthalle
Zeit: 1 Doppelstunde

Phasen	Fotos, Abbildungen, Geräte- und Materialbedarf
Einstieg (20 Minuten)	
Die Schüler stellen sich im Innenstirnkreis auf und binden ihre Bewegungsfolge an Musik. **Aufgaben zur Musik-Passung** **Takthalten** Die Schüler erlernen folgenden rhythmischen Ablauf, den sie gleichmäßig und gleichzeitig wiedergeben: – 4x klatschen – 4x stampfen – 4x auf die Oberschenkel klatschen und – 4x 1-2-3-4 zählen Die Schüler wiederholen die Abfolge und führen diese synchron aus. Sie achten darauf, dass sie nicht im Tempo beschleunigen. **Varianten** – Kanon: Der Lehrer teilt den Innenstirnkreis so, dass 4 gleich große Gruppen nebeneinander stehen. Die Gruppe 1 startet den oben erlernten Ablauf mit 4x klatschen. Wenn Gruppe 1 zum 4maligen Stampfen einsetzt, startet Gruppe 2 den Ablauf mit 4x klatschen, etc. – S.o. und nachdem der Kanon für alle Gruppen gestartet ist, bewegen sich alle Schüler durcheinander durch den Raum und geben ihren Ablauf gleichmäßig wieder. Sie lassen sich dabei von den anderen Gruppenmitgliedern nicht in ihrer Reihenfolge stören. **Dehn-Spiegel** Innerhalb der Turngruppen stehen sich je zwei Schüler gegenüber. Schüler A führt Bewegungen aus, die in Dehnpositionen enden. Er verharrt etwa 10 Sekunden in der Dehnposition, bevor er eine andere Dehnposition einnimmt. Schüler B folgt dem Bewegungsablauf spiegelbildlich. Nach etwa 5 Minuten übernimmt Partner B die Führungsrolle.	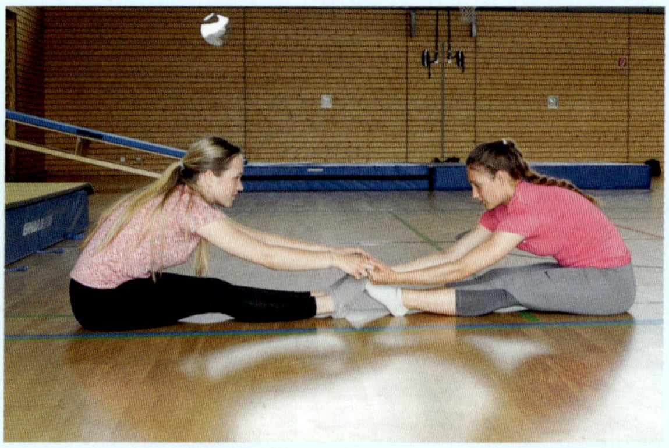

Erwärmungs-Turn-Kombi
Die Schüler einer Turngruppe formieren sich im Innenstirnkreis und erlernen die folgende Turnverbindung. Sie führen diese ohne verbale Absprachen übergangslos und synchron aus:

- Zappelhandstand
- Rückwärts abrollen in die Kerze
- ohne Zuhilfenahme der Hände über die Rückenschaukel in den Stand aufrollen
- Standwaage
- Strecksprung mit halber Drehung
- Rad

Variante
Die Schüler einer Turngruppe formieren sich im Innenstirnkreis und entwickeln selbständig eine Turnverbindung und führen diese ohne verbale Absprachen synchron aus.

Aufbau
Die Schüler finden sich in ihren Gruppen zusammen und bauen ihre Architektur des Gerätearrangements aus Bodenläufer-V, Weichbodenmatte, Barrenholm und Langbank auf.

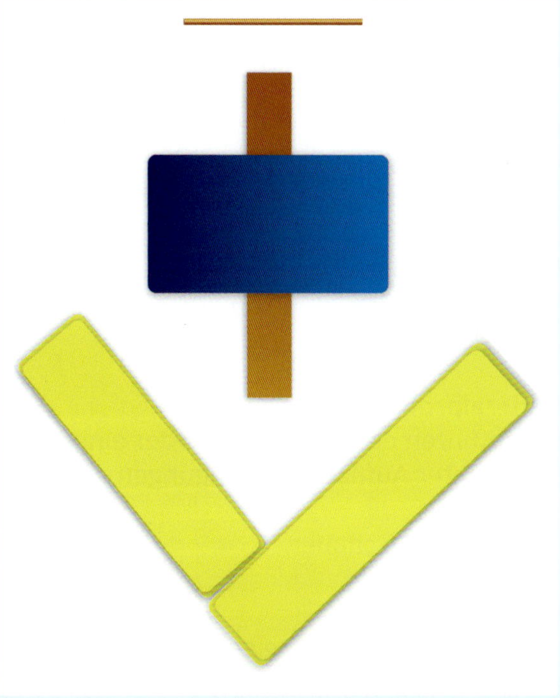

Hauptteil + Schlussteil (20 Vorbereitung der Präsentation + 40 Minuten Präsentation + 10 Minuten Abbau)

Die Schüler bereiten zusammen mit dem Lehrer nach einer **Checkliste** ihre Abschlusspräsentation in Gruppen vor.

Ablauf
Festlegen und Notieren einer Gruppen-Reihenfolge für die Abschlusspräsentation mit Produktbewertung.

Programm
Verschriftung der Turntitel der Gruppennamen und der Gruppenmitglieder in der Reihenfolge des Auftritts der jeweiligen Turngruppen.

DJ/D-Jane
Auswahl eines Medienhelfers zum Start und Stopp der Musik. Die Reihenfolge der Auftritte und entsprechende Musik nummerieren.

Musiktest
Durchführen eines Lautstärkentests an der Hallenanlage.

Umbau
Einteilung und Absprache der Umbaureihenfolge. Etwa: Es baut immer diejenige Gruppe die Turngeräte für die nächste Gruppe um, die gerade ihre Präsentation beendet hat.

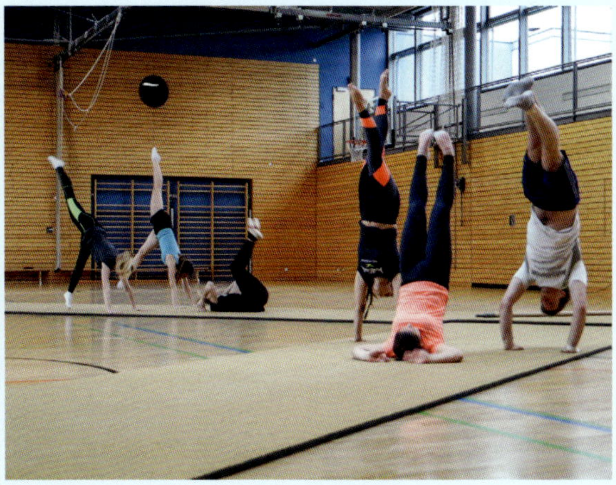

Bühne
Einrichten eines geeigneten Präsentationsortes in der Sporthalle, etwa die Raummitte.

Zuschauer
Einrichten eines geeigneten Zuschauerraumes (Tribüne, Podeste, Stühle, Turnmatten, etc.).

Aufnahme/Archiv
Aufstellen einer Kamera zum Aufnehmen der Ergebnisse und Festlegung eines Aufnahmeleiters.

Kostüme und Maske
Bühnenoutfit ankleiden und gegebenenfalls Bühnenschminke auflegen.

Generalprobe
Durchführen einer Stellprobe oder eines Probedurchgangs unter Aufnahmebedingungen.

Einlass der Zuschauer

Prüfen
Der Lehrer richtet sich einen Prüfungstisch zur individuellen und gruppenspezifischen Produktbewertung anhand der Matrix ein.

Die Schüler legen ihre Präsentationsprüfung in der vorgelegten Reihenfolge ab und der Lehrer bewertet die individuellen und gruppenbezogenen Kriterien des Endproduktes, der Gruppenturngestaltung.

Abbau
Die Schüler bauen gemeinsam das letzte Gerätearrangement, die Kulisse, Requisiten, Accessoires und die Musikanlage ab.

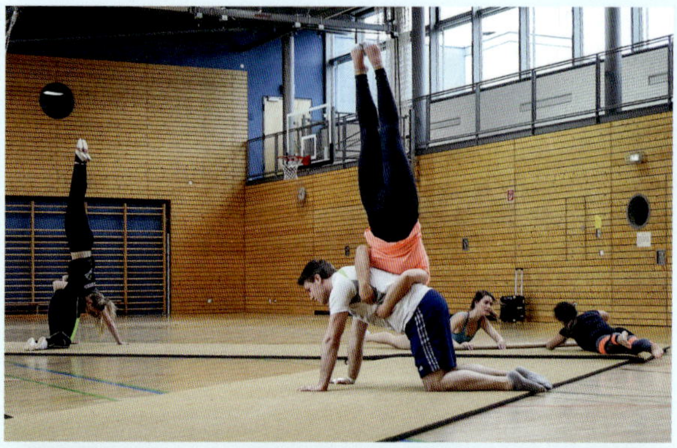
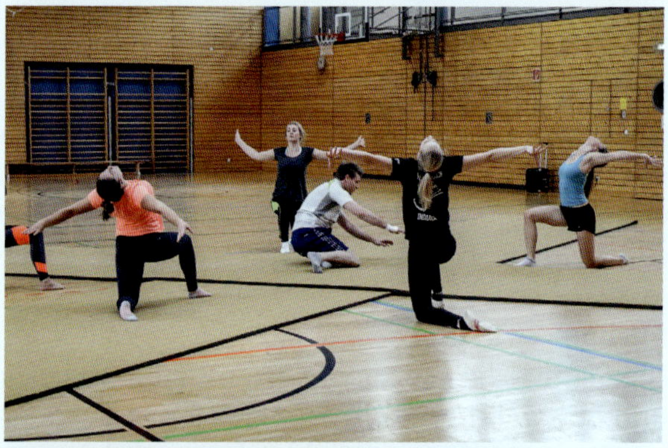
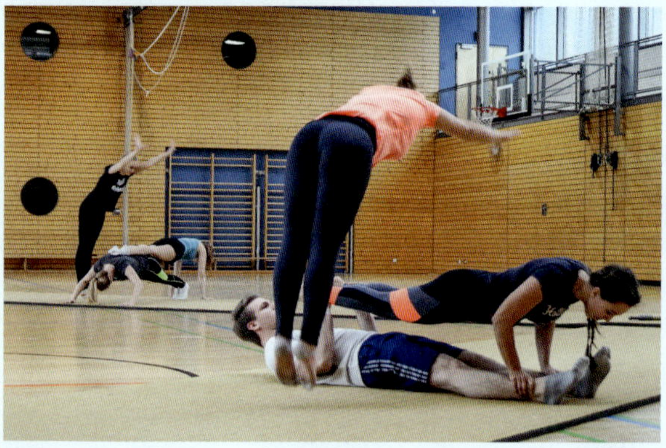
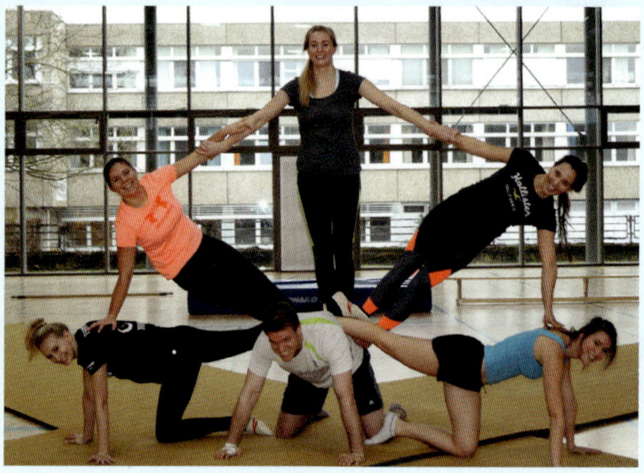

Bewerten des Unterrichtsvorhabens:

Sich durch Turnen ausdrücken und Turnen in Gruppen gestalten

Bewertungsmatrix für die turnprozess- und turnproduktbezogene Lernentwicklung

Endnote:_______

Lernprozess: Körperbildende Kriterien	Schüler-Namen	Note 1–6
– Gerätearrangements variantenreich zusammenstellen, erproben, kombinieren und entwickeln – Kreative Bewegungslösungen suchen, finden und aufzeigen		
Lernprozess: Gruppenbezogene Kriterien		
– Gruppenarrangements nach-, um- und neu gestalten – Gerätearrangements in der Gruppe einfallsreich deuten – Turnaufgaben und Turnprobleme gemeinsam organisieren und gemeinsam in turnspezifische Bewegungsprozesse überführen		
Lernprodukt: Körperbildende Kriterien		
– Turnbewegungen rhythmisch-musikalisch angepasst demonstrieren		
Lernprodukt: Gruppenbezogene Kriterien		
– Zu Partnern, Raum, Zeit und Dynamik optimal abgestimmt turnen – Turnkombinationen an und mit Partner/n zeigen – Ausdruck, Präsenz & Ausstrahlung angepasst an Partner zeigen – Gruppenübung stimmig in Anpassung an die Partner zeigen – Aufforderungscharakter der Gerätearrangements, Bewegungsthemen und/oder Partnerverhalten stimmig zeigen – Turnelemente und Partner- wie Gruppenakrobatik strukturell richtig ausführen, verbinden und aneinander anpassen – Bewegungsweite, Bewegungsrhythmus und Bewegungsdynamik aneinander anpassen – Bewegungsfolge an Grundschlag, Charakter und Struktur der ausgewählten Musik, ohne Blickkontakt zu Gruppenmitgliedern, binden		

Musiktipps für das Erwärmen im Turnen und die Untermalung von Spiel-, Übungsformen und Turnaufgaben

Alex Gaudino: I'm in love (I want to do eat)
Axwell: Must be the music – nothing but love
Bob Sinclar feat. Steve Edwards: World hold on (Club Mix)
David Guetta: Dangerous, Titanium, When love take over
Disco Boys: For you
Empire of the sun: We are the people
Fatboy Slim: Funksoul brother
Felix: Don't you want me
Gipsy & the cat: Time to wander
Helene Fischer: Atemlos
Jason Born: Dynamite
Nalin & Kane: Beachball
Paul van Dyk: Reflections, That's life, Time of our lives
Roger Sanchez: Another chance
Rank 1: Airwave
Turntablerocker: Love supreme
The Avener: Fade out of lines
Woodkid: Run Boy Run

Musiktipps für Gruppen-Turn-Gestaltungsaufgaben

Air: Moon Fever, All I Need, Alone in Kyoto
American Authors: Best Day Of My Life
Amos Lee: Keep It Loose
Angus & Julia Stone: For You, Big Jet Plane, Paper Aeroplane
Apparat: Goodbye
Archive: End of our Days,
Blake Mills: If I'm Unworth
Brika: Options
Chronomad: Shish, Do
Elliot Moss: Highspeeds, Slip, Best Light
Gareth Dickson: Two Trains
Gusgus: Selfos, Airwaves
Imagine Dragons: Believer, Demons
Lo-Fang: When We're Fire, You're The One That I Want
Max Richter: Vladimirs Blues
Moderat: Bad Kingdom, Milk, A New Error
Nitrada: Sky Was Blue
Olafur Arnalds: So Close, Beth's Theme, For Now I Am Winter
Rag'n' Bone Man: Human
Talking To Turtles: Gravity, Passenger Seat
The XX: Infinity, Night Time, Intro, Heart Skipped a Beat
Tonbruket: Balloons, Closing, Cold Blooded Music
Woodkid: I love you

Die Autoren

Dr. Sabine Hafner war viele Jahre lang als Kunstturnerin aktiv. Sie bildet seit 1993 Sportlehrer*innen aus, hat 2002 ihre Promotion zum Thema „Schulturnen in der Krise“ abgeschlossen und arbeitet als Autorin für unterschiedliche Sportbuchverlage.

Als Akademische Mitarbeiterin an der Pädagogischen Hochschule Heidelberg (Abteilung Sportwissenschaft/Sportpädagogik) ist sie zu diversen sportpädagogischen Theorie- und fachpraktischen Handlungsfeldern in Lehre und Forschung tätig, betreut Studierende bei ihren sportunterrichtlichen Praktika an Ausbildungsschulen und kooperiert in dieser Funktion seit vielen Jahren mit Andreas Laube, den sie, von Hause aus Sportspieler, erfolgreich zum Turnlehrer umerzogen hat.

Andreas Laube unterrichtet an der Geschwister-Scholl-Gemeinschaftsschule in Leimen-St. Ilgen. Seit 2006 arbeitet er zudem für die Pädagogische Hochschule Heidelberg, zunächst als Ausbildungslehrer und heute als Ausbildungsberater für Studierende mit dem Schwerpunkt Sport. Über die Kooperation mit Sabine Hafner und der Pädagogischen Hochschule Heidelberg hat er nicht nur in verschiedenen Sport-Fachzeitschriften praktische Unterrichtsbeispiele veröffentlicht, sondern auch den Zugang zu den unterschiedlichsten Facetten des Turnens gefunden. Seine weiteren unterrichtlichen Schwerpunkte sind vor allem die Vermittlung „neuer“ Spiele wie Tschoukball und Ultimate-Frisbee, Outdoorsportarten wie Skifahren und Wakeboarden sowie sportliche Aktivitäten im Freien.

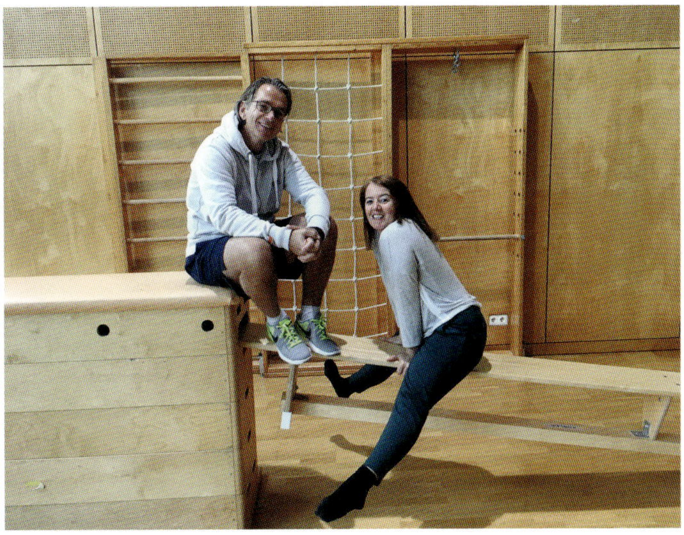